실기교육방법론

Practical Education Methodology

개정판

실기교육방법론

류윤석 저

동 문 사

개정판 머리말

우리 주변에서 '교육'이라는 말처럼 많이 쓰이고 있는 단어도 없을 것이다. 그만큼 교육은 일상생활과 밀착되어 있다. 그럼에도 '이것이 교육이다', '우리가 추구하고자 하는 교육은 바로 이것이다'라고 자신 있게 말하는 사람을 찾아보기 어렵다. 여기에 대한 대답은 아마도 대답을 하는 사람 수 만큼이나 많기 때문일 것이다. 교직생활을 하면 할수록 그 물음에 대한 해답을 찾기가 어려워지는 것 같다. 아마도 교육수요자 요구의 다양화, 과학문명의 비약적인 발전, 산업구조의 변화 등에 기인하지 않을까? 특히 산업구조의 변화로 선망의 대상이었던 많은 직업이 소멸하거나 생각지도 못했던 새로운 직업들의 창출은 계속되고 있다. 새롭게 개발된 첨단기기들은 사용법을 미처 익히기도 전에 또 다른 새로운 제품들이 쏟아져 나오고 있다. 우리들의 삶은 불과 몇 년 전과는 비교할 수 없을 정도로 빠르고 편리하게 되었다.

이에 교육을 바라보는 시각도 달라지고 있다. 자신의 적성이나 능력을 뒤로 한 채 무조건 일류대학 진학이 목표였던 학생들이 이제는 자신의 적성과 능력, 비전을 보고 대학과 학과를 선택하고 있다. 과거의 교육이 소유하기 위한 것이었다면 이제는 삶의 질을 향상시키기 위한 교육으로 전환되고 있는 것이다. 이러한 변화는 교육내용의 변화, 교육방법의 변화로 이어지고 있다. 교육현장에서의 수업은 교사주도에서 학습자 중심으로의 변화를 학습자들에게는 단순 암기보다는 문제해결능력을 요구하고 있다.

이러한 시대적인 변화를 간파하고 이 책이 처음 출간된 이후 바로 개정의 필요성을 인지하였음에도 차일피일하다가 이제야 개정판을 내게 되었다. 이번 개정판에서는 시대적인 변화의 흐름을 반영하려고 노력하였다. 시대의 흐름에 맞지 않는 내용은 과감히 삭제하고 가급적 새롭게 부각되고 있는 내용들을 추가하였다.

여러 가지 어려운 사정에도 본서 개정의 필요성을 공감하시고 선뜻 응해 주신 동문사 이중수 사장님과 세세한 부분까지 살펴 주신 편집부 여러분께 감사드린다.

2016년 8월

순천만국가정원에서 저자 씀

초판 머리말

수많은 직업 중에서 하필이면 왜 가르치는 직업을 택했을까? 배우고자 하는 열의와 호기심으로 가득한 학생들에게 제대로 된 가르침을 주고 있는 것일까? 그들에게 나는 어떤 존재일까? 효과적인 교육방법은 없을까? 등에 대해서 고민을 하고 또 고민을 해 보지만 속 시원한 대답은 찾을 수가 없는 것 같다. 그래도 찾고, 또 찾는 것이 교직의 매력인가 보다.

전문대학이나 4년제 일부학과에서 실기교사 자격을 획득하기 위해서 교직 과목을 이수하고 있다. 실기교사 자격을 획득한 학생들은 글자 그대로 교육현장에서 실기교육을 담당하게 된다. 실기교육이라고 해서 단지 기능적인 면만 지도하는 것이 아니다. 실기지도가 제대로 이루어지려면 관련분야에 대한 이론적인 배경 없이는 곤란하다. 특정분야를 해결하기 위한 기능은 뛰어날지라도 그것이 왜 그렇게 되었는지를 설명할 수 없다면 교사로서의 자질이 부족하다 할 것이다. 여기에 수록된 내용들은 필자가 그동안 교육학을 강의해 오면서 그때그때 모아두었던 원고들을 중심으로 교육학 관련 서적 및 논문들을 참고하여 강의 교재로 엮은 것이다.

실기교육방법론은 대학에서 실기교사 자격을 취득하려는 학생들이 반드시 이수해야 할 과목이다. 이에 본 교재는 실기교육방법론 강좌의 기본 취지에 부합한 교재가 되도록 노력하였다.

첫째, 쉽게 쓰려고 했다. 이 강의를 수강하는 학생들은 대부분 교육학을 체계적으로 공부한 학생들이 아니기 때문에 이들이 쉽게 이해할 수 있도록 평이하게 서술하려고 노력하였다.

둘째, 전반적인 교육학 관련이론을 소개하였다. 교사는 사회현상에 대한 올바른 이해와 미래를 예측할 수 있는 능력이 있어야 한다. 사회변화 현상, 개인의 발달특성, 교육이 이루어지는 과정, 우리나라 및 외국의 교육 동향을 제시함으로써 교육현장과 교사 자신이 어떠한 방향으로 변해야 할지를 제시하였다.

셋째, 실기교육방법론이라는 기존 체제를 유지하면서 최근 실제 교육현장에서 논의되고 있는 분야를 강조하였다. 최선의 교육방법론은 있을 수 없다. 새로운 교육방법론들이 다양한 분야에서 고안되어 적용되고 있다. 본서에서는 최근 이론들을 소개하려고 노력하였다.

이 책은 총 9장으로 구성되어 있다. 제1장은 정보화 사회와 교육, 제2장 학습지도의 이해, 제3장 학습관련 변인의 이해, 제4장 수업의 기초, 제5장 교육과정의 이해, 제6장 교수・학습지도의 이해, 제7장 실기지도의 형태, 제8장 실기교육과 교수매체, 제9장 현장실습 및 산학협력교육, 그리고 부록 순으로 엮어졌다.

이 교재는 전문대학 실시교사 양성과정 재학생뿐만 아니라 교직에 입문하려는 뜻을 가지고 있는 학생들이나 교원임용고사를 준비하고 있는 학생, 그리고 직장을 가지고 있으면서 평생학습을 실현하고 있는 성인들의 교양서로 활용될 수 있을 것이다. 이 책을 집필하는 동안 여러분들의 교육학 이해를 위한 욕구를 충족시키기 위해 온 정성을 다 쏟았지만 필자의 천학비재로 인하여 많은 부분에서 오류와 부족함이 발견되고 있음을 솔직히 시인하지 않을 수 없다. 여러분들의 따끔한 질책과 조언을 바란다.

끝으로 어려운 여건 속에서도 기꺼이 출판을 허락해 주신 동문사 사장님을 비롯한 직원 여러분께 감사의 말씀을 드린다. 아무쪼록 본서가 우리 교육현장을 개선하는 데 일조할 수 있기를 바라는 마음 간절하다.

2010. 8.
저자 씀.

교사의 기도

주여, 저로 하여금 교사의 길을 가게 하여 주심을 감사하옵니다. 저에게 이 세상의 하고많은 일 가운데서, 교사의 임무를 택하는 지혜를 주심에 대하여 감사하옵니다. 언제나 햇빛 없는 그늘에서 묵묵히 어린이의 존귀(尊貴)한 영(靈)을 기르는 역사(役事)에 참여할 수 있는 기회를 주신데 대하여 감사하옵니다.

주여, 저는 이 일이 저에게 찬란한 영예나, 높은 권좌나, 뭇 사람의 찬사나, 물질적 풍요를 가져오지 않을 것을 잘 알고 있사옵니다. 이 길이 극히도 험난하고 지루하게도 단조로우며 뼈에 사무치게도 외로운 것임을 잘 알고 있사옵니다. 제가 차지하는 사회적 지위를 천시(賤視)하면서도 제가 완전하기를 기대하는 지난한 것임도 잘 알고 있사옵니다. 때로는 찢어지게 가난한 낙도에서, 때로는 다 찌그러진 몇 개의 단칸 초가밖에 없는 산촌에서 무지와 싸워야 하는 노역임도 잘 알고 있사옵니다. 그럼에도 불구하고 이 길을 선택한 의지와 용기를 저에게 베풀어주신 주의 은총을 감사하옵니다. 이 길만이 사람의 올바른 마음을 키우고 우리 사회와 나라를 번영으로 이끌며 인류를 구원할 수 있는 것임을 깨닫게 한 주의 천혜(天惠)를 감사하옵니다.

주여, 그러나 저는 저에게 맡겨진 이 거룩하고도 어려운 과업을 수행하기에는 너무도 무력하고 부족하며 어리석습니다. 갈 길을 찾지 못하여 어둠 속에서 방황할 때, 저에게 광명을 주시어 바른 행로를 보게 하여 주시고, 폭풍우 속에서 저의 신념이 흔들릴 때, 저에게 저의 사명에 대한 굳은 믿음을 주시어 좌절됨이 없게 하여 주시옵소서. 힘에 지쳐 넘어질 때, 저를 붙들어 일으켜 주시고, 스며드는 외로움에 몸부림칠 때, 저의 따듯한 벗이 되어 주시며, 휘몰아치는 슬픔에 흐느낄 때, 눈물을 씻어 주시옵소서. 세속의 영화와 물질의 매력이 저를 유혹할 때, 저에게 이를 능히 물리칠 수 있는 용기를 주시고, 제가 하고 있는 일에 의혹을 느낄 때, 이를 극복할 수 있는 총명(聰明)과 예지(叡智)를 주시옵소서!

주여, 저로 하여금 어린이에게 군림하는 폭군이 되지 않게 하시고, 자라나는 생명을 돌보아 주는 어진 원정(園丁)이 되게 인도하여 주시옵소서. 제가 맡고 있는 교실이 사랑과 이해의 향기로 가득 차게 하여 주시고, 이로부터 채찍과 꾸짖음의 공포를 영원히 추방하여 주시옵소서. 모른다고 꾸짖는 대신에 동정(同情)으로 일깨워 주고, 뒤떨어진다고 억지로 잡아끄는 대신에 따듯한 손으로 제 걸음을 걷게 하여 주시옵소서. 길을 잘못 간다고 책벌(責罰)을 주기에 앞서 관용으로써 바른 길을 가르쳐 주고, 저항한다고 응징하기에 앞서 애정으로 뉘우칠 기회를 주도록 도와 주시옵소서!

주여, 저로 하여금 혹사자(酷使者)가 되지 않게 하여 주시고, 언제나 봉사자가 되게 하여 주시옵소서. 저로 하여금 젊은이의 천부적 가능성을 십분 발휘할 수 있는 기회와 풍토를 마련해 주는 협조자가 되게 하여 주시고, 억압이나 위협으로 자라 오르려는 싹을 짓밟는 포학자(暴虐者)가 되지 않게 하여 주시옵소서. 저로 하여금 모든 어린이를 언제나 신성한 인격으로 대하게 하여 주시고, 그들에게도 그들이 살 권리를 가지고 있는 생활과 세계가 있음을 잊지 않게 하여 주시옵소서. 그들은 성인의 축소판도 아니며, 그의 완상물(玩賞物)도 아니고, 저의 명령에 맹종하여야 하는 꼭두각시도 아님을 항상 기억하고 있게 하여 주옵소서!

주여, 저로 하여금 교사라 하여 어린이의 인격과 자유와 권리를 유린할 수 있는 것으로 착각하지 않게 하여 주시고, 교사의 자리를 이용하여 어린이를 저의 목적을 달성하기 위한 수단으로 쓰지 않게 하여 주시며, 저의 의견을 무리하게 부과하는 대상물로 삼지 않게 하여 주시옵소서. 교사의 임무는 어디까지나 어린이의 올바른 성장을 돕는 협력자요, 동반자(同伴者)임을 잊지 않게 하여 주시고, 그의 올바른 성장이 곧 저의 영광임을 기억하게 하여 주시옵소서!

주여, 저로 하여금 현재 제가 지키고 있는 어린이들이야말로 장차 우리나라의 기둥이요, 우리 민족의 계승자임을 거듭 깨닫게 하여 주시고, 그럼으로써 저는 그들을 아끼고 소중히 하며 그들을 도와 올바르게 키워야 할 막중한 책무가 저에게 있음을 인식하게 하여 주시옵소서. 저로 하여금 오늘 제가 하고 있는 일이 장차 어린이들의 생활과 행복을 좌우하고 우리나라와 겨레의 명운을 결정하는 중대한 요인이 될 것임을 마음속에 깊이깊이 간직하게 하여 주시옵소서!

주여, 저에게 힘과 용기를 주시어 이 십자가를 능히 질 수 있게 하여 주시고, 저를 도우시어 긍지를 느낄 수 있는 스승이 되게 하여 주시옵소서!

오천석 교수의 「스승」에서

차 례

Chapter 01

실기교육의 이해

1. 실기교육의 정의

교육과정 속에서 교육내용은 보통 이론과 실기 또는 실습이라는 용어를 자주 쓰이고 있음을 발견할 수 있다. 교육과정에서 이론과 실기 또는 실습이 명확히 구분되는 경우도 있지만 그 경계를 분명히 하기가 곤란한 경우가 많다. 다만 교과목을 구분할 때에는 이론교과 또는 실기교과로 구분할 수는 있다. 비록 실기교과로 분류된다 할지라도 이론을 배제할 수는 없다. 그러나 일반적으로 실기교과는 직업·기술·예체능 분야의 교과가 해당된다. 이들 교과는 주로 기능을 길러주기 위한 실기위주의 교육이 이루어지기 때문이다.

실기교육(實技敎育)은 실기(實技)와 교육(敎育)이 합쳐진 말로써 실기(實技)는 사전적 의미로 '실제의 기능이나 기술'을 의미하는 것으로서 실제로 할 수 있는 기술이나 재주를 의미한다. 실기를 영어식으로 표기하면 'technic(s)', 'technique', 'technology'로 표기할 수 있다. 여기서 'technic(s)'은 특정한 기술적 행동 또는 행위와 관련된 특수한 기능, 전문분야의 기술적 노력에 활용되는 전문화된 지식과 절차를 의미한다. 'technique'는 어떤 주어진 분야의 기술적 노력에 활용되는 전문적인 방법이나 방식 또는 기법을 의미한다. Technology는 앞에서 말한 'technic(s)'과 'technique'를 모두 포함하는 학문의 한 분야를 의미하거나 도구 및 도구의 사용과 그 사회적 효과를 의미하거나 인간이 발명하고 창조하는 물질적 요소들을 의미한다.

실기교육은 '실기'라는 용어에 가치지향적인 '교육'의 의미가 부가된 것으로서 실기를 통하여 이루어지는 교육이다. 그러므로 실기교육은 학생들에게 실제로 할 수 있는 실기나 기술을 습득시키고 이를 건전하게 활용할 수 있는 태도와 습관을 기르는 것을 목적으로 하는 실험·실습 위주의 교육이라 할 수 있다. 실기교육은 초등학교, 중학교, 일반계 고등학교 등에서도 과목에 따라 이루어지지만 보통 직업교육을 전문으로 하는 마이스터고, 특성화고 등과 같은 전문계 고등학교, 전문대학, 고등기술학교, 직업전문학교, 폴리텍대학, 사내기술대학, 기술계 사회교육기관,

산업교원 양성 대학 등에서 주로 이루어진다(이무근 외, 2015). 이상의 내용을 정리하면 다음과 같다.

| 표 1-1 | 실기교육의 정의

실기교육	대상	직업·기술교육 기관의 학생
	내용	각 직업·기술 영역에서 필요로 하는 능력 중 사용빈도와 교육적 가치가 높은 것
	기관	마이스터고, 특성화고 등과 같은 전문계 고등학교, 전문대학, 대학, 고등기술하교, 직업전문학교, 폴리텍대학, 사내기술대학, 기술계 사회교육기관의 학생, 산업교원 양성기관
	목적	실제적 능력의 습득과 그에 따른 건전한 태도·습관의 함양

출처: 이무근 외(2015)

실기교육의 성격은 실천적 지식과 기능의 숙련, 창조적 노작경험 그리고 통합적 적용 능력으로 규정할 수 있다(정명화 외, 2012). 여기서 실천적 지식과 기능의 숙련은 자신의 전문분야와 관련된 지식과 기능을 습득하고 이를 능동적으로 적용하고 활용할 수 있는 것을 의미한다. 창조적 노작경험은 작업과정의 능률과 효과의 증진을 위하여 조작, 제작, 노작활동의 행위를 중심으로 자신이 잠재적인 기능과 기술을 계발하고 나아가 과학적 사고 작용을 행동화함으로써 창의력을 발휘하도록 하는 것이다. 통합적 적용능력이란 해당 분야의 이론과 실제적 기능이 단절되거나 분리되는 것이 아니라 작업의 과정에서 이론과 실제가 서로 연결되고 통합되어서 온전한 산출물을 생산해 낼 수 있고 나아가 작업의 전 과정에 대한 통합적 안목을 지니는 것을 의미한다.

2. 실기교육의 특성

모든 교육활동은 인간의 행동 및 태도의 변화를 추구하고 있다. 교육기관에서

의도적으로 이루어지고 있는 실기교육도 마찬가지이다. 다만 실기교육은 이론교육과 달리 실제적인 기능이나 기술의 연마를 통해 인간의 변화를 추구하고 있다는 것이다. 그러므로 이론교육이나 실기교육의 궁극적인 목적은 같지만 그 접근 방식에서 이론과는 다른 실기교육이 갖고 있는 특수성이 있다. 그 특수성을 살펴보면 다음과 같다(노승윤, 2000).

첫째, 효율적인 실기교육을 위해서 적절한 외적·물리적 환경 조건의 구비가 필요하다. 실기교육이 원활히 진행되기 위해서는 과제 수행에 필요한 실습실 또는 작업실이 구비되어야 한다. 그리고 그 실습실에는 각종 장비, 기구, 실험도구, 컴퓨터 등을 비롯하여 작업복, 작업모 등이 갖춰져야 한다.

둘째, 반복 교육이 필요하다. 실기수업의 대부분은 한두 번의 시범이나 모방을 통해서 제대로 숙련시킬 수 없다. 따라서 실기 수업이 효과를 거두기 위해서는 반복 교육이 절대적으로 필요하다.

셋째, 실기교육은 1 : 1의 지도가 바람직하다. 모든 교육은 1 : 1의 개별화 교육이 바람직하지만 현실적인 어려움 때문에 이론 수업의 경우에는 1 : 다수의 수업진행이 가능하지만, 실기수업의 경우에는 강의나 이론 전달이 전부가 아니기 때문에 1 : 1의 개별지도가 바람직하다.

넷째, 실기교육은 산학 간 협력 체제의 구축이 중시된다. 오늘날 교육은 학교와 산업체 간의 협력을 통한 교육이 강조되고 있다. 특히 실기 교육은 산업계에서 필요한 인력을 양성하기 위해서 산업체의 요구와 신기술을 학교교육에서 수용할 수 밖에 없다. 이를 위해서는 학교와 산업체 간의 긴밀한 협력관계 구축을 통해 내실 있는 실기교육이 이루어져야 한다.

다섯째, 실기교육은 무엇 보다 안전을 우선으로 하여야 한다. 실습실에는 다양한 장비와 실험 약품, 화기, 가스 등을 취급할 수밖에 없다. 따라서 이론 수업일 때 보다는 더 많은 위험요소를 안고 있다. 따라서 실습장에서는 실험 시 부주의, 안전수칙 미 준수 등으로 발생할 수 있는 사고를 미연에 방지하기 위해서 안전의식을 생활화 하고 경계를 소홀히 해서는 안 된다.

3. 실기교사의 역할과 자질

1) 실기교사의 역할

역할의 사전적 의미는 자신이 마땅히 해야 할 맡은 바 직책이나 임무를 의미한다. 교사는 일정한 자격을 가지고 학생을 가르치는 사람이다. 그러므로 교사는 자격을 갖춘 사람으로서 마땅히 학생을 지도하는 역할을 맡고 있다. 교사는 교과지도를 비롯해서 생활지도, 특별활동지도, 인적성지도 등 물론 지도해야 할 범위는 굉장히 넓다. 즉, 학생 개개인의 건전한 성장과 발달을 돕기 위한 모든 활동이 포함된다. 교사의 역할은 이론교사나 실기교사로 구분하여 논하기는 곤란하다. 여기서는 모든 교사가 수행하고 있는 역할들을 제시하고자 한다.

(1) 학습조력자로서의 역할

교사의 활동 중에서 가장 핵심적인 역할의 하나는 학생의 학습활동을 안내하고 돕는 일이다. 교사는 지금까지 축적된 문화유산을 현대 그리고 미래를 살아가고 있는 학생들에게 전달하고 발전시켜야 할 의무가 있다. 그리고 그러한 문화유산을 통해서 새로운 문화유산을 창출할 수 있도록 조력하는 역할을 수행해야 한다. 오늘날처럼 폭발적으로 증가하는 지식과 기술을 전부 가르치기는 불가능하다. 따라서 교사는 학생 스스로 새로운 지식과 기술을 습득하고 적용하며 새로운 지식과 기술을 창출할 수 있도록 자극하고 안내하는 조력자의 역할이 요구된다.

(2) 인생의 안내자로서의 역할

교육은 교사와 다양한 학생들과의 만남을 통해 이루어진다. 그 학생들은 성장배경과 특성이 다를 수 있다. 다양한 배경을 가진 학생들과 교사의 대화와 실천을 통해 바람직한 삶의 방향을 찾게 된다. 교사는 학생들 보다 앞서 많은 경험을 했다. 이 경험을 토대로 학생들의 인생길라잡이가 되어 학업지도, 진로 및 취업지도, 건강지도 등의 역할을 수행하게 된다.

(3) 동일시 대상으로서의 역할

개인의 핵심적인 사회화를 담당하는 기관 중의 하나는 학교기관이다. 학교생활에서 학생들은 교사의 일거수일투족을 주시하고 모방하는 것이 일반적이다. 교사는 학생들의 모델인 것이다. 교사의 행동과 인격을 학생들이 그대로 모방하게 된다. 교사의 언어습관, 걸음걸이, 필체, 몸가짐, 세상을 바라보는 시각 등은 학생들의 모방의 대상이 되는 것이다. 따라서 교사는 학생 집단의 모델로서 항상 행동의 본보기가 되어야 한다.

(4) 경영자로서의 역할

학교경영의 책임자를 학교장이라고 한다면 학급 및 교과 경영의 책임자는 교사이다. 학급 및 교과 경영을 위한 계획 수립, 실천, 평가를 비롯하여 학생의 역할 분담, 학습지도, 환경구성, 생활지도 등 교육활동에 필요한 각종 사무처리 등은 교사가 수행해야할 업무들이다. 이러한 역할들은 교사는 단지 수업을 담당하는 일 못지않게 중요한 업무이다.

(5) 학교조직의 구성원으로서의 역할

교육을 보다 체계적이고 전문적으로 수행하기 위하여 학교라는 공식조직을 구성하게 되었다. 학교조직은 교직원 및 학생들로 구성된다. 학교조직에서 교직원들은 다시 자신의 전공이나 직책에 따라 교과를 담당하거나 학급 담임을 배정받아 교육활동을 수행하게 된다. 이러한 교육활동은 교직원 상호간 협조가 수반되지 않고서는 수행하기 어렵다. 따라서 교사는 조직의 구성원으로서 조직의 요구를 충족시키면서 상하 간, 선후배 간, 동료 간, 남녀 간 바람직한 인간관계 형성을 통해 업무를 수행할 수 있어야 한다.

2) 실기교사의 자질

자질이란 타고난 성품이나 소질 또는 어떤 분야의 일에 대한 능력이나 실력의 정도를 말한다. 앞에서 밝힌 대로 교사는 다양한 역할들을 수행해야 한다. 그러한 역할을 수행하기 위해서는 교사에게 요구되는 자질을 갖추고 있어야 학생은 물론 교사 본인도 행복한 직장 생활을 영위할 수 있다. 교사의 자질은 개인적 자질과 전문적 자질로 구분할 수 있다(정명화 외, 2012). 개인적 자질은 교사 개개인의 사람됨과 관계되는 특성으로서 교사 개인의 인성과 관련되고, 전문적 자질은 자신의 전공 영역에 대한 전문적인 지식, 교육과정 및 교수활동에 관한 전문적인 지식과 운영기술, 교직에 대한 태도 및 윤리 의식과 관련된 자질들이다.

실기교사는 자신의 전공 영역에 대한 실기 지도를 담당하기 때문에 해당 분야에 대한 기초적인 이론은 물론 실제적인 기능과 기술을 갖추고 있어야 한다. 이와 같이 실기교사는 교사로서의 개인적인 자질은 물론 해당 분야에 대한 기초적인 이론을 비롯하여 실제적인 기능과 기술을 함께 구비하고 있어야 한다. 만약 개인적인 자질과 해당 분야에 대한 이론적인 지식이 부족한 상태에서 실기지도를 반복하게 되면 그것은 교육이라기보다는 단순 반복 훈련에 불과하다.

(1) 개인적 자질

① 인성과 성품

교사에게 바른 인성과 성품이 요구된다. 교사는 원만한 인격과 올바른 언행과 예절, 건전한 자아개념과 인생관의 소유자여야 한다. 바른 인성과 성품은 학생들에게 정서적으로 안정된 상태에서 지식과 기능을 습득하게 하고 교사의 가르침에 대해서 신뢰를 갖게 한다.

② 신체적·정신적 건강

교사가 활발한 교직 수행을 위해서는 신체적으로 건강해야 하고 정서·심리적으로 안정감과 건강을 유지해야 한다. 신체적 · 정신적으로 건강한 교사는 학생의 요구에 빠르게 반응할 수 있고 정서적으로도 건전한 사고를 할 수 있게 한다. 건강한 신체에 건전한 정신이 깃들 수 있다.

③ 성실함과 열정

학생 지도에 있어서 없어서는 안 될 자질 중의 하나는 성실함과 열정이다. 학생 지도에 대한 성과는 교사가 얼마나 성실하게 지도하고 열정을 갖고 있느냐가 중요하다. 성실함과 열정은 학생 뿐 만아니라 교사 본인의 발전이나 성공을 위해서도 필요한 요소이다. 학생지도에 있어서 성실함과 열정은 학생들에게 본보기가 될 수 있다.

④ 학생에 대한 무한 신뢰

교사는 학생의 발전 가능성에 대한 믿음이 있어야 한다. 학생의 발전가능성을 믿고 꾸준히 지도하면서 신뢰하는 자세가 요구된다.

(2) 전문적 자질

① 폭넓은 교양

지도자로서 교사는 전공에 대한 전문지식은 물론 지도적 인격과 폭넓은 교양을 갖추어야 한다. 이를 위해 교사는 자연, 사회, 인간에 대한 폭넓은 이해를 위해 인문학, 지연과학, 예술, 외국어, 정보화, 건강과 스포츠 등에 대한 폭넓은 교양의 소유자이어야 한다.

② 교직에 대한 지식과 이해

교직은 전문직으로서 자신이 지도하고 있는 교과에 대한 해박한 지식과 기술을 습득하고 있어야 한다. 그리고 학생의 발달 특성에 대한 지식과 이해, 교육조직의 특성에 대한 이해와 업무처리에 대한 지식과 이해가 있어야 한다.

③ 교육과정에 대한 이해

교사는 국가수준의 교육과정과 지역수준의 교육과정을 숙지하고 그것을 바탕으로 학교수준의 교육과정을 개발하고 수행할 수 있는 능력이 있어야 한다. 교육과정에서 추구하고 있는 인간상을 비롯하여 교과교육목표 및 핵심 지도내용 등을 파악하고 지도할 수 있는 능력을 갖추고 있어야 한다.

④ 교수기술

교육조직의 특징 중의 하나는 다양한 기술을 적용할 수 있다는 것이다. 교사 및 학생의 특성, 지역사회 실태, 교과내용, 단원의 특성 등을 고려한 다양한 교수기술이 활용되어야 한다.

4. 실기교사의 양성

1) 실기교사의 자격 기준

실기교사의 자격 기준은 다음과 같다(초 · 중등교육법, 제21조 제2항 관련 [별표 2] 15.3.27.).

① 전문대학(전문대학에 준하는 각종학교를 포함)을 졸업한 사람으로서 재학 중 대통령령으로 정하는 실과계의 기능을 마친 사람, 또는 고등기술학교의 전공과를 졸업한 사람 또는 「평생교육법」 제31조 제4항에 따른 전문대학학력인정 평생교육시설의 교사자격 관련과를 졸업한 사람

② 대학(대학에 준하는 각종학교를 포함한다), 전문대학을 졸업한 사람으로서 재학 중 예능, 체육, 그 밖에 대통령령으로 정하는 기능을 마친 사람

③ 실업계 고등학교 또는 3년제 고등기술학교를 졸업한 사람으로서 실기교사의 자격검정에 합격한 사람

④ 실업과, 예능과 또는 보건과에 관한 지식과 기능을 가진 사람으로서 실기교사의 자격검정에 합격한 사람

※ 실기교사란 중 실업계 실기교사는 국가기술 자격종목이 있는 과목은 그 종목의 기능사 2급 이상 자격을 가지고 있어야 한다.

2) 실기교사 무시험검정

(1) 검정 대상

① 전문대학(전문대학에 준하는 각종학교를 포함한다) 졸업자로서 재학 중 대통령령으로 정하는 실과계의 기능을 이수한 자, 또는 고등기술학교의 전공과를 졸업한 자(자격기준 제1호)

② 대학(대학에 준하는 각종 학교를 포함한다) · 전문대학 졸업자로서 재학 중 예능, 체육 기타 대통령령으로 정하는 기능을 이수한 자(자격기준 제2호)

(2) 무시험검정 합격기준(제19조제3항 관련)

① 이수학점기준

- 「유아교육법」 별표 2의 준교사, 「초 · 중등교육법」 별표 2의 준교사 또는 실기교사 자격검정을 받으려는 사람은 교육부령으로 정하는 기준학점을 충족하여야 한다(교과내용영역 50학점 이상, 교직이론 4학점(2과목) 이상)

② 이수한 전공과목 및 교직과목의 성적이 다음 각 목의 기준을 충족하여야 한다.

- 전공과목: 평균 75점 이상
- 교직과목: 평균 80점 이상

③ 교원양성과정을 이수하는 동안 해당 교원양성기관의 장이 실시한 교직 적성 및 인성 검사 결과가 다음 각 목의 기준을 충족하여야 한다.

- 2년 이하의 교원양성과정을 이수한 사람: 적격 판정 1회 이상

- 2년을 초과하는 교원양성과정을 이수한 사람: 적격 판정 2회 이상

④ 교원양성과정을 이수하는 동안 해당 교원양성기관의 장이 실시한 응급처치 및 심폐소생술 실습을 2회 이상 받아야 한다.

⑤ 국가기술자격증: 실업계 표시과목은 그 과목에 해당되는 국가기술자격 종목이 있는 경우 기능사(기초사무분야의 경우 2급 이상) 이상의 국가기술자격증을 소지하여야 한다. 여기서 실업계 과목이란 농업계, 공업계, 상업계, 수산・해운계, 가사・실업계에 해당하는 표시과목을 말한다.

3) 실기교사자격증표시과목(제2조제3항 관련, 개정 2007.10.26)

계열별	표시과목
농업계	축산・잠업・원예・임업・조경・농업기계・농업토목・식품가공・수의
공업계	기계・자동차・항공・철도운전・철도업무・조선・주조・용접・금속・전기공사・건축・공예・토목・통신・자원・화공・섬유・절삭가공・전기・전자・인쇄・도자기・요업・전자계산기・제어계측・열처리・환경공업
상업계	속기・부기・상업계산・타자・워드프로세서・전자계산
수산・해운계	항해・수산양식・기관・어업
가사・실업계	보육・조리・한재・양재・수예・실내디자인
예능계	사진・미술・디자인・음악
체육계	체육・교련
기타계	이용・미용・사서・재활복지

4) 자격종별 전공과목 및 교직과목의 세부 이수분야 및 학점(제12조제1항 관련, 개정 2015.12.9.)

<table>
<tr><th>자격종별</th><th>전공과목</th><th>교직과목</th></tr>
<tr><td>유치원
정교사(2급)</td><td>50학점 이상
-기본이수과목 21학점(7과목) 이상 포함
-교과교육영역 8학점(3과목) 이상 포함</td><td rowspan="5">22학점 이상
-교직이론 및 교직 소양: 18학점 이상(교직소양 6학점 이상 포함)
-교육실습: 4학점 이상(교육봉사활동 2학점 이내 포함 가능)</td></tr>
<tr><td>초등학교
정교사(2급)</td><td>50학점 이상
-교과교육 및 교과내용영역 50학점 이상
-기본이수과목 21학점(7과목) 이상 포함</td></tr>
<tr><td>중등학교
정교사(2급)</td><td>50학점 이상
-표시과목별 기본이수과목 21학점(7과목) 이상 포함
-표시과목별 교과교육영역 8학점(3과목) 이상 포함</td></tr>
<tr><td>특수학교
정교사(2급)</td><td>80학점 이상
-특수교육 관련 42학점 이상: 기본이수과목 21학점(7과목) 이상 포함
-유아교육(유치원), 초등교육(초등), 표시과목(중등) 관련 38학점 이상: 기본이수과목 21학점(7과목) 이상 포함, 교과교육 영역 8학점(3과목) 이상 포함
※교육대학원의 경우 특수교육 관련 30학점 이상(기본이수과목 14학점, 5과목 이상 포함)</td></tr>
<tr><td>보건교사(2급)
영양교사(2급)
사서교사(2급)
전문상담교사(2급)</td><td>50학점 이상
-직무관련영역 50학점 이상
-기본이수과목 21학점(7과목) 이상 포함</td></tr>
<tr><td>준교사</td><td>50학점 이상
-교과내용영역 50학점 이상
-기본이수과목 6학점(2과목) 이상 포함</td><td>10학점(5과목) 이상
-교직이론</td></tr>
<tr><td>실기교사</td><td>50학점 이상
-교과내용영역 50학점 이상</td><td>4학점(2과목) 이상
-교직이론</td></tr>
</table>

※ 비고: 1. 대학은 교육실습에 소요되는 실비를 해당 학생에게 부담하도록 할 수 있다.
2. 대학은 교육실습에 관한 일반기준을 마련하여야 한다.

Chapter 02

학습의 이해

인간이 다른 동물과 구별되는 특성 중의 하나는 학습능력을 지니고 있는 것이라 할 수 있다. 인간은 다른 동물에 비해서 나약하기 그지없이 태어났지만 세월이 지나면서 육체적, 정신적으로 성장과 성숙을 거듭하여 생활에 필요한 갖가지 기능과 기술을 익히고 사회에 적응해가는 과정은 신비롭기도 하다. 이러한 과정은 학습이 되어가는 과정이라 할 수 있다. 심리학자들은 인간의 학습에 대해서 많은 관심을 가져왔다. 이 장에서는 먼저 학습의 의미, 학습에 관한 이론, 학습지도의 원리에 관하여 살펴보고자 한다.

1. 학습의 의미

학습(learning)에 관한 정의는 행동주의 심리학적 관점에서의 정의와 인지학습이론의 관점에서의 정의로 나눌 수 있다. 첫째, 행동주의 입장에서는 학습을 자극과 반응 간의 관계에서 일어나는 체계적인 행동변화로 본다. 둘째, 인지이론에서는 장(場, field)의 재체제화(reorganization)에 의한 인지구조의 변화로 학습을 정의하고 있다. 여기서 장(場)은 인간 행동에 영향을 미칠 수 있는 모든 조건들의 총체로써 물리적 환경, 심리적 환경 등을 포함한다.

행동주의 입장이나 인지이론 입장에서의 학습에 대한 정의의 공통점은 변화를 전제로 하고 있다는 것이다. 따라서 학습에 대한 정의는 전체적이고 유기적인 관점에서 이루어져야 한다. 이를 넓은 의미로서의 학습과 좁은 의미로서의 학습으로 구분하여 살펴보면 다음과 같다.

학습을 넓은 의미로 봤을 때는 유기체가 주변 환경과의 상호작용을 통하여 행동의 변화가 일어나는 것으로 보고 있다. 여기서 행동변화는 바람직한 행동변화 또는 바람직스럽지 못한 방향으로의 행동 변화든 상관이 없다. 일단 어떠한 형태로의 행동변화가 일어나면 그것을 학습으로 보는 것이다. 그러나 교육심리학에서는 교육적인 변화를 생각하지 않을 수 없다. 이와는 대조적으로 좁은 의미로의 학습은 미리 설정된 학습목표를 달성하기 위하여 의도적이고 계획적인 활동에 의한 바람직하고 지속적인 변화라 할 수 있다. 따라서 반복 연습이나 훈련을 통한 변화는 일어났으나 바람직한 방향으로의 변화가 아닌 경우에는 학습으로 보지 않는다.

한편, 『교육학용어사전』에서는 학습을 '연습이나 경험의 결과로 일어나는 행동의 지속적인 변화'로 정의하고 있다(서울대학교 사범대학교육연구소, 1981). 여기서 말하는 변화는 연습, 훈련 또는 경험에 의한 변화로서 성숙, 즉 유전적인 요인에 의한 변화, 약물 또는 피로에 의한 일시적인 변화는 학습에 해당되지 않는다. 이상의 학습에 대한 정의를 종합하면 학습이란 다양한 경험을 통하여 일어나는 비교적 지속적이면서 바람직한 행동의 변화라 할 수 있다.

이와 같은 학습에 대한 개념에는 다음과 같은 의미가 내포되어 있다.

첫째, 학습은 실질적인 경험을 통한 행동의 변화이다.

개인의 행동변화는 연습이나 훈련 등에 의한 변화, 즉 후천적인 요인에 의한 변화를 말한다. 따라서 유전적인 요인에 의한 변화나 약물, 피로 등에 의한 변화는 제외된다.

둘째, 학습은 지속적인 행동의 변화이다.

학습에 의한 개인의 행동변화는 후천적인 요인에 의한 변화로서 일시적인 변화, 즉 질병에 의한 변화, 피로, 약물중독 등에 의해 일시적으로 변화가 일어났다가 원래 상태로 되돌아가는 변화는 학습으로 볼 수 없다. 학습은 비교적 오래 지속되는 변화를 의미한다.

셋째, 학습은 바람직한 행동의 변화이다.

행동의 변화가 일어났다 하더라도 사회적으로 지탄받는 행동으로의 변화는 학습의 결과로 보기는 어렵다. 교육이 궁극적으로 추구하는 것이 가치 지향적이기 때문이다. 넓은 의미에서 학습을 연습이나 훈련에 의한 지속적인 행동의 변화로 볼 때 그 행동변화의 가치 여부는 고려되지 않는다. 그러나 교육학에서 말하는 행동의 변화는 가치지향적인 변화이다. 따라서 후천적인 요인에 의해서 지속적인 행동의 변화가 일어났다 할지라도 가치배제적인 행동변화일 경우에는 학습이라 할 수 없다. 예를 들면, 순진하고 모범적인 행동을 하던 학생이 비행친구의 꼬임에 빠져 학교교육을 거부하고 지속적으로 소매치기 행동을 한다면, 이것은 넓은 의미에서 본다면 학습이지만 교육학적인 입장에서는 이것을 학습으로 볼 수 없다. 왜냐하면, 교육은 가치지향적인 활동이면서 바람직한 행동의 변화를 꾀하는 데 비해 소매치기의 행동은 사회적으로 바람직한 행동으로 보기 어렵기 때문이다.

2. 학습이론

어떠한 이론이 나오기 전까지는 삼라만상이 펼쳐지는 현상, 그리고 인간의 판단과 경험을 통하여 특정 사물이나 현상에 주어지는 성격 또는 속성을 나타내는 개념, 한 현상과 또 다른 현상 간에 일정한 규칙성(regularities), 혹은 현상 안의 인과율(cause and effects)을 나타내는 법칙이 있다. 이러한 여러 법칙들을 다양한 관점에서 해석하고 종합화한 것이 이론(theory)이다.

학습이론도 마찬가지의 과정을 거친 것이다. 여러 이론 중에서도 학습에 관한 현상, 개념, 법칙 등을 체계화한 것을 학습이론이라 할 수 있는 데 일반적으로 학습이론이란, 학습이 이루어지는 심리적인 기제를 설명하는 법칙이나 이론의 체계를 말한다(임승권, 1995). 즉 인간의 행동이 어떠한 과정을 거쳐 이루어지며 어떠한 힘이 학습을 성립시키는가를 설명해 주는 법칙이나 체계들이다. 지금까지 밝혀진 학습이론은 크게 인간의 행동을 자극과 반응의 관계로 보는 행동주의 학습이론과 학습을 인지구조의 성립과 변용으로 보려는 인지이론, 그리고 학습을 인간의 전체적인 기능으로 보려는 인본주의 학습이론 등으로 나눌 수 있다.

1) 행동주의 학습이론

행동주의 학습이론은 학습이 이루어지는 현상을 자극(stimulus)에 대한 반응(response)의 관계로 보는 행동주의 심리학에 근거를 두고 있다. 행동주의 심리학자들은 모든 행동을 조건형성(conditioning)의 결과로 보고 인간이해의 기본 가정을 자극-반응(stimulus-response)의 관계로 보기 때문에 S-R심리학이라고도 한다. 이 학습이론은 19세기 후반부터 인간의 행동을 연구하기 위하여 동물들을 실험의 대상으로 삼았다. 실험에 활용된 동물들을 대상으로 주어진 자극에 대하여 어떠한 반응을 보이는가에 대한 관찰을 통해서 학습의 성립과정을 밝혔다. 이 범주에 속하는 대표적인 학습이론은 Pavlov의 고전적 조건형성이론, Thorndike의 시행착오설, Skinner의 조작적 조건반사설 등이 있다.

(1) 고전적 조건형성이론

고전적 조건형성이론(classical conditioned reflex theory)은 구소련의 대뇌생리학자 I. P. Pavlov(1847~1936)에 의하여 체계화된 이론으로서 조건자극과 그것에 의한 조건반응에 의하여 학습이 이루어진다는 학설이다. Pavlov는 개의 침샘이 각기 다른 종류의 음식에 어떻게 반응하는가를 연구하는 과정에서 개들이 먹을 것을 가져다주는 Pavlov 자신이나 동료들의 발자국 소리만 들어도 침을 분비하기 시작하는 것을 보고 이 반응의 원리를 연구하기 시작하였다고 한다. Pavlov의 실험과정을 간략히 소개하면 다음과 같다.

Pavlov는 개 입 안의 침액 분비선을 수술하여 침액이 외부 침액 계측기로 흘러나오도록 고안된 장치를 [그림 2-1]과 같이 설치하고 어떠한 자극이 주어질 때 분비되는 침액의 양을 측정하였다. Pavlov는 개에게 먹이를 주기 전에 종소리(벨)를 약 30초간 들려주고(조건 자극) 약간의 고기(무조건 자극)를 주었다. 개는 처음에는 종소리를 듣고도 침을 흘리지 않았다. 그러나 이와 같은 방법을 5분 내지 10분마다 수일 동안 반복하면 나중에는 고기를 주지 않고 종소리만 들려줘도 침을 흘리게 되는 것을 발견하였다. 이때를 조건반사가 성립되었다고 한다.

이것은 개가 종소리와 먹이가 결합되어 하나의 새로운 학습이 이루어지게 되었다는 것을 의미한다. 개에게 고기가 주어짐으로써(무조건 자극) 자연적으로 침이 분비되는 것을 무조건 반사, 그리고 종소리를 듣고(조건 자극) 침이 분비되는 것을 조건반사라 한다. 이와 같은 실험을 통해서 얻은 학습원리는 다음과 같다.

① 강도의 원리

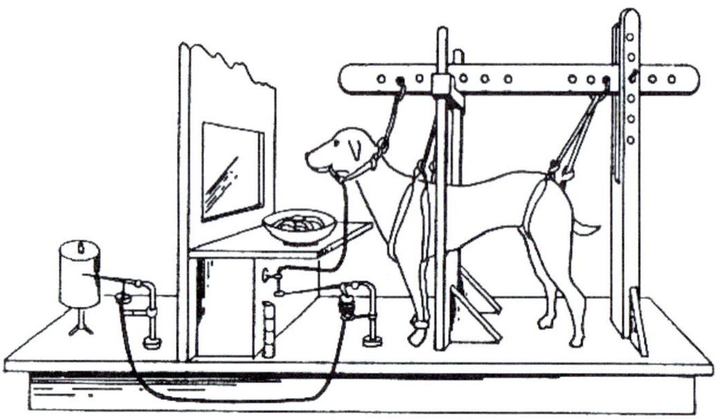

[그림 2-1] Pavlov의 실험장치

강도의 원리는 무조건 자극은 조건자극에 보다 크거나 완전한 것이어야 한다. 즉, 최초의 반응보다 다음에 나타나는 반응이 더 강해야 바람직한 결과를 낳고, 자극이 강한 것일수록 학습이 더 잘된다는 것이다. 예를 들면, 교실에서 학생들이 소란스럽게 할 때 종을 세게 치거나 횟수를 늘리면 학생들은 더 조용해지는 원리이다.

② 시간의 원리(간격의 원리)

시간의 원리는 조건자극과 무조건 자극 사이의 시간적 관계가 중요하다는 원리이다. 즉, 조건 자극(종소리)이 무조건 자극(고기)과 시간적으로 동시에 혹은 그에 조금 앞서 주어져야 한다는 것이다. 만약 종소리가 나고서 5초 이내에 무조건 자극인 고기가 주어지지 않으면 조건반사는 일어나지 않는다. 반대로 5초 이내에 조건 자극과 무조건 자극이 결합할 때에는 조건반사가 쉽게 일어날 수 있다. 또한 무조건 자극(고기)이 조건 자극(종소리)에 선행할 때는 조건반사의 성립이 곤란해진다. 예를 들면, 교실에서 학생들이 떠들 때 교사가 헛기침을 하고 난 뒤 몇 초 후에 탁자의 종을 치면 조용해진다. 이런 과정을 반복하면 학생들은 선생님의 헛기침 소리만 듣고도 조용하게 된다는 원리이다.

③ 일관성의 원리

조건 자극은 일관된 자극물이어야 조건반사가 잘 일어난다는 것이다. 즉, 자극이 질적으로 같은 것이어야 효과적이다. 조건 자극을 위해서 사용된 자극물이 처음 것과 나중 것이 같아야 한다. 만약 서로 다를 경우에는 조건반사가 일어나지 않는다.

④ 계속성의 원리

이것은 자극과 반응 간의 횟수가 많을수록 자극과 반응 간에 결합이 잘 이루어진다는 것으로서 반복연습이 학습에 필요하다는 것이다. Pavlov의 실험에 의하면 자극과 반응의 관계를 40~60번 정도 실시하여야만 이루어진다고 한다. 이것은 행동의 변화는 그리 쉽게 일어나지 않는다는 것을 말해 주고 있다. 예를 들면 피아노 연습은 계속해야 학습이 잘 이루어진다는 것이다.

(2) 시행착오설

시행착오설(trial and error theory)은 Pavlov의 조건반사설을 더욱 발전시킨 이론으로서 자극-반응 결합설 또는 결합설이라고도 불린다. 시행착오설은 어떤 문제 사태에 직면하여 적절한 해결방안이 없이 문제해결에 착수한 결과 시행과 착오를 반복하게 되는데, 이 과정에서 문제해결을 위한 실마리를 찾게 된다는 것이다. 즉 문제해결을 위한 다양한 시도를 맹목적으로 실행하고 우연한 기회에 성공과 실패를 경험하게 된다. 새로운 문제 상황이나 자극 상황에 당면한 유기체는 자기 자신이 해결할 수 있는 다양한 형태의 반응을 계속해서 맹목적으로 발생시키고 여기에 순응하려 한다. 이러한 여러 가지 반응에서 우연히 성공하는 반응도 있고 실패하는 반응도 있다. 이때 성공한 반응은 다음 기회에 다시 작용할 수 있지만, 실패한 반응은 또 다시 작용하기 힘들게 된다. 이러한 반응양식을 시행착오에 의한 학습이라고 한다.

이 이론은 Thorndike에 의해서 체계화되었는데, Thorndike는 심리학 분야 최초의 동물실험(1898)인 자신의 박사학위논문 「동물에 있어서 연합과정의 실험」에서 학습을 시행과 착오(trial and error)의 과정을 통한 결합의 결과로 보고 목표달성에 성공한 동작은 완성되고, 성공하지 못한 동작은 배제되는 연합과정을 거쳐 학습이 이루어지는 것으로 보았다. 연구를 진행하면서 Thorndike는 실험실에서의 종속변인을 문제해결 시간으로 설정하였다. 즉 동물이 문제를 해결하는 데 걸리는 시간에 관심을 가졌다. Thorndike는 학습이 이루어지는 과정을 밝히기 위하여 고양이, 닭, 돼지 등을 대상으로 문제상자와 미로상자 실험을 하였다.

문제상자는 다음 [그림 2-2]와 같이 장치하여 그 상자 안에 굶주린 고양이(또는 원숭이, 개)를 넣고 상자 밖에는 고양이가 좋아하는 먹이를 놓아둔다. 그런데 이 상자는 굶주린 고양이가 어떤 장치를 누르면 문이 열려서 밖으로 탈출하여 먹이를 먹을 수 있도록 고안되어 있다. 상자 안에 있는 고양이는 목표달성(배고픔 해결)을 위하여 밖으로 탈출하기 위한 다양한 시도를 하지만, 실패를 거듭하다가 우연히 문 열림 장치를 밟아 문이 열리게 되면 밖으로 탈출하여 목표를 달성하게 된다. 이와 같은 시행착오를 거듭하다 보면 실패한 반응은 줄어들고 성공 반응은 늘어나게 되어 먹이를 쉽게 얻을 수 있게 된다. Thorndike는 이상과 같은 실험 결과를 토대로 효과의 법칙, 연습의 법칙, 준비성의 법칙 등의 학습의 기본원칙을 얻었다.

① 효과의 법칙(law of effect)

효과의 법칙이라 함은 자극에 대한 반응의 결합이 형성될 때 그것이 만족스러운 결과를 수반하면, 그 결합의 강도가 증대하고 불만족의 상태가 수반될 때는 그 결합의 강도가 약해지는 것이다. 일상생활에서 어떠한 행동의 결과에 따라 칭찬이나 보상이 주어지면, 그에 따른 만족감이나 쾌감으로 인하여 결합이 강화되어 행동이 반복되지만 반대로 벌이나 질책 또는 불쾌감이 주어지면 그 행동에 대한 회피반응이 일어나 결합이 약해진다.

이와 같은 효과의 법칙에 따르면 만족은 결합을 증대시키지만, 불만족은 결합을 약하게 한다. 그러나 실제 개인의 행동을 보면 불만족은 반드시 결합을 약하게 하는 것이 아니다. 불만족은 오히려 행동의 변화를 일으켜 바른 반응이 일어날 수 있는 기회를 증가시키기도 한다. 이 점은 Thorndike 자신도 인정하고 1930년 이후 자신의 주장을 수정하게 되었다.

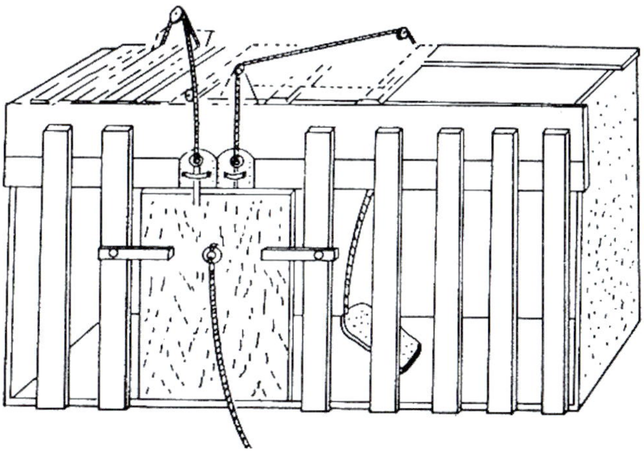

[그림 2-2] Thorndike의 문제상자

② 연습의 법칙(law of exercise)

연습의 법칙은 빈도의 법칙이라고도 하는데 자극과 반응과의 관계가 반복되면 될수록 그 결합은 견고해지고, 자극과 반응관계가 적을수록 그 결합은 약화된다는 것이다. 즉 연습의 횟수나 사용 빈도가 많을수록 결합은 강화되고, 적으면 적을수록 결합은 약화된다는 것이다. 이러한 연습의 법칙에 따르면 기계적인 암기학습이나 각종 운동기능은 지속적인 연습에 의해서 학습이 강화되지만 반대로 사용빈도가 낮을수록 암기기능이나 육체적인 기능은 점차 상실된다. 그러나 이러한 연습의 법칙은 모든 경우에 적용되지 않는다. 즉, 어떠한 경우에는 적은 횟수, 또는 단 한 번의 경험에 의해서도 결합이 강화되는 경우가 있다.

③ 준비성의 법칙(law of readiness)

준비성의 법칙이란 학습할 준비가 되어 있을 때 학습을 하게 되면 만족할 만한 결합을 가져오지만 준비가 덜된 상태에서는 만족스러운 결과를 가져오지 않는다는 것이다. 즉, 자극에 반응할 태도나 동기가 얼마나 갖추어져 있느냐와 관계된다. 따라서 학습의 효과를 증진시키기 위해서는 학습자로 하여금 성취동기를 갖게 함과 동시에 주어지는 과제를 학습자가 그것을 능히 해낼 수 있는가를 고려해야 한다. Thorndike는 이상에서와 같은 학습의 기본법칙을 제시하고 이어 후속적인 학습의 법칙을 다음과 같이 제시하였다(임승권, 1995).

- 다양반응의 법칙(law of multiple response)

  적절한 반응이 나타날 때까지는 다양한 반응을 시도하게 되며, 그 중 우연히 나타난 적절한 반응이 결합된다는 것이다.

- 태도의 법칙(law of set or attitude)

  학습은 유기체의 자세나 태도에 따라서 결정된다는 것으로서 학습자가 얼마나 적극적으로 학습활동에 임하느냐와 관계된다. 또 유기체의 학습에 대한 자세나 태도가 학습에 대한 만족 여부를 결정한다는 것이다.

- 연합·전이의 법칙(law of associative shifting)

  학습은 반응하기 쉬운 장면에서 연합이 쉽게 일어나며 자극과 반응사이에 일련의 변화가 완전히 보존되면 새로운 장면에서의 다른 자극에 대해서도 그러한 반응이 일어난다는 것이다. 따라서 학습자에게 주어지는 과제는 학습자의 능력을 고려하여 선수학습 과제를 충분히 익히게 한 다음 새로운 과제를 이행하게 하는 것이 효과적일 것이다. 예를 들면, 개를 훈련시킬 때 고기를 주면서 "서라"고 두 발로 서는 훈련을 시킨 후 먹이 없이 "서라"고 하면 곧잘 서는 것은 바로 이러한 것을 설명하는 것이다.

- 유사의 법칙(law of assimilation)

자극이나 상황에 대한 반응은 이전의 경험에 근거한 유추나 동화에 의한 반응이며, 어떤 장면에서 특정의 요소를 좋아하기 때문에 그러한 반응을 하게 된다는 것이다. 인간의 행동을 보더라도 과거의 경험과 비슷한 장면, 자극 또는 자기가 좋아하는 어떤 요소가 있을 때 반응이 쉬워지는 것을 쉽게 발견할 수 있다.

- 요소우월의 법칙(law of prepotency of elements)

자극에 대하여 비 선택적, 무작위적인 방법으로 반응하는 것이 아니라 그중 우월하며 중요하다고 인정되는 요소를 자기 나름대로 선택하여 반응한다는 것이다.

(3) 조작적 조건화설

Pavlov의 조건화설은 단순히 외부자극에 대한 반응에 관심이 주어졌으나 Skinner의 조작적 조건화설은 외부의 자극 없이 의식적으로 어떤 행동 결과를 일으키는 능동적(조작적) 행동에 관심을 갖는다. Skinner는 사람이나 동물은 외부의 자극이 없이도 욕구수준이나 외부의 환경에 따라 어떤 행동을 자발적 · 의도적으로 행할 수 있다는 것에 관심을 가졌다. Skinner는 자신의 이름을 딴 실험상자(Skinner box)를 고안하였다. Skinner는 Thorndike의 효과의 법칙에 따라 조작적 행동의 경향성은 그 행동의 결과, 즉 반응 후에 보상이 있느냐 없느냐에 따라 조작 행동이 강해지거나 약해지는 것으로 보았다. 이와 같이 어떤 행동을 의도적으로 일으키게 하는 것을 조작적 행동이라 하고 조작적 행동을 통한 조건형성을 조작적 조건화라 한다. 이것은 Pavlov와는 달리 유기체가 먼저 반응을 하게 한 다음에 강화(reinforce)를 주는 방식을 통하여 행동을 유발하기 때문에 조작적 조건화 또는 도구적 조건화(instrumental conditioning)라 부른다.

스키너 상자는 [그림 2-3]과 같이 지렛대를 누르면 먹이가 나오도록 되어 있다.

그것의 앞에는 먹이통이 설치되고 실험자에 의하여 조작이 가능한 전구를 지렛대에 부착하였다. Skinner는 이 상자에 훈련된 흰쥐를 넣고 이 흰쥐가 바(bar) 또는 지렛대를 이용하여 먹이를 획득하는 과정을 관찰하였다. 이 상자 안에 1일 1회 먹이를 먹도록 훈련된 흰쥐를 집어넣고 쥐의 배고픈 시간을 이용해서 실험을 하게 된다. 이 실험장치에 동물을 넣은 후에도 처음에는 전원을 작동시켜 50～200입자의 먹이를 방출하여 작동하는 소리와 더불어 먹이접시 쪽으로 기어와서 먹이를 먹도록 순응시킨 후 이 실험에 들어간다. 쥐는 처음 2～3분에서 20여 분간은 지렛대에 대한 반응 없이 계속 움직이다가 우연히 지렛대를 밟아 먹이를 먹은 후에는 배가 고플 때마다 다시 지렛대를 누르는 행동을 계속하였다. 이와 같이 쥐는 배가 고플 때마다 지렛대를 누르게 되고 지렛대를 누를 때마다 먹이가 나오게 된다. 이 먹이는 지렛대를 누르는 행동을 강화시켜 주게 되어 지렛대를 누르는 행동은 증가하게 된다. 이때 먹이는 무조건 자극에 해당하며 먹이를 먹으려는 욕구는 무조건 반응이다. 그러나 지렛대를 눌러도 먹이가 나오지 않을 경우에는 지렛대를 누르는 행동이 감소하게 되는 소거현상이 나타난다. 하지만 다음 날 다시 그 상자 안에 넣게 되면 지렛대를 다시 누르는 자발적 회복현상이 나타나게 되었다.

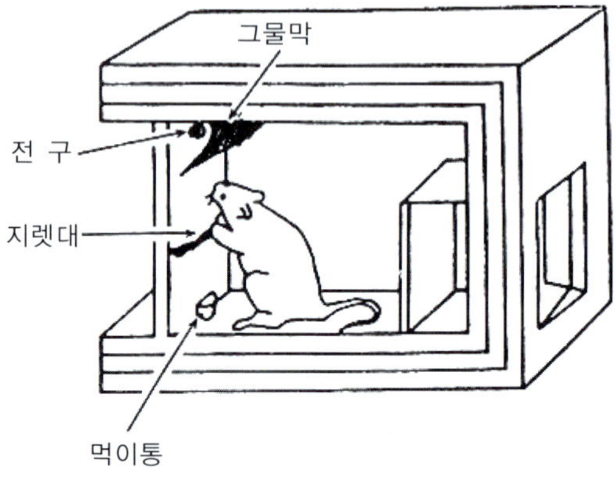

[그림 2-3] Skinner 상자의 내부

① 강화(reinforcement)

조작적 조건 형성이론에서 강화란 유기체의 행동 발생 빈도를 높여 주는 어떠한 조처를 말한다. 강화의 원리에는 정적(적극적 또는 긍정적) 강화와 부적(소극적 또는 부정적) 강화가 있다.

정적강화는 무엇인가 즉 강화물이 주어졌을 때 행동의 빈도가 높아지는 것을 말한다. 예를 들면, 음식, 장난감, 돈 등을 주거나 칭찬했을 때 아동들이 더 열심히 공부하는 것을 볼 수 있는데 이것을 강화되었다고 하고 이러한 역할을 하는 음식, 장난감, 돈 등을 강화물이라 한다.

부적 강화는 무엇인가 아동들이 싫어하는 것을 제거할 때 행동의 빈도가 높아지는 것을 말한다. 예를 들면, 숙제를 잘해오는 학생에게는 남들이 하기 싫어하는 화장실 청소를 면제해 준다면 화장실 청소를 하지 않기 위해서 숙제를 잘해오는 경우가 여기에 해당한다.

② 처벌(punishment)

처벌이란 바람직하지 못한 특정 행동을 약화시키거나 발생 빈도를 감소시키기 위한 과정이다. 즉, 특정인에게 불유쾌한 자극을 제공하여 바람직스럽지 못한 행동의 발생 빈도를 감소시키기 위한 것이다. 처벌에는 체벌, 타임아웃 등이 있다. 그러나 처벌은 긍정적인 효과보다는 부정적 효과가 더 많은 것으로 나타났다. 처벌은 부정적인 행동을 감소시키는 효과는 있을지 몰라도 바람직한 행동을 증가시킬 수는 없다는 것이다. 따라서 교육 현장에서 가급적 벌을 사용하지 않는 것이 좋다. 만약에 불가피하게 벌을 사용해야한다면 다음과 같은 사항을 염두에 두는 것이 좋다(이종철 외, 2015).

- 처벌은 반응이 일어난 후 즉각적으로 주어질 때 효과적이다.
- 반응이 나올 때 마다 매번 처벌이 주어지는 것이 효과적이다. 처벌이 간헐적으로 주어질 경우에는 처벌이 주어지지 않을 때는 오히려 강화의 효과를 내게 된다.

- 처벌의 강도는 처음부터 아주 강한 것이 효과적이다. 만약 처벌이 약하다가 강해질 경우에는 처벌에 점차 적응하게 되어 그 효과는 떨어지게 된다.
- 처벌 받는 행동에 대해 대안적 행동이 있을 때 처벌의 효과는 커진다. 즉 문제행동을 처벌함과 동시에 대안적 행동을 강화해 주면 처벌의 효과는 더 커질 수 있다.

2) 인지주의 학습이론

인지주의 학습이론은 학습이 이루어지는 현상을 자극에 대한 반응의 관계로서 관찰 가능한 객관적인 행동의 학습원리를 설명해 주는 행동주의 이론과는 달리 학습을 인지구조의 성립 또는 그 변용으로 보려는 입장이다. 인지심리 학자들에 의하면 학습은 눈에 보이는 행동뿐만 아니라 정신과정에 있어서의 변화도 포함되므로 학습, 특히 인간의 학습은 조건화된 현상만으로 설명이 힘들고 인지(사고)과정에 대한 고려가 필요하다고 보는 입장이다. 인지심리학에서는 인간이 외부의 세계로부터 입수한 정보를 해석하고 기억하는 인지과정에 의해서 설명되어야 함을 강조하고 있다. 인지주의 학습이론에서는 학습현상을 요소로 분할해서 파악하려는 분석적 방법이 아니라 전체와의 구조 속에서 부분들의 상호작용을 파악하고자 한다. 인지설은 주어진 상황이 전체적으로 조직 또는 구성되는 관계를 이해하는 과정, 즉 인지하는 과정으로 보아야 함을 주장하고 있다. 여기에 속하는 이론으로는 통찰설, 장이론, 기호형태설 등이 있다.

(1) 통찰설

통찰설(insight theory)은 Wolfgang Köhler(1887~1967)가 원숭이를 실험대상으로 하여 체계화한 학습이론으로서 형태심리학에 입각한 인지주의 학습이론이다. 이 통찰설은 학습문제를 포함하는 문제사태를 전체적으로 이해하고 그것을 분석하여 인지함으로써 주어진 문제사태를 목표달성을 위한 행동과 결부시켜 재구성 또는 재구조화하는 것을 강조한다. 문제해결은 시행-착오(trial and error)를 통하여 이루어지는 것이 아니라 통찰을 통하여 일어난다는 것이다. 즉, 문제해결의 열쇠가 되는 어떤 관계를 지각함으로써 이루어지는 것으로 보았다. 여기서 Köhler는 상황을 구성하고 있는 요소들 간의 관계를 파악하는 것을 통찰이라 불렀다. 다음은 Köhler가 통찰설을 체계화하는 과정에서 원숭이를 이용한 실험의 예를 들고자 한다.

Köhler는 다음 [그림 2-4]와 같이 원숭이의 키가 닿지 않는 천장 위에 바나나를 매달아 놓았다. 그리고 방 안에는 크기가 다른 나무상자와 막대를 넣어 두고 원숭이가 어떻게 그 바나나를 따먹는지를 관찰하였다. 즉 문제해결 과정을 관찰하였다. 그랬더니 술탄(Köhler가 실험에 이용한 원숭이 중 가장 영리한 원숭이)은 처음에 작은 막대기로 바나나를 따려 했으나, 여의치 않자 작은 막대기로 큰 막대기를 끌어당겨 이를 보조물로 하여 바나나를 따먹었다. 또는 바나나 밑에 나무상자를 쌓아올려 놓고 올라가 막대기로 바나나를 따먹는 것을 관찰하였다.

이것은 문제해결에 실패하면 맹목적으로 계속하지 않고 다른 행동을 시도함으로써 전체적인 장(field)을 나름대로 파악한다는 것을 의미한다. 모든 학습이 갑작스런 통찰에 의해서 이루어지는 것이 아니고, 학습은 능동적이고 의도적인 정신적인 활동과 전체적인 장면의 파악에 의해서 이루어지는 것으로 보고 있다. 즉, 학습을 행동의 변화로 보는 것이 아니라 인지구조상의 변화로 설명하고 있다.

위의 실험결과를 통해서 학습을 다음과 같이 요약할 수 있다.

첫째, 주어진 문제해결은 단순한 과거 경험의 축적에 의해서 이루어지는 것이 아니고, 그의 경험적 사실의 재구성에 의한 구조의 변환과정에 의해서 이루어진다.

둘째, 통찰은 탐색적인 과정을 거쳐 이루어지는데, 그 탐색은 단순히 우연만을 위주로 하는 시행착오가 아니라 목적과 수단, 요소와 요소 간의 관계에 관한 통찰과정을 거친다는 것이다.

셋째, 통찰은 실험장면에 의해서 형성되는 데, 통찰은 부분과 부분, 부분과 전체 또는 수단과 목표의 관계의 성립을 의미하며, 통찰의 형성과 더불어 이전의 불균형 상태의 문제 장면은 균형 있는 구조화된 장면으로 바뀌게 된다(정명화 외, 2012).

넷째, 통찰에 의한 학습은 종류나 개체에 따라 차이가 있다.

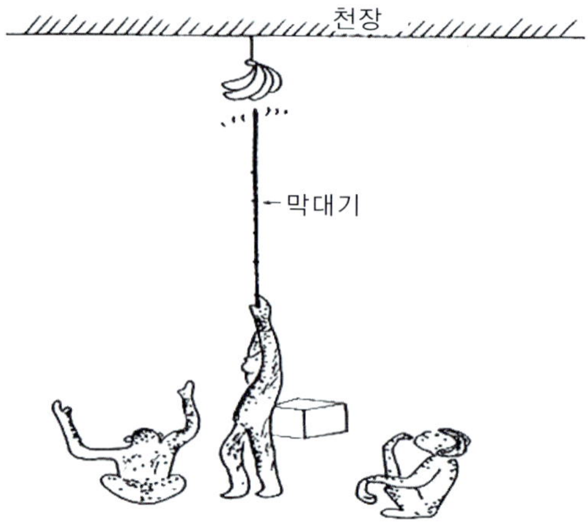

[그림 2-4] Köhler의 원숭이 실험

(2) 장이론

장이론(field theory)은 M. Wertheimer가 물리학의 장이론을 심리학에 도입하고 Lewin이 이를 체계화한 이론이다. Lewin이 말하는 장(場)이란 인지구조의 변화가 일어날 때 심리적인 영향을 주는 전체적인 상황을 뜻하는 것으로써, 개체를 둘러싸고 개체의 행동에 역동적으로 작용하는 환경 또는 생활공간과 독자적인 의미를 가지면서 장 구성체의 하나인 자신과의 통합체를 말한다.

Lewin은 개인의 행동은 환경과 개체 간의 상호 역동적이며 전체적인 통합체에 의한 결과로 보고 다음과 같이 공식화하였다.

$$B = f(P \cdot E)$$

P = 개체
E = 환경

이를 구체적으로 설명하면 다음과 같다(정원식 외, 1976).

① 행동은 그 행동이 일어날 당시에 존재하는 장의 함수이다(B = f(L)).

② 분석은 전체로서의 상황에서 시작되어야 하며, 구성요소는 거기에서 제외되어야 한다.

③ 구체적인 상황에서의 구체적인 사람은 수리적으로 표현될 수 있다.

이상에서와 같이 Lewin은 학습을 개체와 환경과의 역동적인 관계로 보면서, 학습이 이루어지는 형태를 다음과 같이 4가지로 구분하였다.

① 인지구조 변화로서의 학습

② 동기의 변화로서의 학습

③ 집단의 소속 혹은 이데올로기의 변화로서의 학습

④ 신체적 통제로서의 학습 등이다.

이 4가지 형태 중에서 기본적인 학습의 형태는 인지구조의 변화로서의 학습이다.

(3) 기호-형태설

Gestalt 심리학과 Lewin의 장이론에 영향을 받아 성립된 기호-형태설(sigh-gestalt theory)은 Tolman에 의해서 체계화되었다. 이 이론은 행동주의 이론의 특성과 형태주의 이론의 특성을 포괄하고 있다. 특히 행동을 야기하는 행위의 원인과 결과적 행동 동작과 결부되는 인지과정과의 관계를 강조한다. Tolman에 의하면 학습은 단순히 자극·반응 경향의 확립이 아니라 기호-형태-기대의 관계라는 것이다. 여기서 학습의 목표를 의미체라 하고, 그것을 달성하는 수단이 되는 대상을 기호(sign)라 하며 이 양자의 수단-목적 관계를 기호-형태라 한다. 여기서 말하는 학습이란 어떤 구체적인 자극(기호)은 유기체 쪽에서 볼 때 일정한 형의 행동결과로서 일정한 자극대상(의미체)을 도출하게 된다. 이와 같은 의미체로서의 자극대상이란 '어떠한 수단이 어떠한 결과를 나타내게 할 것이다' 하는 수단-결과 관계의 성립을 의미하며, 이는 행동이 아닌 사전인지이며 인지도가 신경조직 속에 형성되는 것이고, 이 과정에서 수단-결과-기대가 성립된다(이무근 외, 2004).

미로실험을 위하여 이용되는 쥐는 출발점에서 목표지점을 향해 전진할 때 다양한 방향의 갈림길에서 선택의 기로에 서게 된다. Tolman에 의하면 쥐는 미로를 통과하면서 특정한 선택지점에 이를 때마다 목표지점으로 가는 인지도(cognitive map)를 그려가는데 새로운 자극이 나타날 때마다 신념과 기대를 학습하게 된다. 즉, 새로운 방향설정이 맞았는지, 틀렸는지의 신념을 갖게 되는데 만약 바른 길로 들어서면 어떤 자극이 나타날 것인지를 기대(expectation)한다.

이와 같은 주장에 의하면 학습자는 주위환경에 행위적으로 대처하며 자기가 앞으로 유사한 상황에서 이용하게 될 경험을 획득하게 되는데, 기대가 결과와의 일치를 통해서 강화가 이루어지면 그 기대를 반복할 확률은 높아진다는 것이다. 그렇게 되면 학습자는 점차적으로 자기의 수단, 목표, 기대를 알게 되고 자기의 행동은 목표를 달성하게 해 주는 수단이 된다. 이와 같이 Tolman이 주장하는 기호-형태설은 부분자극에 따른 생리적인 반사작용을 중시하는 것이 아니고, 사태(situation)와 행동과의 거시적인 단위 간의 결합을 강조한다. 결국 사람의 행동은 그가 처한 상황에 대한 인지도를 어떻게 형성하느냐에 따라 결정된다.

(4) 정보처리이론

정보처리이론(information processing theory)은 인간이 외부로 부터 정보를 습득하고, 그 정보를 저장하고 인출하는 과정에 초점을 맞추고 있다. 즉, 인간이 외부로부터 습득한 정보를 어떻게 지각하고 이해하며 기억하는가에 대한 설명이다. 이러한 인지과정을 컴퓨터의 정보처리과정과 유사한 것으로 보고 있다.

정보처리과정을 그림으로 나타내면 다음과 같다(이종철 외, 2015).

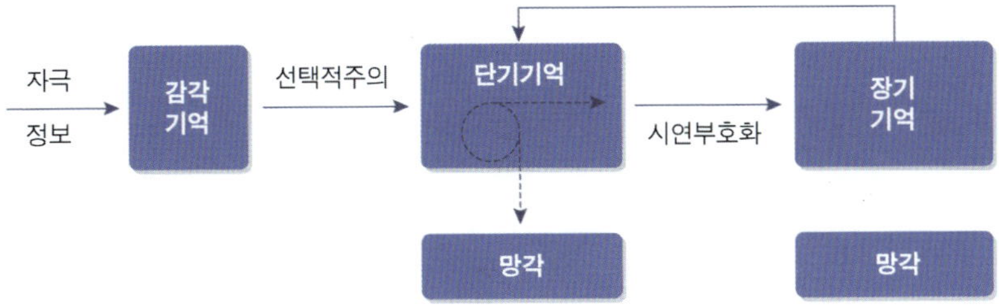

[그림 2-5] 정보처리모형

① 감각기억

감각기억 혹은 단기 감각저장은 극히 짧은 순간(시각적 정보 약 1초, 청각적 정보 약 4초) 동안 정보를 원래의 형태대로 정확하게 복사하여 보존하는 기억 형태를 말한다. 감각기억에 파지된 정보는 즉시 처리되지 않으면 곧 소멸되거나 다른 정보에 의하여 밀려나가기도 한다.

② 단기기억

감각기억에 순간적으로 파지된 정보는 인식할 수 없지만 선택적 주의를 기울이면 단기기억으로 전이된다. 단기기억은 임시 저장고로서 용량이 제한되고 정보를 보유하게 되는 시간이 짧다. 단기기억에서는 기억범위가 상당히 제한적이기 때문에 수업시간에 학생들에게 새로운 정보를 제시할 때에는 천천히 제시하되 수업보조물(칠판, 빔 프로젝트, 그림, 지도 등)을 적절히 활용하는 것이 좋다. 또한 단기기억에서 유입되는 정보의 필터 역할을 하는 것은 선택적 주의이다. 인간은 유입되는 모든 자극에 주의를 기울이는 것이 불가능하기 때문에 몇 개의 중요한 자극에만 초점을 맞추게 된다.

③ 장기기억

장기기억 장치는 무한한 정보를 영구적으로 기억할 수 있는 곳이다. 장기기억에 저장되는 과정을 의미적 부호화라 한다. 장기기억은 정보를 유의미하고 목적지향적으로 연결된 의미망으로 변형하여 저장할 수 있다.

3) 인본주의 학습이론

(1) 인본주의 학습이론의 이해

인본주의 학습이론은 행동주의 학습이론가들이 동물을 대상으로 한 실험의 결과를 인간에게 적용하는 것에 대한 비판에서 출발한다. 즉 인간은 동물과 다르다는 것을 전제로 인간의 주관성과 독특성을 강조한다. 이는 인간적인 요소라 할 수 있는 사고나 감정 등의 내면의 과정을 배제한 채 오로지 인간의 객관성을 강조하는 행동주의와는 다른 입장을 견지하고 있다.

인본주의자들은 인간의 본성은 선하다고 가정하고 직접 경험의 심리적 과정을 해명하고자 하며, 주어진 직접 경험에서 무엇을 지각해 내는가 하는 것은 체험 순간의 상황에서 결정된다고 보는 현상학에 이론적 접근을 두고 있다(김진호 외 2001). 이것은 인간은 외부에서 주어진 자극에 대하여 수동적으로 반응하는 존재가 아닌 개개인이 지니고 있는 독특한 특성과 자신의 힘에 의해서 판단하고 행동하는 능동적인 존재라는 것이다.

이러한 관점에서 인본주의자들은 인간의 전인발달을 교육의 목표로 내세우고 있다. 그들은 인간의 자신의 운명을 지배하고 환경을 능동적으로 개척해 나갈 수 있는 조건을 갖추고 있음을 강조한다. 따라서 인본주의자들은 교육을 인간들의 그들의 능력과 잠재력을 발전시켜 나갈 수 있도록 돕는 것을 목적으로 하고 정의적(情意的)인 측면을 강조한다. 인본주의 학습이론을 대표하는 학자들로는 매슬로, 알포트, 로저스 등이 있다. 이들의 공통적인 견해를 정리하면 다음과 같다(김언주 외, 2004).

① 내적 인간에 대한 관심이다. 관찰과 측정이 가능한 행동에 관심을 갖는 행동주의와는 달리 인간의 내적 행동에 관심을 갖는다. 그러므로 학습자의 내적 동기, 학습자의 자기 동기화에 관심을 갖는다.

② 인간성장과 자아실현이다. 인본주의자들은 인간은 기본적으로 유능한 존재로 간주한다. 그러므로 인간의 성장과 잠재력을 실현시켜 자아실현을 하게

하는 것을 교육의 목표로 하고 있다.

③ 교육의 적합성이다. 학습자는 자신에게 중요하고 관련이 있는 정보만 발견하게 된다.

④ 학생중심 교육이다. 인본주의는 개인의 자율성과 자기결정을 중시한다.

⑤ 교사는 촉진자이다. 인본주의는 교사를 일차적 촉진자로 여기고 자기주도적 학습을 강조한다.

(2) 인본주의 학습이론의 기본 가정

인본주의 학습이론의 기본 가정은 다음과 같다(한방교 외, 1995).

첫째, 학습자들에게 자유선택의 기회를 부여하면 그들은 최선의 것을 선택하게 된다. 따라서 교사는 학습자들의 성장 발달에 지나치게 개입하지 말고 스스로 자기의 길을 찾도록 도와주기만 하면 된다.

둘째, 모든 교육은 학습자 중심으로 이루어져야 최대의 효과를 거둘 수 있다. 학습자들에게 따스함, 긍정적이고 수용적인 태도는 그들 스스로 자신을 가르칠 수 있는 능력을 지니게 된다.

셋째, 학습자들이 긍정적인 자아개념을 갖도록 도와주는 것이 곧 교육이다. 교육은 인지학습보다는 아동들의 정의적 성장에 강조점을 두어야 한다. 교사는 학습자에 대한 처방, 조절, 강요가 아닌 학습자의 학습과 성장을 돕고, 격려와 촉진이 필요하다.

넷째, 인본주의 학습이론에서는 사고, 감정, 기능의 세 가지 요소로 구분하지 않고 함께 조화롭게 발달시키려는 것이 목적이다.

다섯째, 인본주의 학습이론은 학습자로 하여금 그들의 신념과 태도와 가치를 분명히 의식하여 행동하도록 돕는다.

(3) 인본주의 학습이론의 원리

인본주의 학습이론에서 강조하는 학습원리는 다음과 같다(이무근 외, 2015).

① 자기결정의 원리

이 원리는 학습자 스스로가 자신이 학습할 것을 결정하게 해야 한다는 것이다. 학생의 필요, 욕구, 호기심 등을 충족시킬 수 있는 것만이 진정한 학습이 된다는 것이다. 교사는 학생들의 활동에 이용될 수 있는 정보 및 장비를 제공하거나 자발적 내적 동기를 중요시한다.

② 자발적 학습원리

학생은 학습의욕을 꾸준히 기르고 학습하는 방법을 습득해야 한다. 학교가 할 일은 학생들이 자발적으로 명시적 목표를 달성할 수 있도록 학습방법을 습득하도록 돕는 일이다.

③ 자기평가의 원리

자기평가는 학생이 자신을 스스로 평가하게 하는 것이다. 교사나 학교에 의한 평가는 단일 정답과 암기를 요구하기 때문에 진정한 의미의 학습을 저해한다는 것이다.

④ 지와 정의 통합의 원리

이것은 인지적 학습과 정의적 학습을 통합하려는 것이다. 학습이란 새로운 정보나 경험을 획득하는 동시에 그것들의 개인적 의미를 발견하는 것이다.

⑤ 위협으로부터 해방의 원리

학습은 위협이 없는 상태에서 가장 쉽게, 가장 의미 있게, 가장 효과적으로 이루어진다. 그러므로 타인은 물론 자신으로 하여금 자신을 조롱하고 비하하는 위협으로부터 벗어나게 해야 한다.

4) 구성주의 학습이론

구성주의 이론은 1980년대 이후 교육현장의 문제점들을 해결하고 보완하기 위한 하나의 대안으로 등장하게 되었는데, 행동주의나 인지주의와는 달리 지식이 어떻게 획득되며 구성되는지에 관심을 둔다. 구성주의는 우리 인간들의 경험 세계는 객관적으로 존재하지만 그 의미는 인간에 의해서 부여되고 구성되는 것으로 보고 있다. 즉, 인간은 지식을 형성할 때 자신이 경험한 주변 세계에 대해서 자기 나름대로 의미를 부여하고 이해하는 과정을 통해 새로운 지식을 생산하고 개념을 구성하게 된다. 이것은 인식주체인 인간의 능동성을 강조한다. 지식의 형성은 항상 어떠한 상황에서 이루어지고, 개인들이 구성한 지식은 타인들과의 상호작용을 통해서 타당성이 검증된 후 지식으로 형성되게 된다. 그러므로 구성주의에서 학습은 지식의 단순한 획득과 재생산이 아닌 개인적인 경험에 근거해서 의미가 발전되는 능동적인 구성적 과정일 뿐만 아니라 사회적 · 문화적 과정이다(정명화 외, 2012).

구성주의 이론의 기본 가정은 다음과 같다(백영균 외, 2006).

첫째, 지식은 인식 주체에 의해 구성된다. 지식은 개인에 의해 수동적으로 구성되는 것이 아니라 자신의 경험을 바탕으로 능동적으로 구성된다.

둘째, 지식은 맥락적이다. 지식은 인식 주체에 의해서 구성되고 상황에 따라 이루어지며 그것이 습득된 상황과 관련을 맺는다.

셋째, 지식은 사회적 협상을 통해 이루어진다. 인식 주체에 의해 주관적으로 구성되고 상황에 따라 상이하게 구성되는 지식은 타인과의 상호작용을 통해 타당성이 증명되고 지식으로 형성된다.

3. 학습지도의 원리

학습지도의 원리는 바람직한 방향으로 학습지도를 하기 위한 기준이 된다. 학습지도의 목적을 달성하기 위해 교사는 항상 학습지도의 기준이 되는 원리를 염두에 두고 학습지도에 임해야 한다. 학습지도의 원리는 학자에 따라서 차이가 있지만 대체로 다음과 같은 원리를 적용하는 것이 효과적이다.

1) 자기활동의 원리

학습지도에서 자기활동의 원리는 학습자 자신이 스스로 학습활동에 참여하게 하여야 한다는 것이다. 학습의 활동주체는 학습자가 되어야 하기 때문이다. 이 자기활동은 학습자 내부에서 솟아나오는 흥미나 욕구가 있어야 한다. 교사가 아무리 좋은 학습경험을 제공하고 싶어도 학습자가 흥미를 느끼지 못하거나 배우고자 하는 욕구가 없으면 학습의 효과는 기대하기 어렵다. 결국 자기활동의 원리는 교사 위주의 학습지도 방법에서 탈피하여 학습자 중심의 학습활동을 강조함으로써 학생이 중심이 되는 학습활동이다. 자기활동의 원리는 학습자 자신의 활동과 노력을 중시하는 노작교육과 행함으로써 배운다는 사상에 기초를 두고 있는데 Rousseau, Pestalozzi, Dewey, Kilpatrick 등이 역설하고 있다.

학생이 자발적으로 학습에 참여하도록 하기 위해서는 학습에 대한 동기유발이 중요한 역할을 한다. 즉, 학생이 공부를 하고 싶은 욕구를 갖도록 유도해야 한다. 학생의 학습동기를 유발하는 방법에는 상이나 칭찬, 꾸중과 벌, 경쟁이나 협동심 유발, 상급학교 진학에 대한 욕구 자극 등과 같은 외적인 동기유발과 학생 스스로 학습에 대한 욕구와 흥미, 호기심을 갖고 학습을 하는 가운데 학습 성취에 대한 만족감을 갖도록 하는 내적인 동기유발이 있다.

2) 개별화의 원리

개별화의 원리란 학습지도에 있어서 개인의 능력이나 흥미, 소질 등에 맞는 학습활동의 기회가 주어져야 한다는 것이다. 즉, 개인차를 존중한 학습지도이어야 한다는 것이다. 교육의 목적이 개인의 능력을 최대한 발휘시켜 개인적으로는 행복한 삶을 누릴 수 있게 함과 동시에 국가사회에 봉사할 수 있는 인간을 육성하는데 있다고 한다면 모든 인간이 자신의 능력, 흥미, 소질 등을 발휘할 수 있는 학습지도가 이루어져야 한다는 것이다. 이렇게 되기 위해서는 학생과 교사의 비율이 1 : 1이 되는 것이 가장 바람직하다. 그러나 현실적으로 1 : 1의 관계를 이루기 어렵기 때문에 학년제, 능력별 반편성제, 특수학급(학교) 운영, 또는 월반제, 과외활동, 클럽활동 등의 제도를 운영하고 있다.

개별화의 원리를 적용한 대표적인 학습지도의 예로는, 개별학생 능력에 따른 자율학습과 자기표현 활동을 강조하는 Winnetka System, 일제수업을 지양하고 자유와 협동에 의한 자주적이고 개별적인 학습을 강조하는 Dalton Plan, 학생의 학습에 관련되는 적성을 충분히 고려한 다양한 교수변인을 투입하고 교수전략의 활용을 강조하는 적성-처치 상호작용모형(ATI: Aptitude-Treatment Interaction), 학생의 개인차에 맞는 적절한 학습프로그램의 제시를 통해서 학습의 개별화를 기하려는 개별처방수업인 IPI(Individually Prescribed Instruction), 개인별 능력에 따른 교육프로그램의 개발을 강조하는 개별화 교육프로그램(IEP: Individualized Educational Program), 학습자들에게 각자의 능력을 설정하게 하고 수업절차를 구성하여 목표달성을 위한 기회의 제공을 강조하는 Plan Project, Team Teaching, 월반제, 조기입학제도 등을 들 수 있다.

이와 같은 학습자의 개인차를 존중하는 개별화 학습은 학습내용을 고정시켜 놓고 학습전개의 속도를 학생의 능력에 적응시키는 방법, 능력별 학급편성 또는 분단으로 편성하는 방법, 일제 교수와 개별학습을 결부시켜 일제 학습의 폐단을 시정하는 방법 등이 있다.

3) 사회화의 원리

인간은 사회적인 동물이기 때문에 혼자서 살아갈 수 없다. 교육은 '나'의 존재를 확인함과 동시에 '우리'의 존재도 함께 확인하게 하는 활동이다. 우리가 공존하기 위해서 우리들 나름대로의 규범을 형성하고 있다. 사회화(Socialization)란 그 사회의 일원으로서 생활해 가는 데 필요한 가치관, 태도, 신념, 역할, 행동양식 등을 습득해 가는 과정이라 할 수 있다. 이러한 사회화 과정을 거쳤을 때 건전한 사회인이 될 수 있다. 따라서 학교에서의 제반활동은 학교 밖의 사회와 밀접한 관련을 맺어야 한다.

이처럼 학교와 사회의 관계를 밀접하게 유지하려면 학습활동에서도 현실사회의 사상(事象)과 문제를 기반으로 학습내용을 구성하고, 학교 밖에서의 경험과 학교에서의 경험을 상호교류시키는 한편, 집단과정을 통한 협동능력, 책임의식을 갖게 하는 학습경험도 제공되어야 한다는 것이다. 즉, 학교에서의 학습활동을 사회와 결합시키고 학습자들이 사회에서 경험한 내용을 학교에서 수용하고 이용할 수 있어야 한다. 이러한 사회화는 토의법, 분단학습, 문제해결학습, 클럽활동, 학생자치활동 등을 통하여 신장시킬 수 있다.

4) 통합성의 원리

학교교육은 지・덕・체를 겸비한 조화로운 인간을 육성하고자 한다. 교육은 분산된 지식이나 기능보다도 전인을 목적으로 한다. 따라서 학생 개개인을 전체로서 생활환경에 적응시키고 학생이 가지고 있는 재능을 조화롭게 발달시켜야 한다. 이를 위해서는 통합교육이 바람직하다. 학습지도에 있어서 통합은 교재의 통합과 인격의 통합으로 구분할 수 있다.

교재의 통합은 학습에 필요한 내용들이 교과별 또는 학년별, 단원별로 분리되어 지도되고 있지만, 실질적으로 이들 간에 상호연관을 맺는 것이다. 유치원이나 초등학교의 경우 각 교과별로 구분하여 지도하는 것보다는 교과별로 통합하여 지도하는 것이 바람직하다. 인격의 통합은 학생 내부에 있어서의 인격, 태도, 가치 등의 통합이 이루어져야 한다는 것이다. 또 인격의 통합은 다양한 경험을 하게 하는 과정에서 타인을 위하고 자기의 의견을 정확히 표현하여 협동적인 태도를 길러 전인적인 인격을 형성하게 하는 것이다. 특별활동과 교과활동의 비중을 같게 하는 경우 등을 예로 들 수 있다.

5) 직관의 원리

직관의 원리는 직접경험의 원리라고도 하는데, 이것은 교사의 언어를 통한 일방적인 학습형태에서 벗어나 구체적인 사물을 직접 제시하거나 경험시킴으로써 학습의 효과를 얻을 수 있다는 것이다. 직관의 원리는 학습자의 직접경험을 강조하고 학습자로 하여금 직접실험, 관찰, 수집, 비교, 분석, 검증할 수 있는 기회의 제공을 강조한다. 이 직관의 원리는 Bacon, Comenius, Pestalozzi, Dewey 등에 의해서 주장되었다. 특히 Comenius는 라틴어 교과서인 『세계도회』에 삽화를 넣음으로써 학습자들의 시청각을 통한 학습을 강조하였다. 또한 Dewey는 "행함으로써 배운다(learning by doing)"고 주장함으로써 실제 경험을 통한 학습을 강조하였다.

Chapter 03

학습자에 대한 이해

효과적인 학습이 이루어지기 위해서는 관련 변인들을 파악하고 이해하는 일이 중요하다. 이러한 변인들은 매우 광범위하고 복잡하기 때문에 간단히 설명하기 어렵다. 여기서는 학습 준비성, 학습동기, 개인차, 기억과 망각, 연습, 지능, 자아개념 등을 중심으로 살펴보고자 한다.

1. 학습 준비성

학습자가 다음 단계의 원활한 학습을 위해서는 과제해결을 위한 준비 즉, 학습 준비성이 요구된다. 학습 준비성이란, 어떤 학습과제를 능히 또는 적당한 곤란감이나 도전감을 가지고 행할 수 있는 지적, 정서적, 사회적, 신체적, 기타 여러 가지 측면의 특성이 충분한 것을 말한다(김용래, 1987). 즉, 학습의 준비성은 일정한 학습을 효과적으로 수행할 수 있게 하는 데 필요한 준비상태나 정도를 말한다.

학습과제를 언제, 어떤 내용을, 어떤 방법으로 제시해야 할 것인가를 결정하는 일은 매우 어려운 일이다. 그러나 학습자가 학습할 준비가 되어 있느냐는 학습문제 해결에 있어서 중요한 요소로 작용하게 된다. 이것은 곧 학습자가 학습하는 데 필요한 조건을 갖추었느냐와 관계되기 때문이다. 준비성은 학습내용을 학습시키는 데 언제가 가장 적절한가의 적시성(timeliness)과 최적기(optimum time)의 개념과 일맥상통한다. 이것은 학습자의 신체적 · 심리적인 조건이 주어진 과제를 해결할 수 있는 단계에 도달해 있느냐와 관계된다. 만약 과제를 해결할 수 있는 신체적 · 정신적 수준에 도달하지 못했음에도 불구하고 과제를 제시하게 되면 학습에 대한 흥미 또는 의욕을 상실하게 된다. 학습 준비성은 Glaser가 제시한 교수모형에서 출발점 행동과 Bruner의 학습의 경향성, Carroll이 말하는 적성 등의 개념과 유사한 개념이다. 학습 준비성과 관련하여 Bruner는 다음과 같이 주장하였다.

① 성숙이 이루어질 때까지 가르쳐야 할 것을 유보하는 것은 교육의 태만이다.

② 발달이란 일정한 연령에 고정되어 있는 것이 아니라, 교육과 문화의 힘에 의하여 촉진될 수 있다.

③ 준비성은 선행하는 지식이나 기능을 충분히 함에 따라 이루어지는 것이다.

④ 학습이란 준비성을 창조하는 일이다.

이와 같이 학습준비성은 학습활동의 성공여부를 결정하는 중요한 요인이될 수 있다. 학습 준비성과 관련되는 요인을 살펴보면 다음과 같다.

1) 성 숙

학습의 준비성을 결정하는 요인의 하나로 성숙(maturity), 성장(growth), 발달(development) 등을 들 수 있다. 발달은 나아지는 방향으로의 변화를 의미하는 말로서 양적인 증대와 기능의 유능화, 구조의 정밀화를 뜻한다. 다시 말해서 발달은 인간의 일련의 변화 즉, 양적인 증대와 질적인 변화를 동시에 수반하는 심신의 변화를 말한다. 특별한 조건 없이 연령이 증가함에 따라 나타나는 변화를 성장이나 성숙이라고 하는데, 일반적으로 성장은 신체적인 면에서의 양적인 증대, 혹은 변화를 말한다. 성숙은 환경이나 경험 요인이라기보다는 유전적 요인에 의한 것으로서 특별한 자극조건, 즉 훈련이나 연습이 없이도 일어나는 신체적, 지적, 정신적 분화와 통합의 생물학적 과정을 말한다. 즉, 성숙은 어떤 기능이나 행동상의 변화가 일어나되 그 변화가 훈련이나 학습을 거치지 않고서도 그 기능이 발휘될 수 있는 것을 말한다(임승권, 1995). 따라서 성숙은 아주 다른 환경에서 자란 아동일지라도 거의 같은 순서 또는 거의 같은 시기에 어떤 행동이 일어난다.

그렇다면 학습과 관련하여 아이들에게 사전에 연습이나 훈련을 시키는 것이 바람직할까? 아니면 생물학적 변화가 일어나기를 기다리는 것이 나을까? 이와 관련하여 Gesell은 일란성 쌍생아를 대상으로 다음과 같은 계단 오르기 실험을 통해서 시간의 경과에 따라 나타나는 성숙이 일찍부터 실시하는 연습보다 더 중요하다는 결론을 얻었다(임창재, 2005). 즉, 기본적인 신경계통의 성숙이 행동출현의 시기를 결정하는 것이며, 학습은 성숙에 의존하고 성숙을 초월할 수는 없다는 것이다.

> Gesell은, 일란성 쌍생아의 한 아이는 생후 46주부터 매일 10분씩 계단 오르기 훈련을 했다. 그동안 다른 아이는 그러한 훈련을 하지 않았다. 52주째가 되어 훈련을 했던 아이는 계단을 오르는데 26초 걸렸으나 연습을 하지 않은 아이는 45초가 걸렸다. 그 후 2주일 동안 훈련을 한 결과 처음 훈련을 받지 않았던 아이는 10초에 계단을 오를 수 있었는데, 처음에 훈련을 한 아이는 20초가 걸렸다. 처음 훈련을 했던 아이는 훈련을 하지 않았던 아이보다 3배나 계단 오르는 훈련을 더 받았고, 7주나 먼저 계단 오르기를 배웠는데도 효과가 없었다는 결론이다.

결국 성숙은 학습과 밀접한 관련이 있다는 것이다. Hilgard는 성숙과 학습에 관한 여러 연구결과를 다음과 같이 종합하였다(김용래, 1987).

① 발달과정에 있을 때 얻은 행동이 가장 잘 학습된다. 외국어의 학습을 예로 들면, 말하기 시작할 때 가장 잘 배울 수 있고, 일단 말을 배우고 나면 외국어를 배우기 어렵게 된다.

② 발달속도는 환경의 영향에도 불구하고 비교적 일정하다. 훈련을 시키는 것이 전혀 영향이 없는 것은 아니지만 성숙이 이루어지지 않으면 그 효과는 적다.

③ 유기체는 성숙할수록 훈련이 덜 필요하다. 따라서 성숙은 어떤 행동을 학습할 수 있는 준비를 마련한다.

④ 성숙 전의 효과는 전혀 없거나 또는 일시적인 효과뿐이다.

⑤ 성숙 전 훈련이 유아의 좌절을 일으키면 해롭다. 이와 같은 좌절의 형태는 등교거부와 같은 행동으로 나타날 수도 있다.

2) 연령

보통 나이를 말하는 연령은 생활연령과 정신연령으로 구분된다. 생활연령은 인간이 출생 이후 매년 자연적으로 증가하는 나이를 말한다. 생활연령(chronological age)은 학습의 준비성에 관련되는 중요한 요인 중의 하나이다. 공교육 활동은 대부분 이 생활연령을 기준으로 하여 이루어진다. 일반적으로 생활연령이 높을수록 운동기능이나 지각적인 기능에서 학습 성숙도가 높게 나타난다. 따라서 생활연령에 따라 학습과제와 학습자료, 질 등에 차이를 두어야 한다.

정신연령(mental age)은 지능의 정도나 수준을 생활연령에 비추어 나타낸 것으로서 지적(지능) 연령이라고도 한다. 정신연령은 생활연령에 따라 부과되는 문제에 대한 통과 율로 일정한 생활연령의 집단이 얻은 평균점을 구해서 그 평균점에 대응하는 생활연령을 정신연령으로 한다. 예를 들면, 각 연령에 따라 그 나이의 학습자가 모두 해결할 수 있는 문제를 나열해 놓았다. 만약 생활연령이 8세 되는 학습자가 생활연령이 6세 되는 학습자의 문제 밖에 풀지 못했다면 그 학습자는 6세의 정신연령을 갖고 있는 것이다.

3) 경 험

학습은 학습자의 지능이나 성숙이 중요한 영향을 미치지만 학습자의 경험 또한 무시할 수 없다. 경험(experience)은 학습이 이루어지기 전의 선행학습의 정도를 말한다. 학습이 이루어지는 과정에서 이미 경험한 것과 관련된 학습일 경우에는 학습에 대한 동기유발이 쉽게 일어나게 되지만, 전혀 경험하지 않은 것에 대한 학습일 경우에는 학습이 쉽게 이루어지지 않을 것이다. 따라서 어렸을 때의 일상생활에 대한 경험뿐만 아니라 교과학습을 포함한 다양한 경험은 학생들의 학습에 대한 흥미와 동기유발에 필수적이라 할 것이다. 물론 여기서 말하는 경험이라는 것은 교육적 가치가 있는 경험을 말한다. 경험에 따라서는 교육적인 가치를 지니고 있는 것이 있는가하면 그렇지 않는 경험도 있기 때문이다. Dewey는 경험을 통한 학습을 강조하였다(learning by doing). 학습은 경험의 연속적인 과정으로서 학습자가 지난날의 경험을 재구성하는 가운데 이루어진다.

2. 학습동기

효율적인 학습을 위해서는 학습하고자 하는 욕구와 흥미를 갖게 하는 것이 중요하다. 즉, 학습에 대한 동기를 갖게 하는 것이다. 동기(motive)란 유기체로 하여금 행동을 실행하게 하거나 또는 행동을 어떤 목표로 이끌어 가는 내적인 충동상태를 말한다. 이것은 주어진 상황에서 어떤 행동을 하게 하는 근원이 되는 힘이다. 동기유발이란 유기체에게 어떤 행동을 하게 하는 힘의 근원인 동기를 갖게 하는 것이다. 학습에서는 학습자에게 학습을 하고자 하는 동기를 유발하는 것이다. 학습에서는 학습자로 하여금 스스로 학습하려고 하는 욕구를 갖고 적극적으로, 그리고 능동적으로 학습활동에 참여하도록 유도하는 학습동기의 유발이 중요하다. 학습동기가 유발됨으로써 학습활동이 활기 있게 전개될 수 있으며, 학습을 위한 효과적인 행동을 택할 수 있고 학습지구력을 갖게 할 수 있다.

학습활동에서 학습자의 동기를 유발하는 것은 학습목표 달성의 성패를 좌우한다 할 수 있다. 학습활동에서 학습자가 학습내용에 대해 어느 정도의 관심과 흥미를 갖느냐, 혹은 갖지 않느냐의 차이는 동기유발이 되었느냐, 되지 않았느냐와 관련된다. 학습장면에서 학습자가 학습에 동기화 되었느냐, 되지 않았느냐에 따라 서로 다른 동기유발 방법과 교수방법이 적용되어야 한다. 동기화되지 못한 학생들은 일반적으로 다음과 같은 특성을 보인다(임승권, 1995).

① 반응시간과 학습속도가 느리며 많은 연습을 요한다.

② 반응형태가 고정되어 있으며 새로운 문제해결 방식을 모색하는 데 노력이 부족하다.

③ 학업에 주의집중이 제대로 되지 않는다.

④ 진취성, 융통성, 창의성이 부족하다.

⑤ 추상적인 학습이 잘 이루어지지 않으며 개념적인 학습보다 사실적인 것을 좋아한다.

⑥ 연상을 잘하지 못하며 관계성을 잘 찾지 못한다.

⑦ 일반화가 잘되지 않으며 쉽게 유추해서 생각하지 못한다.

⑧ 스스로 판단이나 반성을 하지 못하며 자신의 잘못이나 약점을 쉽게 찾아내지 못한다.

⑨ 분석력, 추리력이 빈약하며 이해하지 못한 채 암기하려 한다.

⑩ 불합리하고 부적절한 것을 잘 찾아내지 못하며 그것을 쉽게 간과(看過)한다.

⑪ 흥미의 영역이 좁다.

⑫ 신체적인 것, 구체적인 것 또는 기계적인 것에 강한 인상을 받으며, 이유를 캐기보다는 무엇이나에 흥미를 보다 많이 갖는다.

한편, 학급에서 동기화되어 비교적 만족할 만한 결과를 보여 주는 학생들은 대체로 20% 이내로 이들의 특성을 Adams 등은 다음과 같이 제시하고 있다(임승권, 1995).

① 반응시간과 학습속도가 빠르다.

② 창의적이며 타인에게 의존하려 하지 않는다.

③ 자발적으로 주의집중을 하려고 노력하며 비교적 오랫동안 주의집중을 한다.

④ 적극적이며 융통성이 있다.

⑤ 추상적인 것을 쉽게 이해하며 이를 쉽게 언어화한다.

⑥ 사물의 객관성을 쉽게 이해하고 파악한다.

⑦ 일반화를 빨리하며 추론을 잘한다.

⑧ 자기에 대하여 관찰을 잘하며 자신의 잘못을 밝히려 한다.

⑨ 분석과 추리를 쉽게 하며 이론적인 사고를 잘한다.

⑩ 불합리하고 부적절한 것을 쉽게 찾아낸다.

⑪ 흥미의 영역이 넓으며 여러 가지 활동에서 진취적이다.

⑫ 문제를 쉽게 생각하고 이론화하여 해결한다.

학습동기를 유발시키는 데에는 크게 두 가지로 나누어 생각할 수 있다. 그 하나는 학습자가 자발적으로 학습하려는 의욕을 갖게 하는 것이고, 또 하나는 외부에서 학습활동을 일으키도록 유인하는 것이다. 전자를 내적 동기유발이라 하고, 후자를 외적 동기유발이라 한다. 내적 동기유발은 학습자의 흥미, 욕구, 경험, 능력 등에 호소하는 방법이며, 외적 동기유발은 학습자의 자발성보다는 상과 벌, 칭찬과 질책, 성공감, 실패감 등의 경험에 의존하는 방법이다. 학습에 흥미와 관심을 갖게 하는 동기유발 방법은 개체와 장소에 따라 적절히 활용되어야 하지만, 일반적으로 활용될 수 있는 동기유발 방법을 제시하면 다음과 같다(김혜숙 외, 1998).

① 개인적인 욕구수준에 맞는 학습목표를 제시한다.
② 학습목표를 뚜렷하게 인식시킨다.
③ 개인의 흥미와 적성에 맞는 학습목표를 제시한다.
④ 자신의 학습결과에 대한 정보를 가능한 한 빨리 제공한다.
⑤ 상·벌, 칭찬 또는 힐책은 학습동기 유발에 효과적이다.
⑥ 성공감이나 실패감을 맛보게 한다.
⑦ 경쟁심리를 이용한다.
⑧ 협동이나 협조를 이용한다.

3. 개인차

학습에서 반드시 고려되어야 할 요인 중의 하나는 개인차이다. 개인차라는 말은 개인이나 집단구성원들이 식별될 수 있는 어떤 특성에 있어서 서로 다름을 뜻한다. 모든 사람은 각기 나름대로 독특한 차이를 보이고 있다. 이 개인 간의 차이는 학습능력, 성격발달 등에 있어서 다양하게 나타난다. 따라서 학습지도 과정에서 학습과제의 양과 질, 학습지도 등은 반드시 개인차를 고려한 것이어야 한다.

일반적으로 개인차는 개인 간의 차이, 개인 내의 차이, 또는 집단 간의 차이로 분류할 수 있다. 개인 간의 차이는 개개인의 눈에 보이는 특성으로서 심신의 특성, 즉 지능, 성격, 체중, 신장 등의 차이를 말한다. 개인 내의 차이는 눈에 보이지 않는 특성으로서 개인이 지닌 능력, 흥미, 적성, 욕구, 동기 등이 개인 내에서 정도나 수준의 차이를 가지는 것을 말한다. 예를 들면, 수학공부에는 흥미를 가지나 체육은 싫어하는 경우를 예로 들 수 있다. 집단 간의 차이는 남・여의 차이, 연령별 차이, 종족 간의 차이, 사회계층 간의 차이, 직업별 차이 등을 들 수 있다. 예를 들면, 남학생은 논리적인 사고와 추리력에서 우수하지만, 여학생의 경우에는 인문계열이나 어학계열에 관심을 보이는 경우가 집단 간의 차이를 나타내는 것이다.

바람직한 학습지도는 이러한 학습자의 개인차를 고려한 지도이다. 개인차는 학습효과에 직접적인 영향을 미치는 요인이기 때문에 가능한 한 정확히 파악하여 학습지도에 임해야 학습효과를 극대화할 수 있다.

4. 기억과 망각

학습에서 기억은 중요한 요소로 작용한다. 일반적으로 기억이란 이전에 학습했던 것들이 일정 기간 보유되고, 그 보유되었던 것들이 이후의 경험에 영향을 미치는 작용이다. 학습이 경험한 내용을 획득하는 과정이라면 이러한 경험내용을 저장하고 재생해 나가는 일련의 과정을 기억이라 한다(임승권, 1995). 즉, 일상생활에서 얻은 경험의 내용을 저장하고 보관했다가 필요시에 재생하여 인지해 가는 일련의 과정이다. 기억의 과정은 기명(memorizing), 파지(retention), 재생(reproduction), 재인(recognition)의 과정을 거치게 된다. 여기서 기명은 어떤 인상이나 경험내용을 뇌에 새기는 각인(imprinting)되는 과정이며, 파지는 기명된 인상이나 선행 경험내용의 잔재를 일정기간 기억 흔적으로 존속시키는 과정이다. 재생은 파지된 것이

다시 의식화 되어 나타나는 것이며, 재인은 기명된 내용과 재생된 내용이 언제, 어디서 경험한 것인가를 확인하는 과정이다. 즉, 기명된 내용과 재생된 내용이 일치하는지를 확인하는 과정이다. 이 과정에서 기명된 내용이나 경험을 재생해 내지 못할 때 이를 망각(forgetting)이라 한다. 즉, 망각이란 파지된 학습의 경험이 어느 정도의 시간이 경과하거나 사용하지 않음으로 인하여 약화되고 마침내 소멸되어 재생이나 재인이 되지 않는 현상을 말한다. 물론 망각은 반드시 기억 흔적이 상실되었다고 할 수는 없다. 완전히 망각되었던 사실들도 어떤 내용의 학습을 통해서 되살아날 수도 있기 때문이다. 따라서 학습한 내용이나 경험을 오래 간직하기 위해서는 파지률을 높이는 것이 필요하다.

망각은 기억한 내용이 시간이 경과하거나 사용하지 않음으로써 정보가 소실되거나 인출할 수 없는 상태를 말하는 데 이러한 현상은 시간이 경과할수록 증가하게 된다. 인간의 뇌는 우주에서 가장 복잡하고 신비한 구조물로서 약 14억 개의 신경세포와 그 세포에 영양을 공급하는 1,000억 개의 교세포로 구성되어 있으며, 그 조합의 가능성은 무려 10조 가지에 이른다고 한다. 뇌를 담고 있는 인간의 머리는 출생 이후 4배의 크기로 자란다. 신생아의 머리는 5세까지 성인의 90%만큼 커지고 10세쯤에 거의 완성된다. 성인 뇌의 무게는 1.2~1.5kg 정도로 대략 체중의 2%에 해당된다. 기억하고, 말하고, 움직이는 모든 행위는 뇌를 통하여 이루어지므로, 뇌가 손상되면 기억을 상실하거나 어떤 행동을 해야 할지 모르게 된다(배규환, 2002).

Ebbinghaus는 무의미 철자를 기억하고 망각하는 과정을 연구한 결과 기억 직후의 망각률이 가장 높으며, 그 이후에는 망각률이 감소한다는 실험결과를 발표하였다. 즉, 그의 실험결과를 보면 〈표 3-1〉과 [그림 3-1]에서 보는 바와 같이 기억 후 20분 후에는 41.8%만을 망각하지만, 1시간 후에는 55.8%, 1일이 경과한 후에는 66.3%, 2일 후에는 72.2%, 6일 후에는 74.6%의 망각률을 보이고 있다.

| 표 3-1 | 시간 경과에 따른 망각률

경과시간	파지율	망각률
1/3시간	58.2	41.8
1시간	44.2	55.8
8시간	35.8	64.2
24시간	33.7	66.3
48시간	27.8	72.2
6×24	25.4	74.6
31×24	21.1	78.9

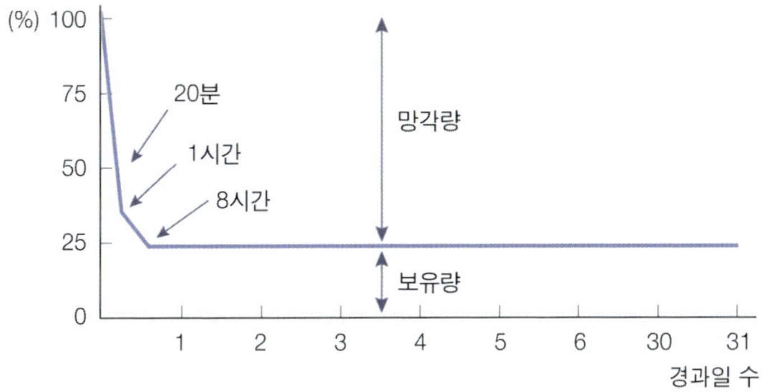

[그림 3-1] Ebbinghaus의 파지곡선(망각곡선)

학습된 내용이나 경험들의 망각은 불가피한 현상일 것이다. 그러나 학습과정에서 망각률을 최소화하는 방법, 즉, 파지률을 높이는 것은 학습 효과를 가중시키게 된다. 여기서는 Biehler가 학교학습과 관련하여 망각을 방지하기 위하여 제안한 방법을 소개하고자 한다(Biehler, 1978).

첫째, 암송과 반복 사용이다. 학습을 완전히 이루어지게 해야 하지만 기억 흔적을 서서히 쇠잔하게 해야 하며, 강요에 의한 정서적인 문제를 야기 시키지 않으면서 여러 가지 방법으로 암송하게 하거나 반복하게 한다.

둘째, 학습 자료와 내용의 의미성을 강조하고 변별학습을 조장한다. 암기학습이나 의미를 생각하지 않는 반복 암송을 배제한다.

셋째, 즐겁고 유쾌한 학습장면을 설정한다. 학습과정에서 억압현상이 나타나지 않도록 가능한 한 학교생활이나 학습장면을 즐겁고 유쾌하게 만든다.

넷째, 간섭을 최소화한다. 간섭이란 어떤 정보를 회상하려 할 때 다른 정보의 유입으로 회상이 방해를 받는 것을 말한다. 학습을 한 후 수면을 취할 때와 취하지 않을 경우의 망각정도를 비교해 보면 수면을 취했을 때가 수면을 취하지 않았을 때보다 망각이 적다는 실험결과가 있다. 이것은 망각의 정도는 시간의 경과와의 관계보다는 학습활동 후에 어떠한 정신활동이 파지에 간섭을 했다고 볼 수 있다. 따라서 학습 간의 간섭을 최소화하기 위하여 충분히 학습하도록 하며, 적절한 학습기간을 설정하여 교과의 특성에 따라 전습법이나 분습법을 사용하여야 한다.

다섯째, 요점에 주의를 기울인다. 칠판이나 노트, 책 등에 색깔 있는 분필로 중요한 부분에 밑줄을 친다거나 그 부분만을 적는다. 또는 해당 부분에 크기, 색깔, 혹은 고유성 등이 나타나도록 하거나 구두로라도 강조하여 학습자들로 하여금 그 내용에 주의를 갖게 한다.

여섯째, 학습 내용이나 정보를 기호화하거나 상기하도록 한다. 학습 내용의 의미를 강조하면서 이미 학습된 것과 계속 관련시켜 나아가면서 기명하는 방식을 제시하고 계속 상기시키도록 한다.

일곱째, 학습내용의 구조, 형태, 체제에 계속 주의를 갖도록 한다.

5. 연습

연습은 목표로 하는 행동변화를 위하여 반복적으로 학습활동을 전개해 나가는 과정이다(강갑원, 2014). 연습은 학습경험의 파지를 높이기 위한 활동과 동작의 반복을 통한 기능적인 변화를 도모하는 활동으로 구분할 수 있다. 전자는 Ebbinghaus의 망각곡선 실험을 예로 들 수 있는데, 이것은 대체로 언어학습과 관련된 학습유형이 여기에 해당된다. 후자는 Thorndike의 실험을 예로 들 수 있는데, 피아노 연습, 글씨연습, 자동차 운전연습 등이 해당된다. 학습목적을 달성하기 위하여 연습을 반복하게 되면 진보현상이 나타나게 된다. 이 진보현상을 그래프로 나타낸 것을 연습곡선 또는 학습곡선이라 한다. 이 연습곡선에 따르면 소요시간(연습회수)이 증가할수록 진보량도 증가하게 된다. 그러나 연습을 계속한다고 해서 계속 진보량이 늘어나는 것이 아니라 일정시간 계속하게 되면 진보량에 변화가 일어나지 않는 고원(plateau) 현상이 일어나게 된다. 처음 운동을 시작하는 사람이 매일매일 운동기능이 향상되다가 어느 시점에 이르면 기능의 향상이 정체되는 경우를 볼 수 있는데, 이러한 현상을 고원현상이라 한다. 이러한 원인은 심리적인 이유, 신체적인 한계, 피로의 지속, 능력의 한계 등의 원인에 의해서 일어난다. 이러한 상태에서 연습을 계속하게 되면 피로상태에 빠져 연습곡선은 하향곡선을 그리게 된다.

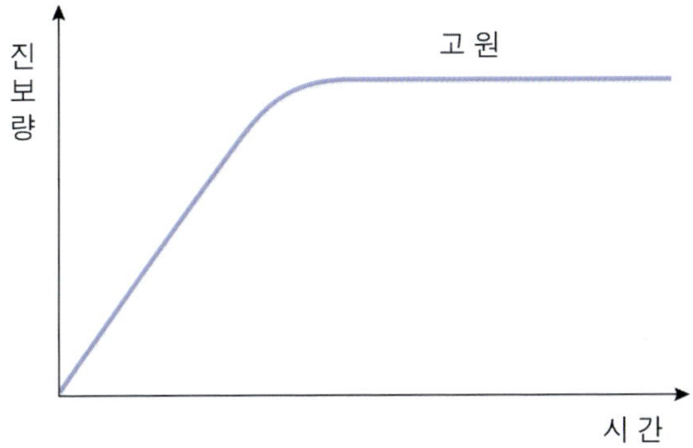

[그림 3-2] 연습곡선

학습에서 망각을 방지하고 새로운 학습경험을 얻기 위한 연습의 방법에는 전습법과 분습법, 또는 집중연습법과 분산연습법 등이 있다. 전습법은 학습자료 전체를 하나로 묶어서 처음부터 끝까지 연습한 후 다시 반복하는 방법이고, 분습법은 학습 자료를 몇 개로 나누어서 부분별로 연습한 후 최종적으로 함께 묶어서 연습하는 방법이다. 또한 집중연습법은 연습 도중에 휴식 없이 계속해서 반복하는 방법이고, 분산연습법은 연습 도중에 휴식시간을 두고 학습을 이어나가는 방법이다.

이러한 연습방법의 적용은 학습자의 특성이나 학습내용, 환경 등에 따라서 적절히 활용할 수 있다. 대체적으로 지적으로 우수한 학생과 연령이 많거나 경험이 많은 학생은 전습법이 유리하고, 집중연습일 경우에는 분습법이, 분산연습일 경우에는 전습법이 유리하다. 또한 저학년 아동의 경우에는 분산연습이 더 효과적일 수도 있다.

6. 학습의 전이

학습은 어떠한 상황에서 획득한 경험이나 지식 및 정보를 새로운 상황에 재활용할 수 있는 능력을 기르는 것이 중요하다. 어떠한 학습이 유용한 것이 되게 하기 위해서는 그것을 단순히 기억하고 있는 것에 그치지 않고 새로운 학습을 하는데 도움이 되어야 한다. 학습은 선행학습 경험이 전혀 없이 새로운 학습이 이루어지는 경우는 드물다. 선행학습의 결과가 후행학습에 직접 또는 간접적으로 영향을 미치는 현상을 학습의 전이(transfer of learning)라 한다. 우리가 어떤 새로운 사태에 직면했을 때 그 문제해결을 위한 실마리를 찾게 되는데, 이전의 학습경험을 토대로 문제해결을 위한 단서를 찾기 위한 것이다. 이것은 곧 이전의 학습경험이 전이되는 것이다.

전이는 보통 선행학습의 결과가 후행학습을 촉진시키는 긍정적 전이(적극적 전이, positive transfer), 선행학습이 후행학습을 방해하거나 능률을 감퇴시키는 부정적 전이(소극적 전이, negative transfer), 한 분야에서 학습한 것을 다른 분야 또는 실생활에 적용하는 수평적 전이(horizontal transfer), 기본학습이 이후의 고차원적이고 복잡한 학습에 적용되는 수직적 전이(vertical transfer)로 구분할 수 있다(신명희 외, 2014). 예를 들면, 바이올린 연주자가 피아니스트보다 비올라를 더 쉽게 배울 수 있다. 이것은 바이올린 연주자가 가진 기술과 지식이 비올라를 학습하는 데 긍정적으로 전이가 되었기 때문이다. 또 조기에 영어교육을 시켰더니 제 2외국어를 습득하기가 훨씬 수월했다면 이것은 긍정적 전이에 해당된다. 그러나 조기에 영어교육을 실시한 결과 오히려 한국어 습득에 지장을 초래했다면 이것은 부정적 전이에 해당한다. 수학 시간에 사칙연산을 배우는 일은 물리 시간에 배우는 공식을 이해하는 데 도움이 되거나 가게에서 물건 값을 지불하고 잔돈을 계산할 수 있는 능력을 길러주게 되는데, 이것은 수평적 전이에 해당한다. 수학에서 배운 사칙연산은 이후 방정식을 푸는 데 기초가 되는데 이것은 수직적 전이에 해당한다. 이러한 전이가 어떻게 해서 일어나게 되는지에 대해서는 형식도야설, 동일요소설, 일반화설, 형태이조설 등으로 나누어 설명할 수 있다.

1) 형식도야설

형식도야설(formal discipline theory)은 인간의 정신을 의지, 기억, 판단, 그리고 추리 등의 능력으로 이루어진 것으로 보는 능력심리학에 기초를 둔 이론이다. 이 이론은 인간의 능력, 즉 수리탐구 능력, 주의력, 판단력, 기억력 등은 연습을 통해서 강화시킬 수 있으며, 이것은 곧 다른 문제해결에 전이된다는 이론이다. 예를 들면, 어떤 운동을 잘하기 위해서는 체력단련이 우선되어야 한다. 강한 체력이 뒷받침될 때 어떠한 운동이든 잘할 수 있기 때문이다.

2) 동일요소설

동일요소설(identical elements theory)은 1903년 Thorndike와 Woodworth가 그의 저서 『교육심리학』에서 공동으로 발표한 이론으로 한 학습의 효과가 다음 학습을 촉진시키기 위해서는 두 학습과제 간에 동일요소나 활동이 존재해야 한다는 것이다. 이 견해와 유사하게 1933년 Bruce는 요소 간의 유사성을 자극과 반응에 관계지워 연구한 결과를 발표하였다. 즉 ① 새로운 자극이 이전의 자극과 유사하고 반응이 동일하면 적극적인 전이가 일어나게 된다. 자극의 유사도가 높을수록 전이가 크게 일어난다. ② 비슷하거나 동일한 자극이 유사하지 않은 반응을 일으킬 때는 소극적 전이가 일어난다는 것이 이들의 기본가정이다. 동일요소설이 적용되는 예로는, 덧셈과 곱셈의 동일요소(+), 뺄셈과 나눗셈의 관계(−), 또는 미국 역사와 미국 문학과의 관계, 수학과 물리학과의 관계, 수학에서의 추리력과 논리학에서의 추리능력 등이 여기에 해당된다.

3) 일반화설

일반화설(generalization theory)은 Judd(1908)에 의해서 주장된 이론으로 선행학습에서 차후 학습에 적용할 수 있는 원리 또는 법칙을 학습했기 때문에 전이가 일어난다는 것이다. 이는 선행학습과 후행학습 내용 간의 원리 또는 공통요소가 같다는 것이다. 학습과정에서 단편적이고 서로 관련이 없는 일상적인 지식보다는 광범위한 원리와 일반화를 강조하는 문제해결 활동, 집단토의 및 그 밖의 활동들이 학습 성과를 높이는 데 효과적이라는 것이다. 예를 들면, 빛의 굴절현상을 자세히 설명 듣고 물속에 있는 물체를 화살로 맞추려는 학생집단과 빛의 굴절현상에 대한 설명을 전혀 듣지 않고 물속에 있는 물체를 맞추려는 학생집단 간에는 적응 속도가 다르다는 것이다. 이것은 빛의 굴절현상을 계속 일반화 시켜나가는 결과인 것이다.

4) 형태이조설

형태이조설(transposition theory)은 형태심리학자들이 주장하는 이론으로써 전이는 어떤 요소의 연결이나 원리의 일반화에 의해서 일어나는 것이 아니고 전체의 구조와 부분들 간의 역학적인 관계를 이해할 때 그것이 다른 학습에 전이된다는 것이다. 이 이론은 두 자료 간의 단편적인 요소의 공통성보다는 형태나 관계성의 공통성을 강조한다. 형태이조설에 따른 실험을 예로 들어보자.

A, B의 명암의 차가 있는 장면을 설정하고 닭들이 밝은 B쪽에서 먹이를 먹도록

학습시켰다. 그런 후에 B쪽보다 밝은 C장면을 선택하였더니 닭들은 먹이를 먹기 위하여 C장면을 택하게 되었다. 동일요소설에 의하면 닭들은 새로운 장면의 설정에 관계없이 B장면을 선택해야 한다. 그러나 닭들은 두 장면의 명암관계를 비교하여 새로운 C장면을 선택한 것이다. 이것은 선행경험에 의한 인지구조가 새로운 경험에 의한 인지구조의 변화를 가져와 전이가 일어났음을 설명하고 있는 것이다(임승권, 1995).

이상에서 살핀 전이에 관한 이론을 토대로 전이를 가능하게 하는 요인을 제시하면 다음과 같다.

① 선행학습과 후행학습 사이에 상호 유사성이 있을 때 전이효과가 크다.

② 선행학습이 철저하고, 완전할 때 전이효과가 크다.

③ 학습방법에 따라서 전이효과가 다를 수 있다.

④ 학습자의 지능이 높을수록 전이효과가 크다.

⑤ 학습에서 특히 강조하고 주의한 내용이 다른 학습에도 전이가 쉽게 된다.

7. 지 능

1) 지능의 의미

개인의 지적 능력을 다양한 측면에서 측정하여 수치화한 것을 지능지수(I.Q.: Intelligence Quotient)라 한다. 그렇다면 지능(intelligence)이란 무엇인가? 그리고 지능을 구성하고 있는 요소는 무엇인가? 또한 지능과 학업성취도와는 어떤 관계가 있을까? 여기서는 지능에 대한 학자들의 견해와 지능과 학업성취도와의 관계에 대해서 알아보고자 한다.

Binet는 지능이란 사고 작용으로서 일정한 방향을 취하고, 목표에 도달하기 위하여 적응하려는 능력과 자기를 비판할 수 있는 능력이라고 하였으며, Terman, Thurstone, Spearman 등은 지능을 추상적으로 사고할 뿐만 아니라 그것을 구체적인 사실과 관련시키는 능력으로 보았다. 또한 Stern, Pinter, Colvin 등은 지능을 새로운 사태에 대처하는 능력, 즉 정신적 적응능력으로 보았으며, Weschler는 지능을 목적적으로 행동하고 합리적 사고를 하며, 환경을 효과적으로 다루는 개인의 집합적 능력이라고 정의했다. 지능에 대한 다양한 정의들은 대체로 다음과 같이 크게 네 가지로 분류할 수 있다(이용남 외, 1999).

첫째, 지능을 추상적으로 사고하는 능력으로 정의하는 관점

둘째, 학습하는 능력으로 정의하는 관점

셋째, 지능의 적응적 성질을 강조하여 지능을 생활의 새로운 문제나 새로운 상황에 대한 정신적 적응능력으로 정의하는 관점

넷째, 앞의 세 가지 관점을 모두 종합하여 지능을 목적적으로 행동하고, 합리적 사고를 하며 환경을 효과적으로 다루는 개인의 집합적 능력으로 포괄적으로 정의하는 관점

2) 지능의 구성요인

지능은 어떠한 요인 또는 특성으로 구성되어 있는지에 대해서는 많은 연구자들의 관심거리였다. 일반적으로 지능을 구성하고 있는 요인에 대해서는 Spearman의 일반요인설, 2요인설, Thurstone의 다요인설, Guilford의 지능구조이론, Gardner의 다중지능이론, Sternberg의 삼원지능이론 등으로 설명된다.

(1) 일반요인설

Spearman은 여러 종류의 성취도 검사와 정신작업 검사 간의 상관연구를 통하여 인간의 지능은 g요인(일반지능 요인)과 s요인(특수지능요인)을 구성되어 있다고 하였다(신명희 외, 2014). 이것은 지능은 일반적이며 공통적인 요인 외에 특수한

요인이 있다고 보는 설(說)이다. 일반요인은 모든 개인이 공통적으로 가지고 있는 능력을 말하며, 특수요인은 특정분야에 대한 능력을 말한다. g요인은 모든 지능을 군림하는 단일 능력으로서 일반능력인 언어, 수, 정신속도, 주의, 상상의 다섯 가지 요인을 의미한다. 일반요인은 누구나 생득적인 것이며, 인간의 모든 정신기능에 작용하는 고유한 개인의 특성이다.

(2) 다요인설

다요인설은 지능의 구조를 여러 개의 구성요인으로 설명한다. Thurstone은 요인분석 방법을 고안하여 지능은 언어요인, 수요인, 공간요인, 추리요인, 지각요인, 유창성 요인, 기억요인의 7가지 요인으로 구성되었음을 실증적으로 증명하였다. Thurstone이 밝힌 7가지 요인은 다음과 같다.

① 언어요인(verbal comprehension): 단어의 이해력 요인으로서 동의어와 반복어를 포함하는 어휘력 검사와 독해력 검사로 측정된다.

② 수요인(numerical): 계산과 추리력 요인으로서 더하기, 곱하기 등과 같은 기초적인 산수문제에 의해 측정된다.

③ 공간요인(spatial visualization): 공간 상상과 시각화 능력으로서 각종 상징이나 기하학적 도형의 정신적인 조직을 필요로 하는 검사에 의해 측정된다.

④ 추리요인(reasoning): 주어진 자료에 의해서 일반원칙을 알아내어 적용하고 추리하는 능력으로서 유추검사와 수열 완성형 검사에 의해 측정된다.

⑤ 지각요인(perceptual factor): 지각능력으로서 상징들의 신속한 재인을 요하는 검사에 의해 측정된다.

⑥ 유창성 요인(word fluency): 단어를 신속하게 산출해 낼 수 있는 능력이다.

⑦ 기억요인(memory): 단순한 기억력으로서 단어나 문자의 회상검사에 의해 측정된다.

(3) 지능구조이론

Guilford는 Thurstone의 이론을 발전시켜 3차원의 지능구조 모형을 제시하였다. 이 이론에 의하면 지능은 사고과정으로서의 조작(operation) 차원, 무엇에 대하여 생각하는가의 내용(contents) 차원, 그리고 특정 정신능력이 특정내용에 작용하여 나타내는 산출(product)의 세 차원으로 구성되어 있다. 조작차원은 다시 인지, 기억, 수렴적 사고, 확산적 사고, 평가의 하위요소들로 구성되어 있다. 내용차원은 시각적 내용, 청각적 내용, 단어의미, 상징, 행동의 5가지 하위요인들로 구성되어 있다. 그리고 산출요인은 단위, 유목, 관계, 체계, 변환, 함축의 6가지를 포함한다.

결국 지능이란 다음 [그림 3-3]에서 보는 바와 같이 세 차원을 구성하는 하위요소들이 상호 연결하여 얻어지게 되는 180개(6×5×6)의 서로 다른 능력들로 구성되어 있다는 것이다. 초기에 Guilford는 120개의 요인으로 구성되었다고 주장하였으나 1988년에 180개의 요인으로 구성되어 있는 것으로 수정하였다.

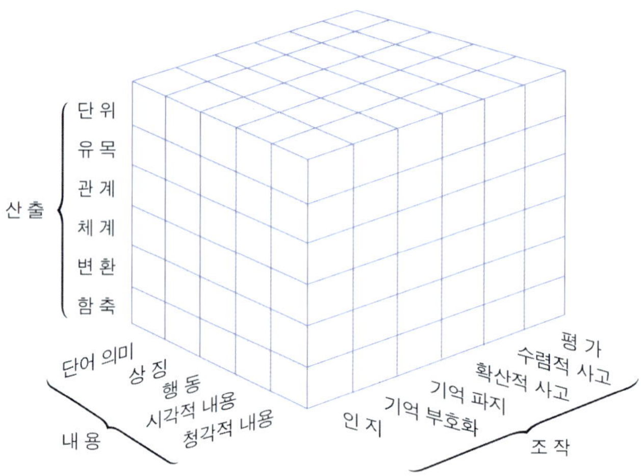

[그림 3-3] Guilford의 지능구조 모형

(4) 다중지능이론

Gardner에 의해 제안된 다중지능이론은 지능을 하나의 통합된 능력으로 보는 전통적인 관점에서 벗어나 처음부터 서로 별개의 것이라고 주장한다. 다중지능이

론은 지능의 문화의존적, 상황의존적인 성질을 강조한다. Gardner는 지능을 특정 문화 상황에서 가치 있고, 의미 있는 문제를 해결하는 능력으로 정의한다(황정규 외, 1999). 다중이론은 인간능력의 다양성을 이해하고 이에 적절한 교수·학습 방법을 연구하는 데 중요한 이론적인 근거를 제시하였다. 그는 인간에게는 최소한 8개의 서로 구분되는 지능이 있다고 보고 각 분야의 지능을 다음과 같이 제시하였다.

① 언어지능: 단어의 의미와 소리, 문장력 등 언어의 여러 기능을 민감하게 파악하고 표현하는 언어 활용 능력 등을 포함한다. 시인, 정치가, 연설가, 교사 등에게서 나타난다.

② 논리·수학적 지능: 논리적으로 분석하며 수학적 조작을 수행하고 과학적인 방법으로 문제를 탐구하는 능력이다. 수학자, 논리학자, 과학자 등이 보유하고 있는 능력이다.

③ 음악지능: 음악 관련 자극과 현상, 즉 리듬, 가락, 하모니 등에 특별한 민감성과 이해력을 보인다. 가수, 작곡가, 연주자 등이 소유하고 있는 지능이다.

④ 공간지능: 시각·공간적 세계를 정확하게 지각하고, 그 지각한 내용을 활용할 수 있는 능력을 말한다. 즉, 공간계의 정신적 모델을 형성하며, 그 모델을 조작하고 사용하는 능력으로서 건축가, 조각가, 미술가 등에서 볼 수 있다.

⑤ 신체·운동 지능: 표현하거나 목적을 직접 나타내기 위하여 자신의 신체를 숙련되게 사용할 수 있는 능력으로서 운동선수, 무용가 등에게서 나타난다.

⑥ 개인 내 지능: 자신의 내부에서 일어나는 감정이나 느낌 등에 탁월한 통찰력을 가지고 정확하게 자기 자신을 볼 수 있으며, 이를 삶을 영위하는 데 효과적으로 사용하는 능력이다. 심리학자, 수도자 등이 개인 내 지능이 높은 사람들이다.

⑦ 대인간 지능: 타인의 기분, 동기, 의도 등을 잘 파악하고 대처하는 능력으로 일종의 사회적 지능이다. 교사, 심리치료사, 정치가, 종교인, 사업가 등에서 나타난다.

⑧ 자연지능: 자연에 존재하는 여러 종(species)을 잘 구분해 내고, 각각의 종 사이의 관계성을 인식하고 규정하며, 자연과의 교감을 능숙하게 할 수 있는 능력을 의미한다. 생물학자, 동물학자, 식물학자, 농부 등이 자연지능이 높은 사람들이다.

(5) 삼원론

Stemberg는 인간이 어떠한 문제를 해결하고 지적으로 행동하기 위한 정보를 어떻게 모으고 사용하는지의 관점에서 지능을 바라보았다(신명희 외, 2014). Stemberg가 제시한 지능의 삼원론은 모든 사람들에게서 공통적으로 나타날 수 있는 인지과정으로서 지능에 관한 전통적인 관점에 실제적 지능의 개념을 포괄하는 새로운 관점이라 할 수 있다. Stemberg는 지능을 분석적 지능, 경험적 지능, 실제적 지능으로 나누었다. 분석적 지능은 지적인 행동과 관련되어 있는 인간의 정신과정과 연관된 것으로서 학문적 영역의 지능이라 할 수 있다. 경험적 지능은 인간의 경험과 연관되어 있는 것으로서 창조적인 지능을 의미한다. 실제적 지능은 전통적인 지능지수나 학업성취도와 무관한 지능으로서 실용적인 능력을 의미한다. 이상에서 지능의 개념과 지능을 구성하는 요인들에 대해서 알아보았다. 그렇다면 지능과 학업성취도와는 어떤 관계가 있을까? 지능이 우수한 학생은 학업성취도도 높을까에 대해서는 연구자들의 오랜 관심거리 중의 하나이다. 다수의 연구자들의 연구결과에 따르면, 지능지수와 학업성취도와는 상관관계가 반드시 높다고 할 수는 없다. 다만, 지능 지수는 학습자의 학업성취도를 예언하는 데 참고로 쓰일 뿐이다.

8. 자아개념

인간은 누구나 자기 자신에 대한 관점, 즉 자신의 신체, 능력 또는 사회적인 모습에 대한 자기만의 인상(印象)을 가지고 있다. 자기 자신이 갖고 있는 자신에 대한 감정, 지각, 신념, 태도 등을 자아개념(self-concept)이라 한다. 즉, 개인이 가지고 있는 자신에 대한 견해이다. 개인은 곧 타인이 나를 어떻게 보든 '나는 능력 있는 사람이다', '나는 잘 생겼다', '나는 자신이 있다'라고 생각하고 매사에 적극적이고 진취적인 사고와 행동을 하는 긍정적인 자아개념을 갖고 있는 사람이 있는가 하면 '나는 자신이 없다', '나는 보잘 것 없는 사람이다', '무능한 사람이다'라고 스스로 판단하여 소극적인 사고와 행동을 하는 부정적인 자아개념을 갖고 있는 사람이 있다. 긍정적인 자아개념을 갖든, 부정적인 자아개념을 갖든 이것은 개인의 사고와 행동을 결정하는 중요한 요소가 된다.

자아개념을 학습자의 학업성취도와 관련지어볼 수 있다. 학생이 교사나 친구, 부모 등으로부터 높은 평가를 받고 자기 자신도 능력 있는 학생으로 믿고 있다면 그 학생은 학습활동에 적극적으로 참여하게 되어 결과적으로 학업성취도는 향상될 것이다. 반면에 주위 사람들로부터 나쁜 평가를 받게 되고 자신도 학업성취도를 낮은 것으로 지각하고 있다면 학습활동에 소극적으로 임하게 될 것이며, 그 결과는 낮은 학업성취도로 연결될 것이다. Bloom은 지능이 같은 두 학생에게 어떤 과제를 주었을 때 긍정적인 자아개념을 가진 학생은 부정적인 자아개념을 가진 학생에 비해 학업수행 결과가 높은 것으로 보고하고 있다. 따라서 교실에서는 학생들로 하여금 긍정적인 자아개념을 갖게 하는 것이 중요하다. 긍정적인 자아개념을 갖게 하기 위해서는 교사를 비롯한 주위 사람들이 학생을 대할 때 학생의 단점보다는 장점을 발견하여 능력에 맞는 역할을 부여하고, 실패감을 맛보지 않도록 함으로써 자신감과 더불어 책임감을 갖게 하는 것이 중요하다. 특히, 학생의 학업성취에 관한 교사의 긍정적인 평가가 지속될수록 학업성취에 대한 긍정적인 자아개념이 형성되고, 부정적인 평가가 지속될수록 학업성취에 대한 부정적인 자아개념이 형성되게 된다.

이와 관련하여 Kilfer는 학문적인 자아개념과 교사의 평점과의 관계에 대한 종단연구를 실시하였다. 그는 1학년에서 2학년까지, 1학년에서 4학년까지, 1학년에서

6학년까지, 1학년에서 8학년까지 학생들 중에서 교사의 평점이 1/5 이내에 드는 학생을 선발하였다. 또한 동일한 학급에서 평점이 열등한 1/5의 학생을 선발하여 두 집단의 학생들에게 각각 자신의 능력에 대한 자아개념을 검사하여 다음 [그림 3-4]와 같이 제시하였다.

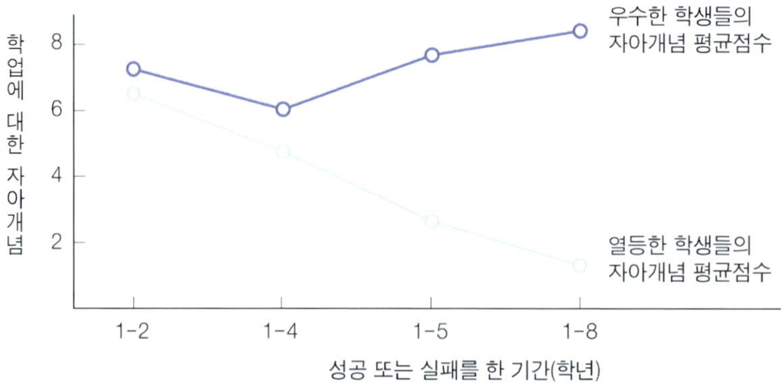

[그림 3-4] 성적 우수학생과 열등학생의 자아개념의 변화

[그림 3-4]에서 보는 바와 같이 1학년에서 2학년까지의 학생들은 두 집단의 자아개념의 평균점수는 차이가 별로 없으나 4학년, 6학년, 8학년으로 학년이 올라갈수록 자아개념 점수의 차이가 크게 나타남을 알 수 있다. 학생이 지각하는 학업능력에 대한 자아개념은 학업성취에 대한 교사의 좋은 평가를 받는 기간이 길면 길수록 긍정적으로 이루어지며, 좋지 않은 평가를 받는 기간이 길면 길수록 부정적인 자아개념을 형성하게 된다.

Chapter 04

수업의 기초

1. 수업의 의미와 자세

1) 수업의 의미

학교교육에서는 다양한 교육활동이 전개된다. 그중에서도 가장 핵심적인 활동은 수업이라 할 수 있다. 교육과정 속의 목표와 내용을 교사가 수업행위를 통하여 학습자에게 전달하고, 학습자는 수업자의 안내에 따라 또는 자신의 주도적인 활동에 의하여 학습하는 과정이 가장 핵심적인 활동이라 할 수 있다. 수업을 어떠한 과정을 거쳐 진행할 때 효과를 극대화할 수 있을 것인가는 수업이론가들의 관심거리이다. 교육현장에서는 교수, 학습, 수업에 대한 용어들이 사용되고 있다. 이들에 대한 개념을 간단히 정리하고자 한다.

교수(敎授, teaching)는 '가르치는 행위'를 의미한다. 이는 교사가 중요하다고 생각되는 지식을 전달하고 학습자의 바람직한 태도와 행동을 형성하기 위해 의도적이고 조직적으로 학습을 조장하고 이끌어 가는 활동이라 할 수 있다. 학습(學習, learning)은 '배우다' 또는 '익히다'라는 의미를 가지고 있다. 학습은 관점에 따라서 다양하게 정의되고 있지만 일반적으로 다양한 경험과 훈련을 통해서 일어나게 되는 행동의 변화를 말한다. 그런데, 그 변화는 일시적인 것이 아니라 영속적인 것이면서 바람직한 방향으로의 변화를 말한다. 수업(授業, instruction)은 학습자의 바람직한 행동변화를 기대하면서 교사와 학생 간에 전개되는 계획적인 상호작용이다.

Coery는 수업을 개인으로 하여금 특정 조건하에서, 또는 특정 상황에 대한 반응으로서 특정 행동을 나타내도록 학습하게 하거나 또는 그 특정행동에 참여할 수 있도록 개인을 둘러싼 환경을 계획적으로 조작하는 과정이라 하였다(김호권, 1997). 수업은 교육의 핵심으로서 어떤 주제를 중심으로 교사와 학생 간의 상호작용 관계를 통해서 교육의 목적을 달성하고자 하는 의도적이고 계획적인 활동이다. 따라서 수업은 목표가 있고, 이 목표를 달성하기 위하여 교사의 교수활동과 학습자의 학습활동이 교수매개체를 중심으로 상호작용 관계를 형성하는 일련의 과정이다. 이와 같은 수업의 개념을 구체적으로 제시하면 다음과 같다(임창재, 2005).

① 수업이란 목표를 달성하기 위하여 교사의 교수활동과 학습자의 학습활동이 교실에서 실제적이고도 구체적으로 전개된다.

② 수업이란 학습활동이 일어나도록 학습자의 내・외적 조건을 체계적으로 조성하는 것이다.

③ 수업이란 학습을 통해서 행동이 변화되도록 일련의 상황을 통제하거나 조작하는 수단이다.

④ 수업이란 학습자가 특정한 조건 하에서 특정하게 행동하는 것을 배울 수 있도록 학습자 개인의 환경을 조정하는 과정이다.

⑤ 수업이란 학습자가 의도된 지식, 기능, 신념을 합리적으로 조정하는 과정이다.

⑥ 수업이란 교수와 학업을 줄인 용어로 교학상장(教學相長)의 상황을 의미한다.

한편, 교수를 수업이라는 개념보다는 넓은 개념으로 보고 홍정순은 Green, Hosford 등의 이론을 종합하여 다음과 같이 수업과 교수와의 관계를 정리하고 있다(김종서 외, 1983).

"교수는 수업보다 포괄적인 개념이다. 수업은 학습자의 지적・탐구적 특성을 자극하는 내용을 전달하는 데 적용되는 말임에 대하여, 교수는 학습자의 모든 능력을 자극하는 포괄적 내용의 전달을 의미하는 것이다. 또한 교수는 학습자가 보인 변화 중에서 의도적인 것과 비의도적인 것을 모두 포함한다는 점에서 수업보다 포괄적이다." 이와 같이 교수와 수업의 개념을 구분하는 경우도 있으나 실제적으로 이들의 개념을 혼용하거나 동의어로 쓰는 경우가 많다.

한편 수업과 학습은 다음과 같이 정리할 수 있다.

첫째, 수업은 의도적이지만 학습은 의도적인 경우도 있고 무의도적인 경우도 있다. 수업은 의도적이고 계획적으로 달성해야 할 목표가 있고 내용과 대상이 있다.

그러나 학습은 반드시 의도적인 것은 아니며, 수업이 이루어지면 반드시 학습이 이루어지는 것은 아니다. 학습이 이루어질 수도 있고 이루어지지 않을 수도 있다.

둘째, 수업은 처방적(處方的)이고 학습은 기술적(記述的)이다. 처방이라는 말은 임상 용어로서 환자의 증상에 따라서 전문가에 의해 치료방법이나 약물투여가 이루어진다. 즉, 수업은 학습과정에서 학습자의 문제점을 발견하여 이를 수정・보완하기 위한 활동이다. 그러나 기술이라는 말은 있는 방법에는 관심이 없고 과정과 결과 그대로를 기록하는 것이다.

셋째, 수업은 일의적(一意的)이지만 학습은 다의적(多意的)이다. 즉, 교사가 가르치는 것은 하나지만, 그것을 받아들이는 학습자는 자신의 지능, 흥미, 학습동기, 적성 등에 따라서 제각기 다르게 받아들일 수 있다는 것이다.

이와 같은 수업과 학습과의 관계를 [그림 4-1]과 같이 나타낼 수 있다.

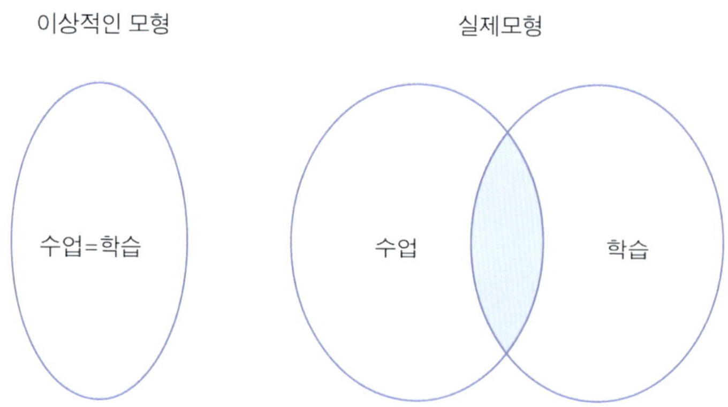

[그림 4-1] 수업과 학습의 관계

교수・학습과정에서 이상적인 것은 수업과 학습이 일치하는 경우로써 교사의 계획적인 지도내용을 학습자가 자발적으로 학습하게 되는 것이다. 실제적으로는 수업의 내용이 전부 학습되는 것이 아니고, 부분적으로 수업과 학습이 일치하게 된다.

2) 수업자의 자세

교육현장에서 수업자가 갖추어야 할 마음 자세를 제시하면 다음과 같다.

① 학생들에게 심리적인 안정감을 준다. 학생들에게 심리적인 안정감을 주기 위해서는 교사와 학습자 간에 친밀감이 형성되어야 하는데, 친밀감은 따뜻하고 친절하게 해주는 것만으로 생겨나지 않는다. 실제로 다른 사람에게 또는 자신에게 보이는 일관된 반응에 대한 신뢰에서 생겨난다. 일관성 있는 교사의 태도는 학급의 상황과 활동에 대한 심리적인 안정감을 주어 학습자가 교사의 지도에 잘 따르게 된다.

② 학생들에게 과하지 않은 자존심을 가질 수 있게 한다. 학생들의 의견을 수용하고 그들의 행동을 긍정적인 관점에서 반응해 준다면 학생 스스로 자신감과 자존감을 키워간다.

③ 학급활동에 참여하는 것이 매우 재미있고 가치로운 것이라는 것을 깨닫게 한다. 학급의 모든 영역에서의 즐거움을 발견할 수 있도록 도와주며 함께하는 활동들에 대한 재미를 느끼게 해준다면, 교사가 학생들을 억지로 활동에 참여하도록 강요하는 수고를 덜 수 있다. 이를 위해서는 교사의 치밀한 활동계획과 교재, 환경의 준비가 우선되어야 한다.

④ 학생들에게 자극을 주는 교수방법보다는 흥미를 포착하고 지속시키는 교수방법을 활용한다. 빈번하게 학습자를 자극하는 교수방법은 학생 스스로 흥미를 갖고 뭔가를 생산해 내고, 활동을 자극할 수 있는 능력을 개발하며 강화할 수 있는 기회를 훔치는 것이다. 학습자들에게 교사가 흥미 거리를 마련해 준다면, 활동이 교사 주도로 흐르기 쉽고 학생의 수동적인 자세를 습관화시키게 된다. 그러므로 학생 스스로 흥미 거리를 찾을 수 있도록 도와주며 학생이 찾아낸 흥미 거리를 지속적으로 탐색하고 마무리 지을 수 있도록 해주어야 한다.

⑤ 편애를 두려워하여 관심을 가져야 할 학생을 지나치는 일이 없도록 한다. 모

든 학생을 똑같이 사랑하고 대해 주어야 한다는 굴레 때문에 배려가 필요한 학생을 방치하지 말아야 한다. 교사가 판단하여 지속적인 관심이 필요한 학생에게는 지속적인 관심과 배려가 있어야 한다. 모든 학생을 똑같이 사랑하기란 어렵다. 그 대신 똑같이 존중하는 것이 더 낫다.

⑥ 교사의 단정한 모습을 보여 준다. 교사의 옷차림, 말투, 개인물건 정리, 주변 환경 정리와 같은 일상적인 것뿐 아니라 개인적인 미적 감각, 에티켓, 우아한 자태 등을 보이도록 노력한다.

⑦ 실천적 지식을 쌓는데 게을리 하지 않는다. 실천적 지식이란 교사 개개인이 그가 가지고 있는 지식을 그가 관계하고 있는 실제상황에 맞도록 그 자신의 가치관이나 신념을 바탕으로 종합하고 재구성한 지식을 말한다. 이러한 지식은 이론적 지식보다 교육현장에서 학급을 쉽게 더 나은 방향으로 운영하는 데 많은 도움을 준다.

교사가 수업을 진행할 때 가져야 할 일반적인 태도를 제시하면 다음과 같다.

① 자신감을 갖고 학생들을 대한다. 교사는 학생들과 많은 시간을 신체적으로, 또 언어적으로 의사소통하며 지내므로 교사의 정서가 학생들에게 직접 전달되어 학생의 정서에 많은 영향을 준다. 수업 중 교사의 자신 없는 태도나 불안정한 심리는 학생들을 수업내용에 끌어들이지 못하는 큰 요인이 된다. 활동에 적극적이고 자신감 있는 학생들을 원한다면 교사 먼저 자신감 있는 태도로 수업에 임하여 학생들의 시선을 끌고 교사의 언행에 솔깃하도록 해야 한다.

② 바른 말과 세련된 어휘, 말투를 사용한다. 가정에서는 집안 특유의 말투와 사투리를 은연중에 배우게 되며, 또래들끼리는 반말, 줄임 문장, 놀이어 등을 배운다. 방송을 통해서는 속어와 유행어, 성인들의 말투를 배운다. 교사는 이런 영향을 받은 학생들의 언어를 바르게 잡아주며 세련되고 고운 언어를 사용하는 모델이 되어야 한다.

③ 지치고 힘든 표정을 하지 말고 즐거운 표정으로 대한다. 성인에 비해 언어가 덜 발달된 학생들은 상대의 메시지를 표정과 동작을 통해 전달받는다. 교사의 지친 표정은 수업내용을 재미없는 것으로 전락시키며, 학생들의 기분도 우울하게 만든다.

④ 학생들의 생각과 질문을 적극적으로 받아들여 수업전개에 활용한다. 학생들의 생각과 질문을 중단하고 교사의 모범답안과 같은 강의만 계속된다면 학생들은 수업의 방관자가 된다. 학생들의 의견과 질문에는 가장 쉽게 교육내용을 전달할 수 있는 방법이 숨어 있음을 알아두자.

⑤ 학생들과 한 약속은 지키려고 노력하는 자세를 보여준다. 수업 중에 하지 못하고 다음 시간으로 미루었던 것이나 학생들과 계획했던 것을 지켜야 하며, 만약 못 지키게 되었다면 그 이유를 제시하고, 또 다른 방법은 없는지를 함께 찾아보아야 한다. 약속을 지키는 것 자체가 지식을 탐구하는 기본자세이며 교육내용이 될 수 있기 때문이다.

⑥ 수업의 진행을 조급하게 서두르지 않는다. 학생들은 빠른 속도로 이야기하거나 진행되는 수업내용을 완전히 이해하지 못한다. 오히려 앞의 내용의 의미와 뒤의 것을 혼동하여 잘못 인식할 수 있다. 학생의 눈과 마주치는 상황에서 이야기가 진행되어야 한다. 다른 곳을 보거나 뒤돌아 있는 학생에게 아무리 중요한 이야기를 여러 번 한다고 해도 효과는 없다.

⑦ 수업의 전개속도를 적당히 빠르게 한다. 수업을 조급하게 서두르는 것도 문제가 있지만, 유아들의 이해상태와 집중도가 좋을 때 수업내용이 속도감 없이 느리게 전개된다든가 계속 반복된다면 오히려 집중도를 떨어뜨리게 되며 재미있는 내용도 흥미롭지 않게 생각하게 된다.

⑧ 소수의 우수 학생 위주로 수업을 전개하지 않는다. 한 학급에는 언제나 상대적으로 잘하는 학생과 못하는 학생이 있기 마련이다. 잘하는 학생들의 대답만을 듣고 진행이 되어서는 안 된다. 수줍어서 발표를 못하는 학생, 몰라서 대답을 못하는 학생, 주의가 산만하여 수업에 열중하지 않는 학생들을 골고

루 눈여겨 보면서 수업에 참여시켜야 한다. 질문의 난이도를 고려하여 잘 못하는 학생에게도 발표의 기회를 준다.

⑨ 수업 참관자를 지나치게 의식하지 않는다. 경험이 없는 교사일수록 관찰자를 더 많이 의식하게 된다. 그러나 교사가 교수활동 내용을 충실히 계획하고 활동자료를 충분히 준비했다면, 그리고 학생들의 주의를 집중시키는 여러 가지 효과적인 방법을 알고 있다면 이러한 문제는 대부분 해결될 수 있다. 이것에 더하여 내 학급이니 내 결단에 따를 수 있다는 자신 있는 태도로 학생들을 대하는 태도가 형성된다면 도움이 될 것이다.

⑩ 도움이 필요한 학생을 적극적으로 도와준다. 학급에는 특히 교사의 도움을 필요로 하는 학생들이 있기 마련이다. 언어 이해의 문제가 있는 학생, 사회성에 문제가 있는 학생, 가정환경이 매우 불안정한 애정결핍이 있는 학생, 행동장애를 지닌 학생 등이다. 교사 스스로 내가 지금 편애를 하는 게 아닐까 하는 의심의 굴레 또는 주위의 시선에 구애되지 말고 돌봐주어야 한다. 왜냐하면 그들은 보통의 유아보다 교육기관의 효과적인 교육이 더 필요하기 때문이다.

⑪ 평범하다는 이유로 피해와 무관심을 당하는 학생이 없도록 한다. 도움이 필요한 학생이나 모든 활동에 적극적이고 뛰어난 학생에 가려져, 무던하고 요구사항이 별로 없는 학생들은 교사의 시선이 자주 가지 않게 마련이다. 항상 그러한 학생들이 방치되지 않도록 주의를 기울어야 한다.

⑫ 생활습관에 대한 일관성 있는 지도를 게을리 하지 않는다. 학생들의 단정하고 청결한 모습, 예절바른 행동, 남을 생각하는 태도에 대한 언급이 매일매일 반복되어야 하며, 교실의 정리정돈 상태에 대하여 빠짐없는 점검과 칭찬이 뒤따라야 한다.

2. 수업에서의 발문과 판서

1) 수업에서의 발문

(1) 발문의 중요성

수업에 있어서 발문은 매우 중요한 역할을 한다. 학습자들의 사고활동을 유발시켜 주기 위한 문제 제기로(박병학, 1992) 정의되는 발문은 학생들이 수업과정에서 단지 던져주는 지식을 수동적으로 수용하기만 할 것이냐, 그렇지 않으면 창의적인 사고와 활동으로 수업에 적극 참여할 수 있느냐 그렇지 않느냐를 결정하게 된다. 수업에서의 발문은 일상생활에서의 질문과는 구별된다. 질문은 '모르는 사람'이 '아는 사람'에게 정보의 제공을 요구하는 것이고, 수업에 있어서 교사의 발문은 '알고 있는' 교사가 '모르고 있는' 학습자를 향한 물음이다(박병학 편저, 1994). 따라서 질문에 대한 응답은 일문일답식이 가능하지만 수업에서의 발문은 묻는 사람이 문제에 대한 답을 알고 있으면서 학습자의 다양한 사고활동을 유도하기 위하여 일문다답식 형태이다.

교사가 아동을 상대로 하는 발문은 쵀(줄)탁동시(啐啄同時)가 이루어져야 한다. 즉, 병아리가 알에서 깨어 나오기 위해서 알 속에서 껍질을 쪼아대고 있을 때 어미닭도 밖에서 쪼아대는 행위가 동시에 이루어지는 것과 같이 아동들이 무엇인가에 대해서 궁금해 할 때 교사의 적절한 발문이 주어진다면 이것은 교사와 아동의 의기가 투합된 것이라 할 수 있다. 교사는 '가르치고자 하는 것', '일러두고 싶은 것'을 가지고 있어야 하며, 아는 것을 직접 가르쳐주지 않고 학생들이 '공부하고자 하는 마음'이 생기도록 학생들의 마음에 와 닿는 발문이어야 한다(박병학 역, 1994). 발문을 통해서 문제의식을 유발하고 학습자들이 스스로 진리를 탐구해 가도록 하는 방법은 소크라테스의 교육방법에서 그 기원을 찾을 수 있다. 소크라테스는 그의 제자들 또는 아테네 시민들과 토론을 하면서 결정적인 순간에 대답하기 곤란한 질문을 함으로써 자신의 무지를 깨닫게 하고 그로 인해 사고활동을 촉구하게 하는 방법을 썼다.

(2) 발문 만들기의 준칙

수업이 진행되는 동안 학습자의 사고를 자극하면서 학습자가 주의를 집중하게 하는 교사의 발문은 수업목표 달성여부의 관건이라 할 수 있다. 따라서 교사는 발문 하나하나에 주의를 기울이지 않으면 안 된다. 발문을 함에 있어서 준용해야 할 몇 가지 원칙이 있다(박병학 편저, 1994).

① 교재의 핵을 직접적 또는 직선적으로 묻지 아니하고 간접적 · 우회적으로 묻는다. 학습자가 학습해야 할 사항, 곧 교재의 핵을 직접적 · 직선적으로 묻지 말고 간접적 · 우회적인 물음으로 번안하여 묻는다.

② 한정하여 묻는다. 무엇을 묻고 있는가, 그 초점을 명확히 알 수 있도록 묻는다는 말이다. 이것은 두 가지 점에서 명확하여야 한다. 첫 번째는 일의적으로 해석되는 물음이어야 한다. 즉 물음을 받은 사람들이 똑같은 뜻으로 받아들일 수 있어야 한다. 만약 한 사람의 물음의 의미를 듣는 사람이 서로 다른 의미로 해석한다면 이것은 좋은 발문이라 할 수 없다. 두 번째는 일의적인 물음이면서 해답이 다양하게 나올 수 있는 물음이어야 한다. 학습자가 발문자의 발문 의도를 분명히 이해함과 동시에 학습자들의 폭넓은 사고를 통해 다양한 대답이 나올 수 있는 발문이어야 한다.

③ 부정적(否定的)으로 묻는다. 배부른 돼지는 사고하지 않는다. 수업이란 학습자로 하여금 사고하게 하는 일련의 과정이다. 그러므로 학습자들이 부단히 사고하도록 자극을 주어야 한다. 따라서 교사는 학습자가 심의(心意)의 균형이 알맞게 깨지도록, 다시 말하면 학습자가 지적으로 알맞은 정도로 편하지 않는 상황을 조성해야 한다.

④ 의표(意表)를 찌른다. 이것은 학습자가 예상하는 바와는 전연 다른 엉뚱한 말이나 행동으로 그를 놀라게 함으로써 다시 생각하게 하거나 고쳐 생각하

게 함을 말한다. 다시 말하면 고정관념을 깨는 발문, 수직적 사고를 깨뜨림으로써 학습자로 하여금 수평적 사고를 하게 하는 것이다.

⑤ '왜'라고 묻지 말고 '무엇이'라고 묻는다. 발문 속에는 적당한 단서가 들어 있어야 한다. 즉, 학습자가 무엇을 생각할 것인가가 시사되어져야 한다. '왜', '어째서'라고 하는 발문 속에는 사고를 유발시킬 수 있는 단서가 거의 없기 때문에 학습자의 사고활동을 활발히 일으키기 어렵다. 따라서 학습자의 사고가 활발하게 일어나도록 하기 위해서는 '왜'라는 말 대신에 '무엇이'라고 묻는 것이 좋다.

⑥ 다양한 생각이 나와 대립·분열되도록 묻는다. 모든 사람이 똑같은 의견을 갖고 있으며, 모든 사람이 공히 만족감을 갖고 있을 때는 문제가 발생하지 않는다. 그러나 대립되는 사고 장면이 조성되었을 때 여러 가지를 생각하게 된다. 따라서 수업의 과정에서 대립되는 사고(思考) 장면을 부단히 조성해 주어야 한다.

⑦ 복수의 사상(事象)을 대비시켜 묻는다. 학습자의 심진(心震)을 일으키는 발문의 하나로, 유사하거나 상이한 사상을 대비시켜 그 특성을 비교하도록 묻는다. 즉, 주어진 문제가 곧 풀리는 것(되는 것)도 아니지만, 그렇다고 전혀 풀 수 없는(안 되는) 그런 문제도 아닌, 다소 위험부담을 느끼면서도 도전의욕이 생기게 하는 발문이어야 한다. Bruner는 이를 '적절한 수준의 불확실성'이라 했다.

(3) 발문의 유형

발문은 학습자의 사고활동을 자극하고 촉진시키는 활동으로서 수업형태, 수업내용, 학습자의 능력 등에 따라서 다양한 형태의 발문이 있을 수 있다. 그러나 수업에서 흔히 사용되는 발문은 크게 두 가지로 분류할 수 있다. 즉, 지식을 단순히 기억하고 재생시키는 '재생, 기억적 발문'과 사고 활동을 유발하고 촉진시키면서 도전적인 활동을 하게 하는 '사고발문' 또는 '매개적 발문'으로 구분할 수 있다(박병학, 1994). 수업이 이루어지는 과정에서 교사는 학습자의 사고를 자극하고 창의적인 활동을 유도하기 위해서는 단순히 알고 있는 지식을 재생 또는 기억하게 하는 것보다는 사고를 자극할 수 있는 발문을 해야 할 것이다.

수업현장에서 바람직스럽지 못한 발문과 바람직스러운 발문을 제시하면 다음과 같다.

① 바람직스럽지 못한 발문

- 묻는 내용이 추상적이거나 명확하지 못한 발문
- 지나치게 상세한 사실을 묻거나 교과서에 자세히 서술되어 있는 내용을 단순하게 확인하는 발문
- 둘 중에서 하나를 택하게 하는 발문
- 질문의 시기를 놓친 발문(예: 실험을 하기 전에 실험결과에 대한 예상을 하는 것이 좋다. 그러나 실험결과에 대한 설명이 되었거나 실험이 진행된 다음에 예상을 하게 하는 발문은 좋지 않다)
- 발문 후에 교사가 학생들을 바라보지 않고 다른 일을 하는 경우
- 교사가 발문을 한 후에 자신이 대답을 해 버리는 자문자답(自問自答)형 발문
- 똑같은 발문을 여러 차례 반복하는 경우
- "예, 제가 발표 하겠습니다"와 같은 형식을 강조하는 경우

② 바람직스러운 발문

일반적으로 학습자들의 사고를 유발하고 흥미를 끌 수 있는 발문을 바람직스러운 발문이라 할 수 있다.

- 발문의 주제가 분명해야 한다.
- 학생들을 생각하게 하는 발문이어야 한다. '왜'와 '어떻게' 등이 조화된 발문이어야 한다.
- 비교할 수 있는 능력을 기르는 발문이어야 한다(예: '갑'과 '을'의 공통점과 상이점을 비교 설명하라).

- 학생들이 각자 문제 해결방법 또는 표현방법을 찾기 위하여 노력할 수 있는 발문이어야 한다.
- 학생들의 흥미를 유발할 수 있는 발문이어야 한다.
- 학생들의 일상생활과 관련이 있는 발문을 한다(예: 오늘 아침에 우리 집 식구들이 집을 나선 시각은 몇 시였나? 모두 달랐다면 그 이유는?).
- 교재에 나와 있는 삽화나 사진을 연결시켜 발문한다.
- 학습자의 능력에 맞게 여러 단계로 풀어서 발문한다.
- 허용적이고 탐구적인 분위기를 조성할 수 있는 발문을 한다. 이를 위해서 발문 중간에 농담을 섞는다. 또한 틀린 답을 말했을 때에도 이를 질책하거나 비난하지 않는다.
- 즉각적인 답을 요구하기보다는 사고할 수 있는 시간을 준다.

(4) 학습자의 반응과 처리

학습이 이루어지는 동안에 교사의 발문에 대하여 학습자들은 다양한 반응을 하게 된다. 여기서는 학습자들의 반응에 대한 교사의 처리 방법을 제시하고자 한다.

① 발문에 대하여 성공적인 반응이 있을 경우에는 칭찬과 격려를 해줌으로써 성취감을 맛보게 한다.

② 발문에 응답할 수 있는 시간적인 여유를 준다.

③ 학습자의 반응을 공평하고 친절하게 수용한다.

④ 학습자의 반응이 미흡하거나 잘 나오지 않을 경우에는 농담을 통해서 분위기를 완화시키거나 학생의 자존심을 부추기는 방법을 쓸 수도 있다.

⑤ 틀린 답에 대한 지적은 가능한 한 간접적으로 하여 학생들의 자존심이 상하지 않도록 한다(이용숙 외, 1989).

2) 설명하기

어떠한 유형의 수업을 전개하든 도입 단계에서의 질문과 수업이 완성되는 단계에서의 설명이 빠질 수 없다. 설명하는 것은 수업의 핵심적인 활동이다. 설명을 효과적으로 실행하기 위한 원칙들을 제시하면 다음과 같다(박성익 외, 2011).

(1) 긴장의 통제

수업의 진행은 긴장의 연속이다. 수업이 전개되는 과정에서 긴장을 통제할 수 있는 방법으로 첫째로 심호흡법이다. 수업 시작 전 또는 진행 중에서도 수시로 할 수 있는 방법이다. 둘째로 역설적인 인정이다. 이것은 학생들에게 솔직하게 '이번에 이것을 처음으로 하는 것이라 망칠 것 같아 걱정이다. 자, 선생님 좀 도와줘'와 같이 자기 고백을 할 때 오히려 수업을 자신감을 갖고 진행할 수 있다.

(2) 설명의 실시

① 설명할 때의 자세

- 학생들을 정면으로 바라보도록 하여 교사의 얼굴 표정을 학생들이 볼 수 있도록 한다. 학생들을 응시하면서 설명하는 것은 자신의 설명 내용을 제대로 이해하고 있는지의 여부를 확인하는 방법이 된다.
- 가능한 한 손은 호주머니에 넣지 않으며, 팔은 뒤로 돌리지 않고 옆에 있게 한다.
- 가능한 한 칠판을 바라보면서 동시에 설명을 하지 않도록 한다. 즉 학생들의 시선을 놓치지 말아야 한다.
- 교탁을 이용할 경우에는 교탁 뒤에만 있지 말고 교탁의 한 측면으로 나가선다. 이것은 자신의 자신감의 표현이면서 학생에 대한 친근감의 표시이다.
- 적절히 움직이면서 설명하도록 한다. 움직이면서 역동적으로 설명할 때 힘이 실리게 되고 학생들의 주의력도 높아진다.

② 목소리

- 교과서, 슬라이드, 혹은 자료에 있는 내용을 그대로 읽지 않는다. 부연 설명하는 방식으로 한다.
- 목소리의 다양한 음색이나 억양을 이용한다. 일정한 음의 유지는 학생들이 지루해 한다.
- 고음과 저음을 적절히 사용한다. 특히 강조하는 부분은 고음을 낸다. 천천히 말하도록 한다.
- 학습내용을 설명한 후 잠시 멈추는 것은 중요한 내용을 강조할 때 효과적이다.

③ 눈 맞춤

- 학생들과 눈 맞춤을 시작 한 후에 설명을 시작한다.
- 눈 맞춤은 한 사람 당 약 3초 정도의 시선을 준다.
- 의도적으로 중앙, 왼쪽, 그리고 맨 뒤쪽의 학생들을 골고루 주시한다.

④ 몸동작(제스처)

- 대화하는 것처럼 자연스러운 몸동작이 나올 수 있도록 연습한다.
- 손을 적절히 사용한다.
- 손을 호주머니에 넣거나 뒷짐을 지지 않는다.
- 손과 팔을 흔들흔들 하지 않는다.
- 펜이나 다른 물건들을 만지작거리면서 설명하지 않는다.

3) 수업에서의 판서

(1) 판서의 의의와 기능

판서(板書)는 판서도구 또는 시청각 매체를 이용하여 수업계획과 과정, 그리고 결과를 일목요연하게 나타내주는 수단이다. 판서내용을 보면 단위시간에 이루어진 내용을 알아볼 수 있다. 판서는 수업의 능률을 올릴 수 있는 중요한 수업기술로서 수업을 구조화한 계획이며 학습의 결과이다. 또한 학습자의 사고활동을 자극하고 동기를 유발할 수 있는 요인이기도 한다. 일반적으로 판서가 갖는 기능은 다음과 같다.

- 청각활동을 통한 학습을 시각적인 활동으로 전환시켜 줌으로써 학습의 효과를 증대시켜 준다.
- 학습자가 개별적으로 발견하고 사고하고 추구한 내용을 전체 학습자를 대상으로 전환시켜 준다.
- 색채의 사용이나 다양한 구조를 통하여 학습자의 흥미를 유발할 수 있다.
- 판서의 구조화를 통해서 단위시간에 이루어진 학습내용을 요약할 수 있다.
- 학습내용을 요약할 수 있는 능력을 갖게 할 수 있다.

(2) 판서의 요령과 기법

교수·학습과정에서 이루어지는 판서의 일반적인 요령과 기법은 다음과 같다(변영계 외, 2003).

- 판서는 사전에 계획을 세워서 시행한다.
- 판서는 강의의 내용을 쉽게 이해할 수 있도록 간략하게 요약하여 제시하는 것이 좋다.
- 글자는 학습자들이 알아볼 수 있도록 크고 바르게 적는 것이 좋다.
- 강의 내용을 한꺼번에 너무 많이 적지 않는다.
- 판서하는 중에도 가끔 돌아서서 학습자들과 한 번씩 눈을 맞추면서 적는다.
- 강의내용 중 어떤 내용을 어느 부분에 쓸 것인지 위치를 미리 정해 둔다.
- 판서하면서 학습자들에게 너무 오래 등을 돌리고 있지 않는다. 학습자들의 주의가 산만해지기 쉽다.
- 판서를 하기에 앞서 학습자들에게 노트할 시간을 줄 것임을 미리 이야기하

고 강의 종결 5~10분 전에 반드시 필기할 시간을 따로 준다.

- 판서는 가급적 지우지 않고 한 칠판에 강의내용을 다 기록할 수 있도록 하는 것이 좋다.

(3) 판서의 유형

판서의 유형은 판서의 내용, 표시형태, 판서의 용도 등에 따라서 다양하게 분류할 수 있다. 여기서는 표시형태에 따라서 판서 유형을 분류하고자 한다.

① 병렬형

다음 보기와 같이 학습사항이나 학생의 발언을 나열해 가는 형태이다.

② 대조형

상, 하, 좌, 우에 각기 내용의 특성을 쓰고 그 차이점을 비교, 대조시킨다.

〈보기 1〉

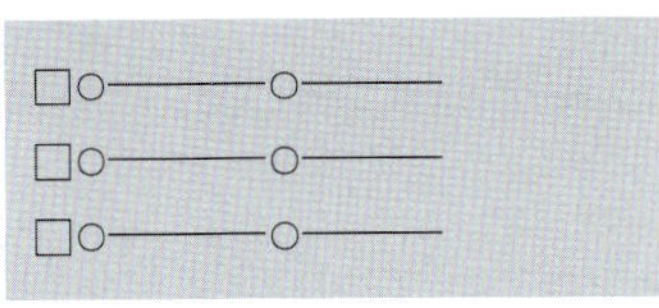

〈보기 2〉

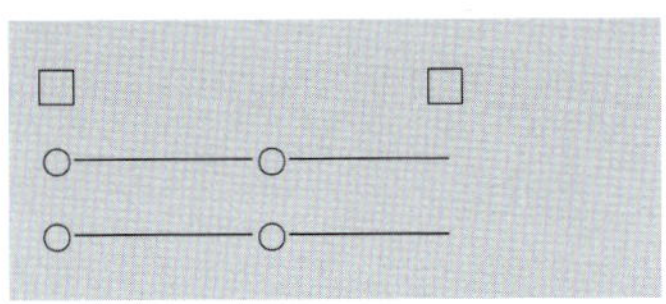

③ 구조형

교재를 계통화, 체계화해서 지도내용의 요점을 구조화하는 형태이다.

〈보기 1〉

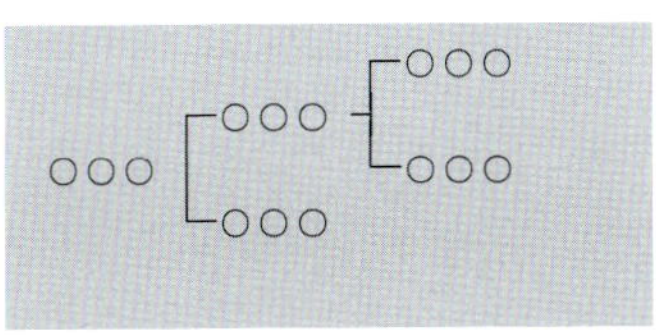

〈보기 2〉

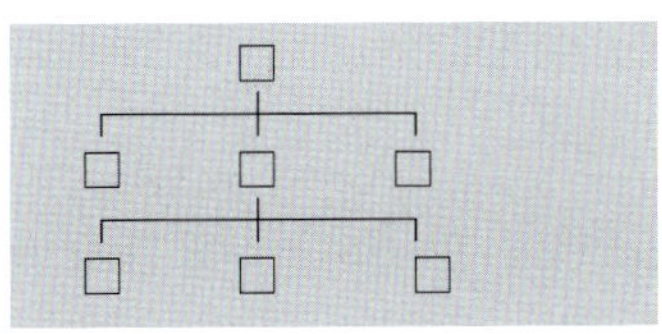

④ 귀납형

부분을 묶어서 전체를 이해시키기 위하여 쓰는 방법으로서 하나하나의 사례를 묶어서 결론을 적어간다.

〈보기 1〉

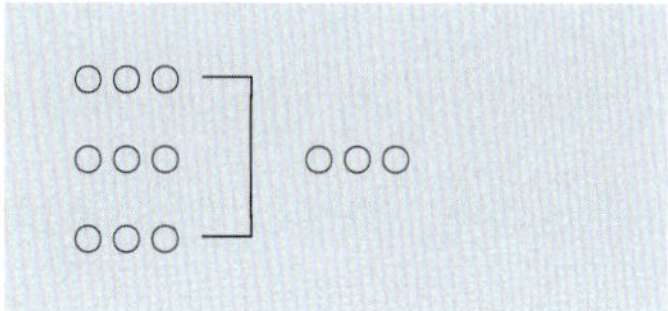

〈보기 2〉

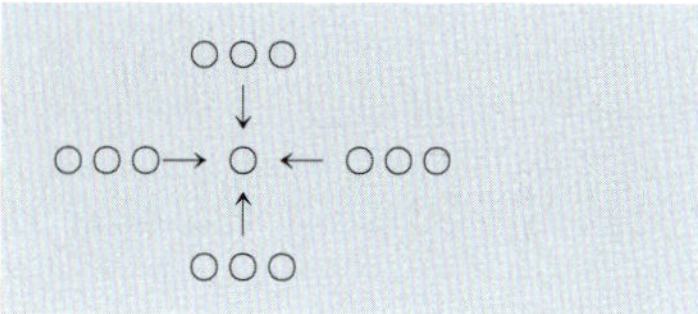

(4) 판서의 기술(임창재, 2005)

- 판서의 위치는 학습자가 잘 볼 수 있도록 중앙을 중심으로 하되 칠판의 어느 위치에 쓸 것인가를 예정해 놓는다.
- 판서의 글자는 되도록 정자로 짜임새 있는 글자로 쓴다.
- 글자의 크기는 저학년일수록 크고, 고학년일수록 작게 쓰되 뒤에 앉은 학습자도 잘 보일 수 있도록 쓴다. 학년별 문자의 크기를 제시하면 다음과 같다.

항목 학년	문자의 크기	자수	행수
저학년	15~10cm	17~22자	7~10행
중학년	10~9cm	24~26자	10~12행
고학년	9~7cm	26~28자	12~15행

- 내용은 길게 쓸 것이 아니라 요점만 간단하게 쓴다.
- 판서한 내용이 가리지 않도록 교사의 위치에 주의해야 한다.
- 학습자가 필기할 시간을 따로 주기도 하지만, 되도록 쓰면서 듣고, 보는 식으로 진행한다.
- 수업내용에 따른 계획적인 판서가 되도록 한다.
- 수업 전에 판서하는 데 필요한 분필 등을 미리 준비한다.

- 수업내용에 따라 색분필을 효과적으로 사용하면 시각적 효과를 더할 수 있다.
- 칠판이 어둡거나 반사되지 않도록 광선을 잘 조절한다.
- 글자 외에 그림, 사진, 도표 등을 많이 이용한다.
- 학습자들에게 판서할 기회를 주도록 한다.

3. 수업모형

수업모형은 복잡한 수업 현상이나 과정을 특징적인 요인을 중심으로 단순화한 설명체제나 구조를 의미한다(강갑원, 2014). 수업 모형은 다양하지만 여기서는 대표적인 모형 몇 가지만 제시하고자 한다.

1) Glaser의 수업 모형

Glaser는 학습내용을 일종의 정보로 간주하고, 수업이 이루어지는 과정을 하나의 체제로 보았다. 그리고 수업이 진행되는 과정을 수업목표의 설정, 출발점 행동진단, 교수활동, 성취도 평가의 4단계로 구분하였다. 그러나 이들 4단계는 연속적인 과정으로서 한 단계의 수업이 후속단계의 활동을 방향지우는 계속적인 과정으로서 만약 다음단계에서의 활동이 만족스러운 결과를 얻지 못했을 경우에는 전단계로 피드백 되어 앞 단계에서의 활동이 다시 이루어지게 하는 것이 특징이다.

이 과정을 도식으로 나타내면 다음과 같다.

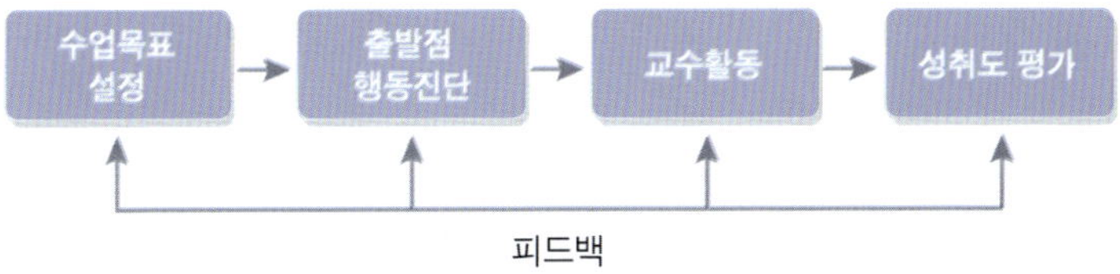

[그림 4-2] Glaser의 수업 모형

수업목표 설정은 학생들이 성취해야 할 궁극적인 목표로서 관찰, 측정, 기술이 가능한 것으로부터 시작한다. 즉, 수업목표는 단위시간의 수업이 이루어지고 난 뒤의 학생들이 가져올 행동의 변화를 의미한다. 따라서 수업목표는 Mager가 말하는 종착점 행동과 같은 의미로 볼 수 있다. 종착점 행동이란 특정의 수업과정이 끝났을 때 학생들이 보여 주는 성취를 의미한다.

출발점 행동진단은 학습자가 특정의 목표에 도달하기 위해서 이미 습득했어야 할 행동을 확인하는 과정이다. 이것은 학습자의 준비성과 유사한 개념이다. 교사는 수업을 진행하기에 앞서 학습자의 현재 상태를 확인하여 학습결손을 발견하고 이들에 대한 처치방안과 학습지도 방안을 강구하게 된다. 다시 말해서 교사는 학습자가 종착점 행동을 습득하는 데 필요한 지식과 기능의 현재 위치를 파악하는 활동이다. 출발점 행동진단을 통하여 학습결손자로 판단될 경우에는 보충수업을 실시하게 된다.

교수활동은 교사의 수업활동을 말한다. 이 단계에서는 학습자의 출발점 행동에서 시작하여 학습자가 학습의 상황을 떠나는 사이의 과정이다. Glaser는 학습자의 행동을 설정된 수업목표에 점진적으로 접근시키는 보조행동의 활용을 강조한다. 즉, 각 단계에 맞는 교과내용이나 교과내용에 적합하게 학습 자료를 구성하거나 해결방안을 제시함으로써 학습자들의 행동변화를 촉진시킬 수 있다. 또한 이 단계에서는 형성평가를 통하여 부족한 점을 채워 주는 교정학습이 중시된다.

성취도평가는 수업활동이 끝난 다음에 설정된 수업목표에 도달했는지의 여부를 확인하는 단계이다. 이때는 종착점 행동의 성취 여부를 확인하고, 그 결과를 토대로 다음 단계의 교수과정 설계에 반영하게 된다.

이와 같은 Glaser의 교수모형은 각 단계마다 성취정도가 기준에 미달 될 경우에는 바로 앞 단계 또는 결손이 발생한 단계로 되돌아가서 보다 심층적으로 학습할 수 있는 피드백이 이루어진다.

2) Carroll의 학교학습 모형

Carroll은 학교학습에 관하여 교육의 전 과정과 관련된 학습모형을 제시하였다. 그의 모형은 주로 인지적·기능적 학습을 위한 것이다. Carroll은 어떤 학습자가 달성한 학습의 정도는 그가 주어진 과제를 학습하는데 필요한 시간에 비해 실제로 그 과제를 해결하기 위해서 사용한 시간과의 비율에 의해서 결정되는 것으로 보았다. 물론 학습에 사용된 시간은 학습자가 학습과제를 해결하기 위하여 주의를 집중한 시간만을 포함한다. 이와 같은 Carroll의 명제를 방정식으로 나타내면 다음과 같다.

$$\text{학습의 정도} = f\frac{\text{학습에 사용된 시간}}{\text{학습에 필요한 시간}}$$

여기서 학습에 필요한 시간을 결정하는 변인은 적성(aptitude), 수업 이해력(ability to understand instruction), 수업의 질(quality of instruction)이 포함되고 학습에 사용되는 시간을 결정하는 변인으로는 학습기회(opportunity), 학습자의 지구력(perseverance)이 포함된다. 이들 다섯 가지 변인을 위의 방정식에 대입하면 학습의 정도는 다음과 같이 나타낼 수 있다.

$$\text{학습의 정도} = f\frac{\text{학습기회} \cdot \text{학습지구력}}{\text{적성} \cdot \text{수업 이해력} \cdot \text{수업의 질}}$$

적성은 최적의 학습조건 하에서 주어진 학습과제를 완전히 학습하는 데 필요한 시간을 말한다. 따라서 어떤 과제를 해결하는 데 적성이 높으면 주어진 과제를 빠른 시간 내에 해결할 수 있고, 적성이 낮으면 학습과제 해결에 많은 시간이 소요될 수 있다.

수업 이해력은 학습해야 할 과제의 성질과 학습절차를 이해하는 데 요구되는 일반적인 능력으로써 일반적인 지능과 언어능력이 크게 작용한다. 일반적으로 지능은 교수내용에 포함되어 있는 개념이나 원리를 파악하기 위해서 추리하고 소화하는 일과 관계된다. 또한 언어능력은 교사의 교수언어가 학생의 언어획득 수준에 적합한가? 혹은 적합하지 않은가와 관계된다.

수업의 질은 학습의 정도를 극대화시킬 수 있도록 학습자 개개인에게 학습과제를 효과적으로 제시하고 설명하는 것을 말한다. 즉, 학습자가 학습과제를 쉽게 해결할 수 있도록 개인차를 고려하여 적절히 보조교재와 교구를 제시하는 것이 중요하다. 수업자는 학습자의 현재수준을 명확히 파악하여 그 수준에 맞게 학습과제를 제시하여야 하며, 학습자의 흥미와 특성에 맞게 수업을 진행할 수 있도록 사전에 치밀한 계획의 수립이 요구된다.

학습기회는 학습자들이 주어진 과제를 해결할 수 있도록 실질적으로 주어지는 시간을 말한다. 아무리 학습동기가 높은 학습자라 할지라도 실제로 그 과제를 해결할 수 있는 시간이 주어지지 않는다면 완전한 학습이 이루어질 수 없다. 똑같은 과제라 할지라도 학습자의 수준에 따라서 주어지는 시간은 다를 수 있다. 학습자별로 능력의 파악을 통하여 적절한 시간배분이 요구된다.

학습지구력은 학습자가 학습을 위해 인내를 갖고 학습에 투자하는 시간을 최대화하려는 학습의욕과 태도를 말한다. 즉, 학습자가 학습문제를 해결하기 위하여 얼마나 많은 시간과 노력을 투입하느냐와 관계된다. Carroll의 모형에 의하면 어떠한 학생이 학습과제를 해결하는 데 2시간이 소요될 것으로 판단했는데, 그 학생이 1시간 30분을 학습과제 해결에 주의를 기울였다면 과제의 50%만을 달성할 것으로 보고 있다.

이상의 다섯 가지 변인은 다시 학습자 변인과 교수변인으로 구분되는데, 학습자 변인은 적성, 수업이해력, 학습에 대한 지구력이 포함되고, 교수변인은 수업의 질, 학습기회가 포함된다.

3) Bloom의 완전학습이론

Bloom에 의하여 고안된 완전학습은 학습자의 대부분(약 95%)이 학습자들에게 주어진 과제의 90% 이상을 해결할 수 있을 때 완전학습에 도달한 것으로 본다. 그는 완전학습을 위한 전략으로 Carroll의 학교학습 모형을 이용하였다. 즉, 수업의 이해력을 높이기 위하여 수업의 질을 변화시키는 한편, 학습자의 적성에 비추어 충분한 시간을 제공하고 지구력을 올려 주면 대부분의 학습자들은 주어진 과제를 거의 완전히 학습할 수 있다는 것이다. 이 완전학습이론은 철저한 개별수업 또는 개별학습을 전제로 하고 있다. 완전학습이 이루어지기 위한 수업전개의 절차는 다음과 같다.

(1) 수업 전 단계

- 1단계: 학습결손 진단단계로서 진단평가에 의하여 기초학력을 측정한다.
- 2단계: 학습결손에 대한 보충지도단계로서 결손학습을 여러 가지 방법으로 보충해 주는데 주로 프로그램 학습이 활용된다.

(2) 본 수업 단계

- 3단계: 수업목적을 명시하는 단계로서 수업목적을 명확하고 구체적으로 제시한다.
- 4단계: 교수 · 학습활동이 활발히 전개되는 단계이다.
- 5단계: 수업보조단계로서 흥미와 동기를 유발하고, 학습의 효과를 위해서 여러 가지 자료가 제시된다.
- 6단계: 형성평가단계로서 학습에 대한 형성평가가 이루어진다.
- 7단계: 보충학습단계로서 6단계에서 실시한 형성평가결과를 토대로 학습부진 내용을 계속 피드백 해준다. 이때의 피드백은 학습부진 학생에게 집중된다.
- 8단계: 심화학습단계로서 정상적인 진전을 보인 학생에게 집중된다.
- 9단계: 제2차 학습기회가 제공되는 단계로서 자율적인 학습과 협력학습의 기회가 제공된다.

(3) 수업 후 단계

- 10단계: 총괄평가의 단계로서 수업이 종료된 후에 학습성취도를 평가하는 단계이다.

이상의 과정을 [그림 4-3]과 같이 나타낼 수 있다.

이와 같은 과정을 겪게 되는 완전학습은 교수·학습과정에서 형성평가와 이에 따라 실시되는 수정을 위한 피드백이 중요한 위치를 차지하게 된다. 그러나 완전학습이론은 현실적으로 집단학습이 이루어지고 있는 점을 감안한다면 이 이론은 이상에 불과하다할 것이다.

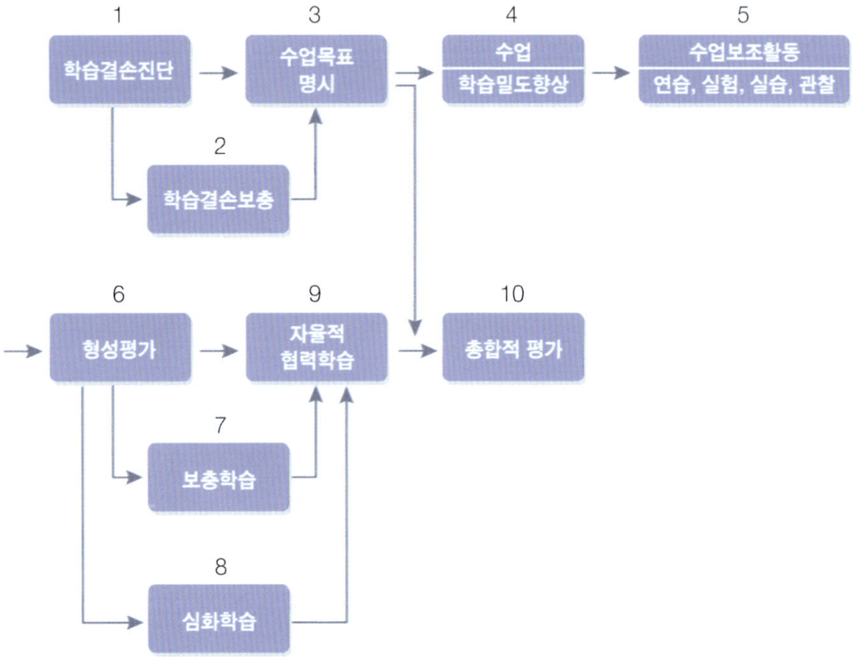

[그림 4-3] 완전학습을 위한 수업절차

4) Franders의 언어 상호작용 분석모형

교실에서 이루어지는 수업의 대부분은 교사와 학생 간 언어를 매개로 한 대화에 의존하고 있다. Franders에 의하면 수업시간의 67% 이상이 교사와 학생들이 말을 주고받는 데 사용하고 있는 것으로 나타났다. 수업은 교사와 학생 간의 언어적 상호작용에 의하기 때문에 이들이 주고받는 언어의 형태를 중심으로 교수과정을 평가할 수 있다. Franders는 수업과정에서 교사의 언어를 통한 자극과 이에 대한 학생의 반응 및 침묵을 중심으로 수업의 형태를 분석하였다. 즉, 수업시간에 교사 발언과 이에 대한 학생의 반응 또는 학생의 반응에 대한 교사의 대응 내용을 기초로 하여 분류, 기록하고 수량화하여 점수화하였다.

수업 중에 일어나는 교사와 학생의 상호작용은 첫째, 교사의 발언, 둘째, 학생의 반응, 셋째, 작업, 침묵, 혼돈 등으로 분류된다. 교사의 발언 중에서 비지시적인 언어는 학생에게 간접적인 영향을 주는 것으로서 ① 학생의 감정수용, ② 칭찬 혹은 격려, ③ 학생의 아이디어 수용 및 이용, ④ 학생에 대한 질문이며, 지시적인 언어는 학생에게 직접적인 영향을 미치는 것으로서 ⑤ 강의, ⑥ 지시와 명령, ⑦ 학생 행동에 대한 비난 또는 교사권위의 정당화이며 학생의 발언으로는 ⑧ 교사질문에 대한 학생의 단순대답, ⑨ 학생의 질문 및 교사의 질문에 대한 자의적인 대답, ⑩ 작업, 침묵, 혼돈 등이다.

관찰자는 수업 중에 교사와 학생 간의 언어 상호작용을 위에서 제시한 10개 범주로 분류하여 3초마다 한 번씩 분류항목의 번호를 기록하고 1시간 동안에 얻은 숫자를 분석하여 수업의 질을 평가하게 된다. 예를 들면, 5번 숫자가 압도적으로 많았다면 그 시간의 수업은 교사의 강의가 주를 이루었다 할 수 있고, 3번 숫자가 많았다면 학생의 생각을 많이 수용한 수업이었다 할 수 있다.

5) Ausubel의 유의미 학습

Ausubel은 행동주의와 달리 인지적 학습이론의 입장에서 학습자의 내부에서 일어나는 심리적 과정, 특히 기억과 사고 등으로 진행되는 능동적인 인지활동의 탐구에 깊은 관심과 노력을 기울였다. 이와 같은 노력은 유의미 수용학습 또는 설명적 교수이론으로 체계화하였으며, 발견학습에서 개념과 원리습득이 선행되어야 한다는 주장을 받아들이지 않았다. 즉, 학습은 기본적으로 발견을 통해서 이루어지는 것이 아니라 수용을 통해서 지식을 습득하게 된다는 것이다. 학교학습은 암기위주의 기계적 학습이 아닌 유의미 학습(meaningful learning)이 되어야 함을 주장하였다.

(1) 유의미 언어학습의 모형

학습자가 의식 · 내용에 있는 어떤 이미지를 유발할 때 그것은 의미를 갖게 되는 것이다. 한 개념은 이미 머릿속에 있는 아이디어에 대응될 때 의미를 가지게 된다. 들어오는 자극이나 개념이 의미를 갖게 되기 위해서는 학습자의 의식내부에 그것과 대응되는 무엇이 있어야 하며, 그 무엇이 바로 인지구조라는 것이다. 유의미성이란 현재 가지고 있는 인지구조와 새 학습 간의 관계라고 할 수 있다. 심리적으로나 논리적으로 유의미를 지니는 과제는 실사성과 구속성이 높은 것으로 학습과제가 의미가 높은 명제로 구성된다는 점에서 명제학습이라고도 한다(임창재, 2005).

유의미 언어학습의 모형을 보면, 독립변인과 매개변인, 종속변인으로 구분된다. 독립변인은 유의미하게 조직된 아이디어의 집합체, 즉, 학습할 과제이고, 매개변인은 학습이 일어나도록 하는 변인으로서 기존의 인지구조를 토대로 포섭과 동화과정을 통해 이루어진다(윤광보 외, 2003).

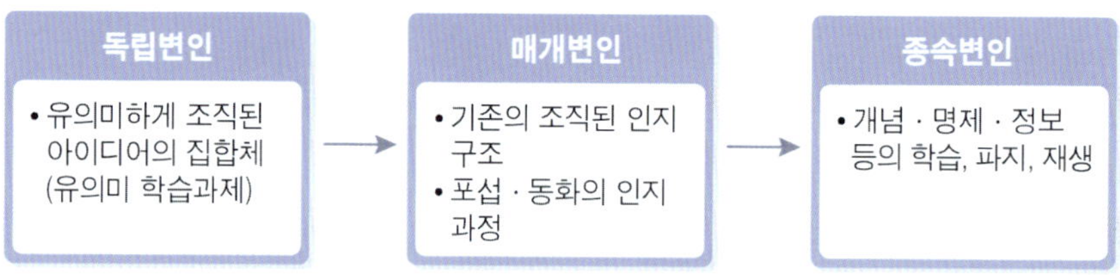

[그림 4-4] 유의미 언어학습의 모형

(2) 유의미 언어학습의 조건

유의미 언어학습이 갖추어야 할 조건을 제시하면 다음과 같다(윤광보 외, 2003).

① 학습과제가 갖추어야 할 조건으로는 실사성과 구속성을 들 수 있다. 실사성이란 어떤 명제를 어떻게 표현하더라도 그 명제의 의미가 변하지 않는 명제를 말한다. 예를 들면, '세 변의 길이가 같고, 세 각이 같은 삼각형'으로 표현하는 것이나, '세 각이 같고 세 변의 길이가 같은 삼각형'으로 표현하는 것의 차이는 없다. 그러나 '신각'을 '각신'으로 표현하는 경우에는 새로운 종류의 무의미 철자가 된다. 구속성이란 어떤 대상의 성질과 인지구조와의 관계가 확고하여 임의적으로 변경될 수 없는 성질을 말한다. 예를 들면, '정삼각형의 내각의 합은 180도이다'는 구속성을 갖고 있다. 왜냐하면 모든 삼각형의 내각의 합은 180도라는 것이 인지구조 속에 들어 있기 때문이다.

② 인지구조가 갖추어야 할 조건으로 '관련 정착지식'이 있어야 한다. 유의미 학습이 이루어지기 위해서는 인지구조 속에 새로운 학습과제와 관련된 지식이 들어 있어야 한다. 인지구조란 학습자가 학습할 때 언제든지 활용할 수 있는 사실, 개념, 명제, 이론, 지각적 자료 등으로 구성되어 있는 현재의 지식을 말한다. 새로운 학습과제가 의미 있게 학습되려면, 학습자의 기존 인지구조 속에 학습과제와 어떠한 관련을 맺을 수 있는 지식이 있어야 한다.

③ 학습자가 '유의미 학습태세'를 갖추어야 한다. 유의미 학습이 이루어지기 위해서는 학습자가 유의미 학습태세를 갖추어야 하는 것이다. 여기서 유의미 학습태세란 '학습하려는 동기'를 말한다.

(3) 유의미 학습의 수업원리

유의미 학습에 적용되는 수업원리는 다음과 같다(윤광보 외, 2003).

① 선행조직자의 원리

수업설계에 있어서 선행조직자는 새로 학습할 과제에 대한 아주 기본적인 추상성 · 일반성 · 포괄성이 있는 것으로 새로운 학습과제를 포섭하고 기존 지식과 새로 습득된 지식을 연결시킴으로써 유의미한 학습을 촉진하는 역할을 한다. 즉, 새로운 학습과제보다 일반성, 포괄성의 정도가 높은 자료를 새 학습과제를 제시하기 전에 제공하여 이미 배운 내용과 연결·통합되도록 한다. 이러한 선행조직자를 제공함으로써 학습효과가 기대되는데, 다음과 같은 방안으로 고려하도록 한다.

첫째, 선행조직자는 수업의 도입단계에서 교사가 해주는 언어적 설명으로 학습과제와 인지구조 사이에 다리를 놓아주는 기능을 한다.

둘째, 선행조직자는 학습과제의 성질, 학습자의 기존 인지구조의 수준 등에 따라 설명조직자와 비교조직자를 적절하게 활용하여야 한다. 설명조직자는 학습과제와 학습자의 인지구조 사이에 전혀 관련이 없을 때 사용하는 것으로서 교사가 학습과제 보다 상위에 있는 지식을 설명해 주는 것이다. 비교조직자는 학습과제와 학습자의 인지구조 사이에 어떠한 유사성이 있는 경우에 사용하는 것으로서 학습과제와 인지구조 간의 유사점과 차이점을 지적해 주면서 상호관계를 부각시켜 명료하게 해 준다.

② 점진적 분화의 원리

점진적 분화의 원리는 일반적이고 포괄적인 의미를 먼저 제시하고, 점차 세분되고 특수한 의미로 분화하여 제시한다는 원리이다.

③ 통합적 조정의 원리

통합적 조정의 원리는 새로운 개념이나 의미는 이미 학습된 내용과 일치되고 통합되어야 한다는 것이다. 즉, 교사가 앞서 제시한 학습내용과 이후에 제시하는 학습내용 간의 유사점과 차이점을 제시하여 관련성을 갖도록 해 주는 것이다.

④ 선행학습 요약·정리의 원리

새로운 학습과제를 학습할 때 현재까지 학습한 내용을 요약·정리해 줌으로써 학습을 촉진시킬 수 있다는 원리이다.

⑤ 내용의 체계적 조직원리

설명적 수업을 할 때 학습내용을 계열적·체계적으로 조직하여 가르치면 학습효과를 극대화시킬 수 있다는 원리이다.

⑥ 학습준비도의 원리

학습자의 인지구조를 포함한 발달수준에 맞게 학습경험을 제공해야 한다는 원리이다.

6) KEDI의 수업과정 모형

KEDI(한국교육개발원)에서는 수업이 다인수 학습에서 이루어지고 있는 한국적인 현실을 감안하여 계획, 진단, 지도, 발전, 평가의 5단계를 거쳐 수업이 진행되는 것으로 보았다.

[그림 4-5] 수업과정의 일반모형

계획단계는 수업계획을 세우는 단계로서, 학습과제를 분석하여 수업을 설계하고 실천계획을 수립하는 단계이다. 학습과제의 분석에서는 수업의 최종목표와 종속목표를 확인하고, 내용구조를 분석하게 된다. 수업설계에서는 학생활동, 교사활동, 학습계열, 수업매체, 평가, 잠재적 교육과정 등이 고려된다. 또 실천계획에서는 일정, 교실, 인력, 교재교구 등의 활용계획과 지도단계에서 유의할 점 등이 고려된다.

진단단계는 학생들이 학습과제를 해결하는 데 필요한 준비가 되어있느냐를 진단하고 그에 따라 교정조치를 취하는 단계이다. 이 단계에서는 진단검사가 실시되고 그 결과에 따라서 학생들을 무결손, 부분결손, 전반적인 결손 등으로 분류하여 무결손 학생에게는 심화 또는 촉진학습이 이루어지게 하며 부분결손 또는 전반결손 학생에게는 프로그램 학습, 연습교재, 상호학습, 소집단 학습 등을 통한 교정학습이 이루어진다.

지도단계는 실제 수업이 이루어지는 단계로서 도입, 전개, 정착의 단계를 밟게 된다. 도입단계는 다시 목표인지, 동기유발, 선수학습과 관련짓기 등으로 구분되고, 전개단계에서는 교사주도 수업, 학생주도 수업, TV 학습 등이 이루어지게 된다. 정착단계에서는 본시 수업의 정리, 연습, 통합, 그리고 수업내용의 적용이 이루어지게 된다.

발전단계에서는 학습자들의 수업목표 도달정도를 알아보기 위하여 형성평가를 실시하고, 그 결과에 따라서 학생들을 학습완성 집단, 부분적 미완성 집단, 전반적 미완성 집단으로 구분하고 각 집단별로 심화 또는 보충학습을 실시하게 된다.

평가단계는 학습자들이 성취한 학습의 정도를 최종적으로 평가하는 총괄평가 단계이다. 이 총괄평가는 매 학기 2~3회 실시하며, 평가결과는 학습자의 성적판정, 교수학습과정의 질관리 자료로 활용된다.

Chapter 05

교육과정의 이해

1. 교육과정의 의미

교육과정 즉, 커리큘럼(curriculum)의 어원은 라틴어 'currere'에서 유래되었다. 'currere'는 '달린다', '뛴다'라는 뜻으로서 경마장에서 말(馬)이 뛰는 길(course of race)을 뜻하였다. 교육 분야에서 'race(달린다)'의 뜻은 '공부하다'라는 뜻으로 전용되어 사용되고 있다. 즉 race course는 특정 목적을 가진 학생들이 일정기간 동안 공부하는 과정(course of study)을 뜻한다. 따라서 교육과정이란 학생들이 일정한 순서에 의해서 정해진 코스를 따라 공부하는 학습의 코스 및 학습 내용이나 경험의 내용을 의미한다. 이러한 어원을 가진 교육과정은 그 의미나 개념이 학자, 시대, 장소 등에 따라 다양하게 사용되고 있다. 즉 '가르쳐야 할 내용의 주제 및 개념을 열거한 것', '학교의 지도아래 계획적으로 제공되는 모든 경험', '교과목의 모음' 등 다양하게 정의되고 있다.

일반적으로 교육과정(教育課程)이란 '교육의 과정(過程, process)'에서 교육목표를 달성하기 위하여 무엇을 선정해서 어떻게 조직하여 가르칠 것인가를 종합적으로 묶어 놓은 교육의 전체적인 계획이라 할 수 있다. 즉 교육과정이란 '교육목적을 달성하기 위한 수단으로써 학생들에게 가르쳐야 할 내용과 경험하게 할 것들을 계획적으로 구성해 놓은 것'이라 할 수 있다.

2. 교육과정의 유형

앞에서 기술했듯이 교육과정의 의미는 학자, 시대, 장소 등에 따라서 다양하게 정의되고 있다. 따라서 교육과정의 유형도 다양하게 분류될 수 있다. 교육과정의 유형을 분류하기 위해서는 분류의 기준을 교육과정의 내용에 두느냐, 아니면 형식에 두느냐에 따라서 달라질 수 있다.

여기서는 교육과정의 유형을 교과중심 교육과정, 경험중심 교육과정, 학문중심 교육과정, 그리고 인간중심 교육과정의 분류하여 설명하고자 한다.

1) 교과중심 교육과정

교과중심 교육과정은 가장 오래된 교육과정의 유형이다. 교과중심 교육과정은 지식의 체계를 중시하는 교육과정으로 학교의 지도 아래 학생이 배우는 모든 교과와 교재를 말한다. 따라서 문화유산의 전달이 주된 교육내용이 된다. 교과중심 교육과정은 다음과 같은 특징이 있다.

첫째, 교사중심의 교육과정으로서 교육자는 피교육자보다 많은 지식과 기술을 소유하고 이것을 피교육자에게 전달하는 것이다.

둘째, 문화유산의 체계적인 전달이 주된 교육내용이다. 교과는 문화유산을 체계적이고 논리적으로 정리한 것이다. 따라서 교과중심 교육과정은 문화유산의 전달을 주 내용으로 하고 있다.

셋째, 설명위주의 교수방법을 요구하고 있다. 교과내용에 관한 상세한 설명위주의 교육이다. 따라서 전달자의 전달능력이 요구된다.

넷째, 한정된 교과영역 내에서만 학습활동이 가능하다. 교과중심 교육과정은 교과의 선을 중시하기 때문에 한정된 범위를 이탈하여 타 교과영역의 침범을 꺼려한다.

이와 같은 교과중심 교육과정의 장점은 문화유산이나 지식의 체계적인 전달이 용이하고 객관적인 평가 및 측정이 용이하다. 또한 교과의 가감에 따른 교육과정의 개정이 용이하며 중앙집권적인 통제가 용이하다. 반면에 학생들의 흥미나 욕구, 능력 등이 무시될 수 있으며, 교사의 설명위주의 수업진행으로 한정된 교과영역 안에서만 교육활동이 전개되기 쉽고, 비실용적인 지식이나 언어주의에 빠지기 쉽다. 또한 단편적인 지식의 주입에 치중하거나 수동적인 학습태도를 길러 고등정신 함양이 어렵다. 이와 같은 교과중심 교육과정은 다음과 같은 유형으로 세분할 수 있다.

(1) 분과 교육과정

분과 교육과정은 각 교과의 조직은 다른 교과와 내용이 다르고 교과 선이 엄격하다. 즉, 교과나 과목간의 횡적 체계가 전혀 없이 조직된 교육과정을 말한다. 예를 들면, 국어, 수학, 역사, 지리, 음악 등은 교과마다 독특한 논리적 특성을 가지고 있다.

(2) 상관 교육과정

상관 교육과정은 각 교과목 간에 기본적인 독립성을 유지하면서 두 개 또는 그 이상의 교과목을 적절히 연관시킨 교육과정이다. 역사와 지리, 과학과 수학, 생물과 화학 등에서 교과 간 상호관련성을 갖는다 할 것이다.

(3) 통합(융합) 교육과정

통합 교육과정은 상관교육과정과 광역교육과정의 성격을 함께 지니고 있는 교육과정으로 각 교과의 성질을 유지하면서 그 사이에 내용이나 성질 면에서 다수의 공통요인을 추출하여 교과를 재조직한 것이다. 물리, 화학, 생물, 지학을 합쳐서 과학과목으로 하고, 음악, 미술, 체육을 합쳐서 예체능으로, 식물학과 동물학을 합쳐서 생물학으로 하는 경우가 여기에 해당한다.

(4) 광역 교육과정

전통적 교과목의 엄격한 한계를 해소하고 보다 넓은 영역에서 사실, 원리 등을 조직하려는 교육과정이다. 초등학교에서의 통합교과, 중등에서의 과학, 사회, 역사, 지리, 정치, 사회학, 문화인류학의 성격을 합쳐 사회과로 통합한 경우가 여기에 해당한다.

2) 경험중심 교육과정

경험중심 교육과정은 전통적인 교육과정에 반기를 들어 학생의 흥미, 욕구, 능력에 기초를 두고 자발적 활동에서 생기는 경험의 체계를 중시하는 교육과정이다. 여기서는 학교의 지도하에 학생들이 가지게 되는 모든 경험을 교육과정으로 본다. 경험중심 교육과정에서는 학습자의 흥미와 욕구를 중시하며, 학생의 과외활동을 중시한다. 또 생활인 육성을 목표로 하며 사회변화에 적응할 수 있는 인간을 육성하고자 한다. 또한 자발적 활동을 강조하며 학습자의 전인적 발달을 중시(지·덕·체의 조화로운 발달)하고, 문제해결 능력의 함양을 강조한다. 이밖에도 민주시민으로서 지녀야할 가치의 체득을 강조하며, 학습자의 개인차를 중시한다.

이와 같은 경험중심 교육과정의 유형을 세분하여 생활자체를 교육과정의 기초로 보는 생활영역 교육과정, 지식보다는 생활·흥미·경험을 중시하고 동일경험 내에 속하는 중요한 경험을 학생들이 학습하도록 조직하는 광역 교육과정, 교과·학습에 대한 영역의 구분을 없애고 교육과정의 일방적인 사전계획을 배척하며 학습자의 욕구와 경험을 중시하는 현성(생성)교육과정으로 분류한다. 경험중심 교육과정의 장점은 다음과 같다.

첫째, 학습자의 흥미, 욕구, 필요를 중시하기 때문에 학습자의 자발적 참여가 가능하다.

둘째, 교실 이외의 사회 환경을 학습활동에 활용할 수 있다.

셋째, 참다운 민주시민의 자질을 함양할 수 있다.

넷째, 학교와 지역사회와의 유대를 강화할 수 있다.

한편 경험중심 교육과정은 다음과 같은 단점을 갖고 있다.

첫째, 교육과정의 기본적인 분류가 명확하지 않다. 이 교육과정에서는 아동의 경험과 흥미, 욕구 등을 강조하기 때문에 교과 간의 특성을 명확히 하기가 곤란하다.

둘째, 경험중심 교육과정은 교직에 대한 교양과 지도요령이 미숙한 교사에게는 적절치 못하다. 경험중심 교육과정은 학습자의 흥미나 욕구 등이 중요시되기 때문에 이에 대한 소양이 없이는 지도하기가 어렵다.

셋째, 경험중심 교육과정은 구체적인 사항이나 경험에서 학습하는 학습자의 학습수준에는 유효하지만, 일반적인 경험이나 법칙을 구하는 단계의 학습자에게는 적합하지 않다.

3) 학문중심 교육과정

과학문명의 발달로 인하여 폭발적으로 증가하는 지식, 기술을 모두 가르칠 수 있도록 교육과정을 구성한다는 것은 사실상 불가능하다. 따라서 학문중심 교육과정에서는 각 학문에 내재되어 있는 기본적인 개념이나 원리의 터득을 토대로 하여 지식의 활용범위를 점차 확대하자는 것이다. 그렇게 되기 위해서는 학습자의 성장 발달단계에 맞게 지식을 구조화하여 나선형 교육과정을 구성하고, 탐구과정을 중시하자는 것이다. Bruner(1960)에 의하면 어떤 교과든지 지적으로 올바른 형식으로 표현된다면 어떤 발달단계에 있는 학생에게도 효과적으로 가르칠 수 있다. 학문중심 교육과정의 특징은 지식의 구조화, 나선형 교육과정, 발견학습, 탐구과정 중시로 요약할 수 있다. 이를 구체적으로 살펴보면 다음과 같다.

첫째, 학문중심 교육과정은 '지식의 구조'를 핵심으로 한다. 지식의 구조는 학문의 기본이 되는 개념 또는 아이디어로서 이해하기 쉽고 기억하기 쉬우며, 전이가 높고 적응하기가 쉬운 것을 의미한다.

둘째, 나선형 교육과정이다. 어떠한 교재든지 학습자의 사고방식에 맞게 그들이 이해할 수 있는 언어와 자료를 사용하여 지도하면 어떠한 교육내용도 이해할 수 있다는 것이다. 즉, 학습자의 발달단계에 맞게 적절히 지도한다면 어떠한 교재도 소화해 낼 수 있다는 것이다. 학습자의 발달단계에 따라서 깊이와 넓이가 달라질 뿐이지 그 핵심적인 개념이나 아이디어가 달라지는 것은 아니다.

셋째, 탐구과정을 중시한다. 학문중심 교육과정에서는 교과에 내재해 있는 기본

원리, 핵심적인 개념을 교사가 찾아내어 학생들에게 주입하는 것이 아니라, 학습자로 하여금 해당분야의 학자가 하는 것처럼 생각하고, 의심을 품고 연구를 하는 과정에서 스스로 학습방법을 체득함으로써 발견의 기쁨을 맛보게 하여 학습자의 내적 동기를 유발하게 한다.

4) 인간중심 교육과정

1970년대 들어 지식위주의 교육은 교육의 인간화 측면에서 심각한 도전을 받게 되었다. 즉, 지난날은 기계화와 거대한 조직 속에서의 한 부분으로 전락한 결과로 빚어진 비인간화, 인간성의 상실문제에 대해서 심각한 우려를 나타내기 시작하였다. 어떻게 하면 인간이 자신들의 능력을 최대한 발휘하면서 인간답게 생(生)을 영위할 수 있을 것인가에 대해서 고민하기 시작하였다. 그 결과 교육에서의 인간화 문제를 생각하게 되었다. 즉, 자아를 실현하며 사회발전에 기여하는 인간중심의 교육을 강조하기 시작한 것이다. 인간중심 교육은 개개인의 학습자로 하여금 그들 자신의 지적·정의적·신체적 요소들을 통합하게 하여 자신들을 사실화하고 자아를 실현할 수 있도록 교육과정을 구성함으로써 전인교육을 꾀하고 있다. 인간중심 교육과정의 기본입장은 교육본질을 중시하며 개인으로 하여금 자아를 실현하게 하는데 있다. 이와 같은 인간중심 교육과정의 특징을 살펴보면 다음과 같다.

첫째, 인간중심 교육과정은 잠재적 교육과정을 중시한다. 학교교육은 학교 당국에 의한 의도적이고 계획적인 교육과정이 있는가 하면, 의도하지 않았거나 계획하지 않았지만 학습자들에게 영향을 미치는 교육과정이 있다. 전자를 공식적인 교육과정 또는 표면적 교육과정이라 하고, 후자를 잠재적 교육과정 또는 숨겨진 교육과정이라고 한다. 표면적 교육과정은 학생들의 지식과 기능습득에 치중하지만 잠재적 교육과정은 학생들의 사회적 발달 그리고 정의적 발달을 도모한다.

둘째, 인간중심 교육과정은 자아실현을 목표로 한다. 인간중심 교육과정은 교육은 인간중심이 우선되어야 함을 강조하고 있다. 아무리 훌륭한 교육목표를 표방하더라도 그것이 인간을 배제한 교육목표라고 한다면 아무 소용이 없다. 따라서 인간중심 교육과정은 교육의 목적을 인간으로 하여금 자아를 개발하는 데 두어야 함을 강조한다. 또한 교육목적을 달성하기 위한 교육방법 역시 개인으로 하여금 자신의 욕구를 실현할 수 있게 하여야 한다는 것이다.

셋째, 인간중심 교육과정은 교육환경의 인간화에 관심을 둔다. 인간중심 교육과정은 교육이 이루어지는 환경 전체는 인간 중심적으로 조성되어야 함을 강조한다. 교육환경을 구성하고 있는 환경을 인적 · 물적 요소들이 모두 교육적이어야 함을 강조한다. 즉 청소년들에게 좋지 않는 영향을 미칠 학교 내외의 유해 환경, 그리고 학교 내에서 벌어지고 있는 각종 규제, 체벌, 강요 등은 인간중심 교육에 악영향을 미치는 것으로 보고 있다.

3. 우리나라의 교육과정

우리나라는 해방 이후 지속적으로 교육과정을 개정하여 왔다. 제1차 교육과정(1954~1963; 교과중심교육과정), 2차 교육과정(1963~1973; 경험 중심 또는 생활중심교육과정), 3차 교육과정(1973~1981; 학문중심교육과정), 4차 교육과정(1981~1987; 통합교과 · 인간중심교육과정), 5차 교육과정(1987~1992; 교육내용의 지역화), 6차 교육과정(1992~1997; 교육과정의 지역화 및 학교중심교육과정), 7차 교육과정(1997~2015; 학생중심교육과정), 2007개정교육과정, 2009개정교육과정, 2011개정교육과정, 2015개정교육과정으로 구분할 수 있다.

전국 초 · 중 · 고등학교에 2018학년도부터 연차적으로 적용될 2015개정교육과정은 창의융합형 인재 양성을 목표로 하고 있다. 2015개정교육과정은 학교교육 전 과정에서 학생들에게 중점적으로 길러주고자 하는 핵심역량을 설정하고, 통합사회 · 통합과학 등 문 · 이과 공통 과목 신설, 연극 · 소프트웨어 교육 등 인문 · 사회 · 과학기술에 대한 기초 소양 교육을 강화하며, 교과별 핵심 개념과 원리를 중심으로 학습내용을 적정화하고, 교실 수업을 교사 중심에서 학생 활동 중심으로 전환하기 위한 교수 · 학습 및 평가 방법을 제시한 점이 가장 큰 특징으로 볼 수 있다. 2015개정 교육과정에 대해서 구체적으로 살펴보면 다음과 같다(교육부 고시 제2015-74호).

1) 추구하는 인간상

우리나라의 교육은 홍익인간의 이념 아래 모든 국민으로 하여금 인격을 도야하고, 자주적 생활 능력과 민주 시민으로서 필요한 자질을 갖추게 함으로써 인간다운 삶을 영위하게 하고, 민주 국가의 발전과 인류 공영의 이상을 실현하는 데에 이바지하게 함을 목적으로 하고 있다. 이러한 교육 이념과 교육 목적을 바탕으로, 이 교육과정이 추구하는 인간상은 다음과 같다.

① 전인적 성장을 바탕으로 자아정체성을 확립하고 자신의 진로와 삶을 개척하는 자주적인 사람
② 기초 능력의 바탕 위에 다양한 발상과 도전으로 새로운 것을 창출하는 창의적인 사람
③ 문화적 소양과 다원적 가치에 대한 이해를 바탕으로 인류 문화를 향유하고 발전시키는 교양 있는 사람
④ 공동체 의식을 가지고 세계와 소통하는 민주 시민으로서 배려와 나눔을 실천하는 더불어 사는 사람

이 교육과정이 추구하는 인간상을 구현하기 위해 교과 교육을 포함한 학교 교육 전 과정을 통해 중점적으로 기르고자 하는 핵심역량은 다음과 같다.

① 자아정체성과 자신감을 가지고 자신의 삶과 진로에 필요한 기초 능력과 자질을 갖추어 자기주도적으로 살아갈 수 있는 자기관리 역량

② 문제를 합리적으로 해결하기 위하여 다양한 영역의 지식과 정보를 처리하고 활용할 수 있는 지식정보처리 역량
③ 폭넓은 기초 지식을 바탕으로 다양한 전문 분야의 지식, 기술, 경험을 융합적으로 활용하여 새로운 것을 창출하는 창의적 사고 역량
④ 인간에 대한 공감적 이해와 문화적 감수성을 바탕으로 삶의 의미와 가치를 발견하고 향유하는 심미적 감성 역량
⑤ 다양한 상황에서 자신의 생각과 감정을 효과적으로 표현하고 다른 사람의 의견을 경청하며 존중하는 의사소통 역량
⑥ 지역·국가·세계 공동체의 구성원에게 요구되는 가치와 태도를 가지고 공동체 발전에 적극적으로 참여하는 공동체 역량

2) 학교급별 교육목표

(1) 초등학교 교육 목표

초등학교 교육은 학생의 일상생활과 학습에 필요한 기본 습관 및 기초 능력을 기르고 바른 인성을 함양하는 데에 중점을 둔다.

① 자신의 소중함을 알고 건강한 생활 습관을 기르며, 풍부한 학습 경험을 통해 자신의 꿈을 키운다.
② 학습과 생활에서 문제를 발견하고 해결하는 기초 능력을 기르고, 이를 새롭게 경험할 수 있는 상상력을 키운다.
③ 다양한 문화 활동을 즐기고 자연과 생활 속에서 아름다움과 행복을 느낄 수 있는 심성을 기른다.
④ 규칙과 질서를 지키고 협동정신을 바탕으로 서로 돕고 배려하는 태도를 기른다.

(2) 중학교 교육 목표

중학교 교육은 초등학교 교육의 성과를 바탕으로, 학생의 일상생활과 학습에 필요한 기본 능력을 기르고 바른 인성 및 민주 시민의 자질을 함양하는 데에 중점을 둔다.

① 심신의 조화로운 발달을 바탕으로 자아존중감을 기르고, 다양한 지식과 경험을 통해 적극적으로 삶의 방향과 진로를 탐색한다.

② 학습과 생활에 필요한 기본 능력 및 문제 해결력을 바탕으로, 도전정신과 창의적 사고력을 기른다.

③ 자신을 둘러싼 세계에서 경험한 내용을 토대로 우리나라와 세계의 다양한 문화를 이해하고 공감하는 태도를 기른다.

④ 공동체 의식을 바탕으로 타인을 존중하고 서로 소통하는 민주 시민의 자질과 태도를 기른다.

(3) 고등학교 교육 목표

고등학교 교육은 중학교 교육의 성과를 바탕으로, 학생의 적성과 소질에 맞게 진로를 개척하며 세계와 소통하는 민주 시민으로서의 자질을 함양하는 데에 중점을 둔다.

① 성숙한 자아의식과 바른 품성을 갖추고, 자신의 진로에 맞는 지식과 기능을 익히며 평생학습의 기본 능력을 기른다.

② 다양한 분야의 지식과 경험을 융합하여 창의적으로 문제를 해결하고, 새로운 상황에 능동적으로 대처하는 능력을 기른다.

③ 인문·사회·과학기술 소양과 다양한 문화에 대한 이해를 바탕으로 새로운 문화 창출에 기여할 수 있는 자질과 태도를 기른다.

④ 국가 공동체에 대한 책임감을 바탕으로 배려와 나눔을 실천하며 세계와 소통하는 민주 시민으로서의 자질과 태도를 기른다.

3) 학교 급별 교육과정 편성 · 운영 기준

(1) 기본 사항

① 초등학교 1학년부터 중학교 3학년까지의 공통 교육과정과 고등학교 1학년부터 3학년까지의 선택 중심 교육과정으로 편성 · 운영한다.

② 학년 간 상호 연계와 협력을 통해 학교 교육과정을 유연하게 편성 · 운영할 수 있도록 학년군을 설정한다.

③ 공통 교육과정의 교과는 교육 목적상의 근접성, 학문 탐구 대상 또는 방법상의 인접성, 생활양식에서의 연관성 등을 고려하여 교과군으로 재분류한다.

④ 선택 중심 교육과정에서는 학생들의 기초 영역 학습을 강화하고 진로 및 적성에 맞는 학습이 가능하도록 4개의 교과 영역으로 구분하고 교과(군)별 필수 이수 단위를 제시한다. 특성화 고등학교와 산업수요 맞춤형 고등학교는 보통 교과의 4개 교과 영역과 전문 교과로 구분하고 필수 이수 단위를 제시한다.

⑤ 고등학교 교과는 보통 교과와 전문 교과로 구분하며, 학생들의 기초 소양함양과 기본 학력을 보장하기 위하여 보통 교과에 공통 과목을 개설하여 모든 학생이 이수하도록 한다.

⑥ 학습 부담을 적정화하고 의미 있는 학습 활동이 이루어질 수 있도록 학기당 이수 교과목 수를 조정하여 집중이수를 실시할 수 있다.

4) 초 · 중 · 고등학교 시간배당기준

■ **초등학교**

(1) 편제

① 초등학교 교육과정은 교과(군)와 창의적 체험활동으로 편성한다.

② 교과(군)는 국어, 사회/도덕, 수학, 과학/실과, 체육, 예술(음악/미술), 영어로

한다. 다만, 1, 2학년의 교과는 국어, 수학, 바른 생활, 슬기로운 생활, 즐거운 생활로 한다.

③ 창의적 체험활동은 자율 활동, 동아리 활동, 봉사 활동, 진로 활동으로 한다. 다만, 1, 2학년은 체험 활동 중심의 '안전한 생활'을 포함하여 편성·운영한다.

(2) 시간 배당 기준

<table>
<tr><th colspan="2">구 분</th><th>1~2학년</th><th>3~4학년</th><th>5~6학년</th></tr>
<tr><td rowspan="8">교과(군)</td><td>국어</td><td rowspan="2">국어 448</td><td>408</td><td>408</td></tr>
<tr><td>사회/도덕</td><td>272</td><td>272</td></tr>
<tr><td>수학</td><td>수학 256</td><td>272</td><td>272</td></tr>
<tr><td>과학/실과</td><td>바른 생활 128</td><td>204</td><td>340</td></tr>
<tr><td>체육</td><td>슬기로운 생활 192</td><td>204</td><td>204</td></tr>
<tr><td>예술(음악/미술)</td><td rowspan="2">즐거운 생활 384</td><td>272</td><td>272</td></tr>
<tr><td>영어</td><td>136</td><td>204</td></tr>
<tr><td>소계</td><td>1,408</td><td>1,768</td><td>1,972</td></tr>
<tr><td colspan="2">창의적 체험활동</td><td>336
안전한 생활 (64)</td><td>204</td><td>204</td></tr>
<tr><td colspan="2">학년군별 총 수업시간 수</td><td>1,744</td><td>1,972</td><td>2,176</td></tr>
</table>

① 이 표에서 1시간 수업은 40분을 원칙으로 하되, 기후 및 계절, 학생의 발달 정도, 학습 내용의 성격, 학교실정 등을 고려하여 탄력적으로 편성·운영할 수 있다.

② 학년군 및 교과(군)별 시간 배당은 연간 34주를 기준으로 한 2년간의 기준 수업 시수를 나타낸 것이다.

③ 학년군별 총 수업 시간 수는 최소 수업 시수를 나타낸 것이다.

④ 실과의 수업 시간은 5~6학년 과학/실과의 수업 시수에만 포함된 것이다.

▣ 중학교

(1) 편제

① 중학교 교육과정은 교과(군)와 창의적 체험활동으로 편성한다.

② 교과(군)는 국어, 사회(역사 포함)/도덕, 수학, 과학/기술・가정/정보, 체육, 예술(음악/미술), 영어, 선택으로 한다.

③ 선택 교과는 한문, 환경, 생활 외국어(독일어, 프랑스어, 스페인어, 중국어, 일본어, 러시아어, 아랍어, 베트남어), 보건, 진로와 직업 등의 과목으로 한다.

④ 창의적 체험활동은 자율 활동, 동아리 활동, 봉사 활동, 진로 활동으로 한다.

(2) 시간배당기준

구 분		1~3학년
교과(군)	국어	442
	사회(역사 포함)/도덕	510
	수학	374
	과학/기술・가정/정보	680
	체육	272
	예술(음악/미술)	272
	영어	340
	선택	170
	소계	3,060
창의적 체험활동		306
총 수업시간 수		3,366

① 이 표에서 1시간 수업은 45분을 원칙으로 하되, 기후 및 계절, 학생의 발달 정도, 학습 내용의 성격, 학교실정 등을 고려하여 탄력적으로 편성・운영할 수 있다.

② 학년군 및 교과(군)별 시간 배당은 연간 34주를 기준으로 한 3년간의 기준 수

업 시수를 나타낸 것이다.

③ 총 수업 시간 수는 3년간의 최소 수업 시수를 나타낸 것이다.

④ 정보 과목은 34시간을 기준으로 편성・운영한다.

■ 고등학교

(1) 편제

① 고등학교 교육과정은 교과(군)와 창의적 체험활동으로 편성한다.

② 교과는 보통 교과와 전문 교과로 한다.

㉠ 보통 교과

- 보통 교과의 영역은 기초, 탐구, 체육・예술, 생활・교양으로 구성하며, 교과(군)는 국어, 수학, 영어, 한국사, 사회(역사/도덕 포함), 과학, 체육, 예술, 기술・가정/제2외국어/한문/교양으로 한다.
- 보통 교과는 공통 과목과 선택 과목으로 구분한다. 공통 과목은 국어, 수학, 영어, 한국사, 통합사회, 통합과학(과학탐구실험 포함)으로 하며, 선택 과목은 일반 선택 과목과 진로 선택 과목으로 구분한다.

㉡ 전문 교과

- 전문 교과는 전문 교과Ⅰ과 전문 교과Ⅱ로 구분한다.
- 전문 교과Ⅰ은 과학, 체육, 예술, 외국어, 국제 계열에 관한 과목으로 한다.
- 전문 교과Ⅱ는 국가직무능력표준에 따라 경영・금융, 보건・복지, 디자인・문화콘텐츠, 미용・관광・레저, 음식 조리, 건설, 기계, 재료, 화학 공업, 섬유・의류, 전기・전자, 정보・통신, 식품 가공, 인쇄・출판・공예, 환경・안전, 농림・수산해양, 선박 운항 등에 관한 과목으로 한다. 전문 교과Ⅱ의 과목은 전문 공통 과목, 기초 과목, 실무 과목으로 구분한다.

③ 창의적 체험활동은 자율 활동, 동아리 활동, 봉사 활동, 진로 활동으로 한다.

(2) 시간배당기준

일반 고등학교(자율 고등학교 포함)와 특수 목적 고등학교(산업수요 맞춤형 고등학교 제외)

	교과 영역	교과(군)	공통 과목(단위)	필수이수단위	자율편성단위
교과(군)	기초	국어	국어(8)	10	학생의 적성과 진로를 고려하여 편성
		수학	수학(8)	10	
		영어	영어(8)	10	
		한국사	한국사(6)	6	
	탐구	사회 (역사/도덕 포함)	통합사회(8)	10	
		과학	통합과학(8) 과학탐구실험(2)	12	
	체육·예술	체육		10	
		예술		10	
	생활·교양	기술·가정/제2외국어/한문/교양		16	
	소계			94	86
창의적 체험활동				24(408시간)	
총 이수단위				204	

① 1단위는 50분을 기준으로 하여 17회를 이수하는 수업량이다. ② 1시간의 수업은 50분을 원칙으로 하되, 기후 및 계절, 학생의 발달 정도, 학습 내용의 성격, 학교 실정 등을 고려하여 탄력적으로 편성·운영할 수 있다. ③ 공통 과목은 2단위 범위 내에서 감하여 편성·운영할 수 있다. 단, 한국사는 6단위 이상 이수하되 2개 학기 이상 편성하도록 한다. ④ 과학탐구실험은 이수 단위 증감 없이 편성·운영하는 것을 원칙으로 하되, 과학 계열, 체육 계열, 예술계열 고등학교의 경우 학교 실정에 따라 탄력적으로 운영할 수 있다. ⑤ 필수 이수 단위의 단위 수는 해당 교과(군)의 '최소 이수 단위'로 공통 과목 단위 수를 포함한다. 특수목

적 고등학교와 자율형 사립 고등학교의 경우 예술 교과(군)는 5단위 이상, 생활·교양 영역은 12단위이상 이수할 것을 권장한다. ⑥ 기초 교과 영역 이수 단위 총합은 교과 총 이수 단위의 50%를 초과하지 않도록 한다. ⑦ 창의적 체험활동의 단위는 최소 이수 단위이며 괄호 안의 숫자는 이수 단위를 이수 시간 수로 환산한 것이다. ⑧ 총 이수 단위 수는 고등학교 3년간 이수해야 할 '최소 이수 단위'를 의미한다.

Chapter 06

실기교육의 계획

1. 교수 · 학습목표

1) 교수 · 학습목표 설정

어떤 일을 할 때에는 반드시 목표가 있기 마련이다. 교수 · 학습에는 교육목표가 있다. 교육목표는 교육의 이념 및 교육 목적을 구체화하여 교수 · 학습의 방향을 제시하고 교육내용 선정의 근거가 되며 학습활동에 정당성을 부여한다. 또한 교육목표는 학습자의 학습결과에 대한 평가의 기준이 된다. 교육목표를 설정할 경우에는 다음과 같은 사항들이 반영되어야 한다.

① 철학적 타당성이 확보되어야 한다. 교육에서의 철학은 교육과정 계획 시에 제기되는 이슈와 문제를 명료화하고, 의사결정의 관점과 절차를 확립하며 교수 · 학습의 방향을 제시한다. 실제 교수 · 학습을 위한 목표설정 시에는 국가의 이념, 올바른 세계관 등이 반영되어야 한다.

② 사회적 타당성이 확보되어야 한다. 교육목표는 사회의 요구, 지역사회의 특성, 일반사회의 가치관 등이 반영되어야 한다.

③ 학생에의 타당성이 확보되어야 한다. 교육목표는 학습자의 필요, 흥미, 성장발달상의 특성 등이 반영되어야 한다.

④ 학과에의 타당성이 확보되어야 한다. 교육목표는 교과전문가의 의견, 교과자체의 지식 등이 반영되어야 한다.

2) 교수 · 학습목표의 기능

교수 · 학습목표란 학습과정 또는 경험을 통하여 학습자들이 달성해야 할 행동의 변화 내지는 도달해야 할 성취기준점이다. 즉, 예정된 교수 · 학습활동을 마쳤을 때 보여주어야 할 행동의 변화로서 도착점 행동을 말한다.

교수 · 학습목표는 다음과 같은 기능을 갖는다.

첫째, 교수·학습의 방향을 제시하고 평가의 준거가 된다.

둘째, 학습자가 성취해야 할 학습의 범위를 설정해 준다.

셋째, 교사가 수업을 전개하는 기본지침을 제공하고 수업과정에서 학습의 절차를 마련해 준다. 그러므로 수업이 진행되기 전에 교사나 학습자는 교수·학습목표를 분명히 설정함과 동시에 인식할 필요가 있다. 교수·학습의 목표는 교사와 학습자 모두가 인지하고 있어야 한다. 교수·학습의 목표를 교사만 알고 있다면 학습자들의 학습동기를 유발하기 어렵다. 따라서 교수·학습의 목표는 교사와 학습자가 동시에 인식할 수 있도록 진술되어야 한다.

3) 교수·학습목표의 분류

교수·학습목표는 그것이 적용되는 대상이나 범위 또는 성질 등에 따라 서로 달리 분류될 수 있다. 예를 들면, 수업목표를 지적인 영역의 확대에 둘 것인지, 혹은 운동기능의 확대에 둘 것인지 등에 따라서 서로 달리 분류될 수 있다. 여기서는 Bloom의 목표분류를 중심으로 설명하고자 한다.

교육을 통해서 기르려고 하는 인간행동의 종류는 무수히 많다. 무수히 많은 행동의 영역을 Bloom 등은 다음과 같은 기준에 의하여 인지적 영역, 정의적 영역, 심동적 영역으로 구분하였다.

(1) 인지적 영역

인지적 영역은 주로 안다는 것과 관련된 기초적인 정신적·지적 과정으로서 복잡성 정도에 따라 지식, 이해, 적용, 분석, 종합, 평가의 영역으로 구분된다.

① 지식(knowledge)

지식이란 이미 학습한 사실, 개념, 원리, 방법, 구조 등을 기억(회상)하는 능력이다. 수업장면에서 지식의 요구는 독립된 정보의 회상을 요구하는 것으로 인지나 재생에 의하여 아이디어나 자료 또는 현상을 기억해 내기를 요구하는 행동이다.

용어 정의하기, 구체적인 사실 기억하기 등이 해당한다. '이 이야기의 주인공은 누구인가?', '고려를 건국한 사람은 누구인가?'와 같은 유형의 질문이 여기에 해당한다.

② 이해(comprehension)

이해는 학습자가 정보들 간의 관계를 알 것을 요구하는 것이다. 즉, 이미 배운 내용에 대해서 의미를 파악하는 능력을 뜻한다. 단순히 자료를 기억하는 수준을 넘어 자료의 의미를 파악하고 해석하고 추론하는 능력이다. 사실과 원리를 이해하기, 언어적 자료를 해석하기, 그래프를 해석하기 등이 여기에 해당한다. '이 이야기 다음에 이어져야 할 내용은 무엇일까?', '다음 표에 제시된 통계 자료를 통해서 알 수 있는 것은?' 등과 같은 질문은 이해력을 알아보기 위한 질문에 해당한다.

③ 적용(application)

적용은 이미 배운 내용, 즉 개념, 규칙, 원리, 이론, 기술, 방법 등을 기초로 하여 새로운 문제사태에 적용할 수 있는 능력을 말한다. 문법에 맞는 문장을 작성하기, 관성의 법칙을 실생활에 적용하기 등이 해당한다. '지도 기호를 이용하여 우리고장의 지도를 그려 보자' 등과 같은 요구 등이 여기에 해당한다.

④ 분석(analysis)

분석은 학습과제의 구조, 조직, 구성요소의 상호관계를 이해하기 위하여 자료를 구성하고 내용을 분석할 수 있는 능력을 말한다. 즉, 어떤 자료를 구성요소나 부분으로 분해하여 부분 간의 관계를 분명히 하고 구성관계, 조직방식 등을 발견할 수 있는 능력을 말한다. 사실과 추론을 구분하기, 원인과 결과를 찾아내기 등이다. '정량·정성 분석기법을 이용하여 이 화학약품이 무엇인지를 알아맞혀 보자', '타당한 상황에서 주인공의 행동모습을 통해서 주인공의 성격을 기술하라' 등이 해당한다.

⑤ 종합(synthesis)

종합은 주어진 요소와 부분을 정리하고 조직하는 능력이다. 즉, 여러 개의 요소나 부분을 결합하여 전체로서의 하나가 되게 할 수 있는 능력을 말한다. 논문작성하기, 가설 설정하기, 분류체계 구성하기 등이다. '우리나라의 경제 활성화 방안을 제시하시오'와 같은 유형이 해당한다.

⑥ 평가(evaluation)

어떤 목적이나 의도를 준거로 하여 내・외적 가치를 판단하는 능력이다. 즉, 일정한 목적이나 소재, 방법의 중요성 등에 따라 그 달성여부를 판단하는 심리적 과정을 말한다. 자료의 논리적 일관성 판단하기, 계산의 정확성 검증하기 등이다. '심청전을 읽고 현대적 관점에서 심청의 행동을 비판하라.', ' ~과 ~을 비교하라' 등과 같은 유형이 여기에 해당한다.

(2) 정의적 영역

정의적인 영역은 감정, 흥미, 태도, 가치신념 등에 관련된 교육목표 영역이다. 내면화의 원칙에 따라 다섯 가지의 특성으로 분류된다.

① 감수(awareness)

감수는 특정 현상이나 자극에 대하여 학습자가 기꺼이 받아들이는 심리적 상태를 말한다. 즉, 어떠한 현상이나 자극을 피하려 하지 않고 받아들이며 주의를 기울이게 하는 일이라 할 수 있다. 수업장면에서 학습자가 '~에 관해서 관심을 갖는다.', '~을 생각한다.' 등이다.

② 반응(responding)

어떤 현상이나 자극에 대해서 유의하는 정도를 넘어서 그것에 대하여 어떠한 형태로든 참여하는 상태를 말한다. 이 단계에서 학습자들은 '자진감수'의 단계를 넘어설 정도로 동기화되어 있어서 능동적으로 주의를 기울이고 있다. 즉, '~에 대하여 자신의 생각을 말하거나 글로 쓸 수 있다', '~에 관해 느낀 대로 표정을 지어본다' 등이다.

③ 가치화(valuing)

가치화란 어떤 현상이나 활동에 단순히 관여하고 반응하는 수준을 넘어 그런 현상이나 활동에 대한 개인적 혹은 주관적인 판단이나 선택과정이다. 이 수준에 분류되는 행동은 일관성과 안정성이 충분하여 하나의 신념이나 태도와 같은 것으로 굳어지게 된다. 이 단계의 행동이 보여주는 한 특징은 추종이나 복구를 하려는 욕구에 의해서가 아니라 행동의 밑바탕이 되어 있는 가치에 대한 개인 스스로의 확신에 의해서 동기화되어 있다는 것이다. '~의 의미를 자신의 생각대로 말한다.', '~에 대한 자신의 판단을 설명한다.'

④ 조직화(organization)

서로 다른 가치나 의의를 비교, 관련, 통합하는 객관적인 가치판단의 과정이다. 즉, 여러 가지 가치를 차례로 내면화해 갈 때 복수의 가치가 얽혀 있는 사태에 직면하게 된다. 이 때 여러 가지 가치를 하나의 체계로 조직하고 여러 가치 간의 상호관계를 밝히며 전체를 꿰뚫는 지배적인 가치를 정립하게 된다. 이러한 가치체계는 서서히 형성되며 새로운 가치가 편입됨에 따라서 조금씩 변화해 간다. 가치체계를 정립해 나가는 초기단계를 조직화의 단계라 할 수 있다. '~와 ~를 설명한다.', '~와 ~의 가치를 관련 지워 설명한다.'

⑤ 인격화(characterization)

주관적 그리고 객관적인 가치판단의 단계를 거쳐 비교적 지속적으로 일관성 있게 행동하거나 습관화된 상태를 의미한다.

내면화가 이 수준에 도달하게 되면 개개의 가치는 개인이 갖고 있는 가치위계 속에 흡수되어 일종의 내적으로 일관되는 체계 속으로 조직되게 된다. 그것은 또한 개인의 행동을 일관성 있게 장기적으로 통제하고 어떤 한 가지 방식으로 행동하도록 개인을 내모는 힘을 갖게 된다. '~에 자연스럽게 대처한다.', '~의 예를 든다.'

(3) 심동적 영역

심동적 영역은 신체적 행위를 통한 신체적 능력, 기능 발달과 관련된 영역이다. A. J. Harrow의 분류를 중심으로 소개하면 다음과 같다.

① 반사동작: 어떤 자극에 대한 반응으로서 개인의 의지와 관계없이 나타나는 동작이다.

② 기본동작: 반사적 동작과 반사적 동작의 결합에 의하여 형성되는 동작유형이며 복잡한 숙련 동작을 위한 기초가 된다. 잡기, 서기, 걷기와 같은 운동이 여기에 해당된다.

③ 지각능력: 반사동작과 기본동작을 전제로 하여 학습자가 자기의 환경에 적응하는 능력이다.

④ 신체적 능력: 고도로 숙련된 동작의 발달에 필수적인 능력이다. 장거리 경주, 역기, 레슬링 등이 여기에 해당한다.

⑤ 숙련 동작: 선천적 동작유형에 기초를 둔 복잡한 동작과제를 수행할 때의 효율성 정도를 나타낸다. 즉, 동작에 능률성, 통합성이 포함된 능력으로서 레크리에이션 동작이 여기에 해당한다.

⑥ 동작적 의사소통: 안면 표현에서 세련된 안무에 이르기까지 신체적인 동작을 통한 감정, 흥미, 의사, 욕구를 표현하는 활동이다. 여기에는 창작운동기능이 해당한다.

4) 교수 · 학습목표의 진술

교수 · 학습지도 과정에서 학습자나 교사가 공통으로 인식해야 할 사항이 교수 · 학습목표이다. 이 교수 · 학습목표는 단위 시간의 수업이 끝났을 때 나타나야 할 행동의 변화로서 학습자의 성취수준을 평가할 수 있는 기준이 된다. 따라서 교수 · 학습목표에는 단위 시간의 활동을 통해서 이루어져야 할 학습내용을 포괄적이면서 함축적으로 진술하여야 하고, 학습이 진행되어야 할 방향을 명확히 제시할 수 있어야 한다. 그래야만 학습자들이 무엇을, 어떻게 해결해야 할 것인가를 이해하게 된다. 이러한 교수・학습목표의 진술에 대하여 반대의 의견을 제시하는 학자들도 있다. 교수・학습목표를 너무 세부적으로 진술하다 보면 학습의 범위를 한정하게 된다는 주장이다. 그러나 교과 목표를 비롯하여 단원 목표, 수업 목표 등을 제시함으로써 학습내용과 학습효과를 구체적으로 확인할 수 있다.

교수・학습목표의 진술은 학습자가 무엇을, 어떤 상황에서, 어떻게, 어느 정도 할 수 있는지를 명시해 주는 행동목표로 진술하는 것이 바람직하다. 이와 같은 사항들에 입각하여 교수・학습목표 진술의 일반적인 기준을 제시하면 다음과 같다.

① 구체성: 교육목표는 구체적이고 명확한 행동적인 용어로 진술되어야 한다. 교육목표는 누구나 쉽게 학습에 임할 수 있도록 명료하게 진술되어야 한다. 또한 관찰이 가능하도록 가시적이며 행동적인 용어로 진술되어야 한다.

② 포괄성: 교육목표는 넓은 행동 특성의 변화를 충분히 포함할 수 있어야 한다. 교육목표는 학교교육을 통해서 지적・신체적・정서적・사회적 측면의 발달을 도모하는 것이어야 한다. 즉, 통합된 전인 발달을 추구하여야 한다.

③ 주체에의 내면화: 교육목표는 모든 교직원들의 교육행위 속에 내면화되어야 한다.

④ 가변성: 교육목표는 그 타당성이 항상 비판되고 필요에 따라 언제나 변경할 수 있어야 한다. 사회변동에 따라 학생들의 욕구, 흥미 등이 달라질 수 있음을 감안하여 언제나 변경이 가능하여야 한다.

⑤ 일관성: 진술된 교육목표 속에는 철학적인 일관성이 유지되어야 한다. 교육목표의 진술은 목표 간에 상호모순이 없어야 한다. 즉, 교과목표와 교사가 추구하는 목표간에는 일관성이 유지되어야 한다.

⑥ 실현가능성: 교육목표는 교육활동을 통하여 실현이 가능해야 한다. 교육목표는 학습자의 발달단계, 학교의 상황, 지역사회여건, 학습환경 등을 고려하여, 달성 가능한 목표를 설정하여야 한다.

이와 같은 교수·학습목표 진술의 기준을 토대로 Mager와 Gronlund가 제시한 교수·학습목표 진술방식을 설명하고자 한다.

(1) Mager의 교수·학습목표 진술양식

Mager는 교수·학습목표를 행동용어로 진술함에 있어서 성취수준, 조건, 도달기준의 3가지 요소가 포함되어야 한다고 했다.

① 성취수준은 학습자가 목표를 달성했다는 증거로 받아들일 수 있는 행동의 종류로 명시해야 한다. 즉, 학습의 결과를 관찰할 수 있고 측정할 수 있는 용어로 진술되어야 한다. 예를 들면, '~에 대하여 안다', '~을 이해한다.'로 진술하는 것보다는 '~을 할 수 있다'로 진술하여야 한다는 것이다. '~안다'와 같은 진술은 구체적으로 표면화되지 않기 때문에 학습자가 내면적으로는 알고 있을지 모르지만 제 3자가 이것을 객관적으로 판단하기란 어렵다. 예를 들면, '일기도를 보고 태풍의 진로를 안다' 보다는 '일기도를 보고 태풍의 진로를 예상할 수 있다'로 진술하는 것이 훨씬 더 분명하게 그리고 구체적으로 학습의 결과를 확인할 수 있다.

② 조건은 학습자에게 바라는 행동이 일어나리라고 기대되는 환경이다. 즉, 사용될 장비나 재료, 그 행동을 관찰할 수 있는 장소나 시간, 학생에게 주어진 정보 등이 제시되어야 한다. 예를 들면 다음과 같다.

- 다음과 같은 종류의 문제가 주어질 때
- 제시된 그림(자료)을 보고
- 세 사람이 짝을 지어서
- 집단 토의를 통하여
- 일기도를 보고

③ 도달기준은 수락기준이라고도 하는데, 교수·학습목표를 완벽하게 달성한다는 것은 어려운 일이다. 교수·학습목표를 완벽하게 달성하는 것이 이상적이지만 실질적으로 이것은 어려운 일이기 때문에 최소한의 기준을 설정하여

거기에 도달하면 성취한 것으로 간주한다는 것이다. 도달기준의 진술은 대개 '~이내에', '~까지', '~중에서', '~을' 등의 형식을 띤다. 예를 들면, '주어진 이차 방정식 문제를 해결할 수 있다'라고 하면 너무 애매한 표현이 됨과 동시에 성취수준이 평가자의 기분에 좌우될 수 있다. 그래서 이것을 '주어진 10문제 중 8문제를 5분 이내에 해결할 수 있다'고 진술하면 달성기준과 시간 기준을 동시에 진술한 것이 된다. 이와 같이 달성기준은 설정된 목표에 따라서 정밀성, 최소 정답 수, 허용오차, 우수성, 행동의 특성 등이 규정되어야 한다.

위와 같은 세 가지 조건을 충족시킨 Mager의 교수·학습목표 진술방식을 종합적으로 제시하면 다음과 같다.

- 행동목표는 동사로 끝을 맺어야 한다.
- 행동목표는 교사의 성취보다 학생의 관점에서 진술되어야 한다. 즉 '~을 알게 한다.' 가 아니라 '~을 알 수 있다', '~을 할 수 있다', '~을 말할 수 있다' 등으로 진술되어야 한다.
- 행동목표는 학습 과정보다 학습결과의 관점에서 진술되어야 한다.
- 행동목표는 적절한 한 개의 목표만 진술되어야 한다.
- 각 행동목표는 개조식으로 진술되어야 한다.

교수·학습목표는 단위 시간에 도달할 수 있는 성취행동명으로 진술하면서 구체적이어야 한다. 예를 들면, '한국문학과 영국문학의 차이점을 알고, 우리 문학의 우수성을 말한다.'보다는 ① '한국과 영문학의 차이점을 말할 수 있다.' ② '우리문학의 우수성을 말할 수 있다.' 등으로 진술하는 것이 바람직하다.

이상과 같은 Mager의 진술방식에 의한 수업목표를 예시하면 다음과 같다.

- 일기도를 보고(조건) 태풍의(기준) 진로를 예상할 수 있다(성취).
- 우리나라의 공업지도를 보고(조건) 공업도시가 갖추어야 할 조건을(기준) 말할 수 있다(성취).

(2) Gronlund의 교수 · 학습목표 진술

Gronlund에 따르면 교수 · 학습목표를 수립함에 있어서는 두 단계를 거치는 것이 바람직하다. 즉, 교수 · 학습목표를 진술함에 있어서 일반목표를 포괄적으로 진술한 다음, 이 일반목표를 구체화할 수 있는 구체적인 목표를 진술해야 한다. 여기서 구체적인 목표는 일반목표를 상징할 수 있는 행동결과로서 평가의 기초가 된다. Gronlund 방식에 의한 수업목표 진술의 예를 들면 다음과 같다(Gronlund, 1973).

- 일반목표: Ⅰ단원에 속해 있는 기본 용어들의 의미를 안다.
- 구체적인 목표: Ⅰ-1 용어의 정의를 쓴다.
  Ⅰ-2 용어의 제 2의 의미 가운데 하나를 말한다.
  Ⅰ-3 뜻이 비슷한 용어들을 구별한다.
  Ⅰ-4 용어의 동의어를 한 개 찾아낸다.
  Ⅰ-5 용어의 반의어를 한 개 찾아낸다.
  Ⅰ-6 개념의 묘사에 용어를 맞춘다.
  Ⅰ-7 문장에 활용될 때 그 용어의 뜻을 찾아낸다.

위의 예에서 보다시피 Gronlund의 교수 · 학습목표 진술은 '~을 할 수 있다", "~에 대한 능력을 갖는다.' 등과 같이 진술하는 것이 아니고 '이해한다.', '인식한다.', '해석한다.', '감상한다.' 등의 동사형으로 진술한다. 이와 같은 진술방식은 일반적인 용어의 뜻을 보다 구체적이고 명확하게 진술하게 된다.

2. 교육내용의 선정

교육목표를 달성하기 위한 수단으로 교육내용을 선정하게 된다. 교육내용은 교육목적 달성을 위한 수단으로서 설정된 교육목표를 달성하기 위하여 학습자에게 학습시켜야 할 내용이다. 따라서 교육과정의 운영에 있어서 교육내용의 선정은 매우 중요한 위치를 차지한다. 왜냐하면, 학교에서 학생들에게 '무엇을 가르쳐야 할 것인가?'를 결정해야 하기 때문이다.

1) 교육내용의 의미

무엇을 가르칠 것인가는 교육내용을 보는 입장에 따라서 다를 수 있다. 그것은 곧 교과내용으로 보는 입장과 학습경험으로 보는 입장으로 구분할 수 있다. 교육내용을 교과내용으로 보는 입장은 교육의 목표를 체계적이고 조직적인 지식, 기능, 가치 등을 전달하는 것으로 보는 데 비해, 학습경험으로 보는 입장은 교육의 목표를 개인의 자발적인 참여 하에 이루어지는 경험을 중시하고, 개인의 자질이나 소질 등의 개발과 사고력, 기능, 태도 등을 중시한다.

(1) 교과내용으로 보는 입장

교육내용을 교과내용으로 보는 입장은 교육의 내용을 인류가 만들어 놓은 문화유산을 영역별로 체계화하여 조직화한 지식이나 기능, 태도 등임을 강조한다. 이 입장은 교과의 학습을 통해서 교육목적을 달성할 수 있다고 보는 입장으로서 학교에서 가르쳐야 할 내용을 교과나 교재의 형태로 조직화하고 체계화하고 있다. 이러한 입장은 의도적인 교육이 시작된 이래 학교교육의 주 핵심이 되어 왔다. 그러나 이러한 입장은 체계화된 문화내용을 학생들에게 주입시키는 데만 관심을 두어 결과적으로 단편적인 지식의 전수에 급급하다는 비판을 받는다.

(2) 학습경험으로 보는 입장

교육내용을 학습경험으로 보는 입장은 교육내용을 교과나 체계화된 지식으로 보지 않고, 학습자가 특정의 문제를 해결하는 과정이나 경험으로 본다. 문제해결을 위한 학습자의 자발적이고 적극적인 목표추구 과정에서 요구되는 사고력, 기능, 태도 등이 중시된다. 따라서 학습자가 무엇을 얼마나 알고 있느냐 보다는 어떻게 생각하고, 느낄 수 있는가를 중요하게 생각한다. 이 입장은 경험을 통하여 특정지식을 획득하며, 지식활용을 통한 문제해결에 역점을 둠으로써 학생의 생활 장면에서 일어나는 문제해결에 치중한다. 이로 인해 체계적인 학습이 불충분하고, 주요개념이나 원리에 대한 이해가 부족하기 때문에 실질적인 탐구능력 배양이 어렵다는 비판을 받는다(구병두 외, 2007).

이상에서 교육내용을 교과내용으로 보는 입장과 학습경험으로 보는 입장으로 구분하여 간단히 살펴보았다. 그러나 이 양자를 서로 분리해서 생각하기는 어렵고 이들의 입장은 상호 보완관계에 있다 할 수 있다. 체계화된 문화유산은 학습자가 특정의 문제 해결을 위한 아이디어를 제공하는 원천이 될 수 있기 때문이다.

2) 교육내용 선정의 원리

앞서 밝힌 대로 학습경험을 교과내용으로 보는 입장과 학습경험으로 보는 입장이 있다. 그러나 이들의 입장은 실제 교육현장에서 명확히 구별되는 것이 아니고 상호 통합적으로 활용된다. 여기서는 바람직한 교육내용 선정을 위한 몇 가지 원리를 제시하고자 한다.

(1) 기회의 원리

기회의 원리는 교육목표를 달성하기 위해 학습자에게 직접 경험할 수 있는 기회가 주어져야 한다는 것이다. 실제 수업장면에서 학습자에게 직접 경험할 수 있는 기회를 제공하지 않는다면 그 수업은 사실상 학습자가 수업에 참여하지 않는 교사 단독으로 행하는 수업이라 할 수 있다. 학습자가 수업에 참여하지 않고 교사의 일방적인 설명이나 해설을 무비판적으로 수용하기만 한다면 학습자의 비판적인 사고력이나 창의성을 신장시킬 수 없다.

(2) 만족의 원리

만족의 원리는 수업목표를 달성하기 위한 학습경험을 거치는 과정이나 학습을 마친 후에 학습자가 만족할 수 있어야 한다는 것이다. 따라서 학습자에게 학습경험을 제공하기 전에 학습자의 필요, 욕구, 동기 등을 고려하여야 한다.

(3) 가능성의 원리

가능성의 원리는 교육내용을 선정할 때 학습자의 학습능력을 고려해야 한다는 것이다. 즉, 학습자에게 제공되는 학습경험이 학습자의 발달 수준, 현재의 능력 등에 비추어 충분히 해결할 수 있는 것이어야 한다. 물론 모든 학습경험을 현재의 능력에 맞는 것만을 제공할 수는 없다. 어느 정도의 곤란도가 있는 것이어야만 도전의식을 가질 수 있고, 그것을 해결하고 난 후의 만족감과 성취감을 맛볼 수 있기 때문이다.

(4) 일 목표 다 경험의 원리

이것은 한 가지 목표를 달성하기 위해서는 다양한 경험을 할 수 있는 것이어야 한다는 것이다. 학습자가 달성해야 할 목표들을 모두 수립한다는 것은 불가능할지도 모른다. 따라서 목표를 달성하기 위한 학습문제를 해결하는 과정에서 의도하지 않았던 다양한 경험들을 하게 함으로써 문제해결력과 창의성을 배양할 수 있다.

(5) 일 경험 다 성과의 원리

이 원리는 비록 한 가지의 학습경험을 할지라도 그 경험으로 인해 여러 가지 목표를 동시에 달성할 수 있어야 한다는 것이다. 물론 한 가지 경험을 통해서 얻는 성과가 여러 가지일지라도 그 성과는 학습에 긍정적이고 바람직한 것이어야 한다. 따라서 학습계획을 수립할 때에 부정적이고 바람직스럽지 못한 성과가 예상될 때는 이에 대한 대응책이 강구되어야 한다.

3. 교육내용의 조직

지금까지는 교육내용의 의미와 교육내용 선정의 일반적인 원리 등을 살펴보았다. 교육내용의 선정은 선정 그것으로 종료되는 것이 아니다. 선정된 교육내용을 언제, 어떻게 가르치거나 경험하게 할 것인가에 대한 기준의 설정은 매우 중요하다. 교수・학습 내용의 조직은 교육목표를 달성하기 위하여 교수・학습 내용의 구성요소를 효과적으로 배치하는 것을 말한다. 즉 어떠한 기준에 의해서 배열할 것인가는 학습자의 학습동기를 유발하는 데 중요한 역할을 하게 된다. 여기서는 교수・내용을 조직하는 데 필요한 기준을 제시하고자 한다.

1) 계열성의 원리

계열성의 원리는 교수・학습 내용을 경험하게 하는 순서를 말하는 것으로서 종적인 연결 관계를 나타내는 것이다. 즉, 어떤 내용을 먼저 지도하고, 어떤 내용을 나중에 가르칠 것인가를 결정하는 순서이다. 가르치는 순서는 학교 급, 학년, 학기, 월・주・차시별로 결정된다. 교육내용의 계열화를 위해서는 ① 학습자의 성숙, ② 학습경험 배경, ③ 정신연령, ④ 흥미, ⑤ 실용성, ⑥ 곤란도 등이 고려되어야 한다. 교수・학습의 과정에서 후행학습은 선행학습을 단순히 반복하는 것이 아니라 선행학습에 비하여 질적인 심화와 양적인 확대를 나타내는 것이어야 한다. 이와 같은 계열화 요인을 고려하여 실제학습 내용의 배열은,

- 단순한 내용에서 복잡한 내용으로,
- 친숙한 내용에서 미 친숙한 내용으로,
- 부분에서 전체로,
- 구체적인 것에서 추상적인 것으로,
- 현재에서 과거로 등의 원칙이 지켜져야 함을 의미한다.

이와 같은 계열성의 개념과 유사하게 Bruner는 '나선형 구조'를 강조하였다. 시간이 계속됨에 따라 동일개념과 원리를 적용한 학습경험이 주어지되, 좀 더 심화되고 확충된 학습경험이 제공되어야 한다는 것이다.

2) 계속성의 원리

계속성의 원리는 학습경험 및 내용의 종적인 배열과 관계되는 것으로서 위에서 설명한 계열성의 원리와 밀접한 관련이 있다. 즉, 학습경험의 종적인 배열에서 동일한 교육내용이나 경험이 계속적으로 반복되게 하는 것을 말한다. 학습내용을 조직함에 있어서 중요한 개념, 원리, 사실 등을 반복 학습하게 함으로써 점진적인 심화학습이 이루어진다. 그러나 이것은 단순한 반복 학습과는 구별된다.

3) 범위의 원리

범위는 특정한 시점에서 학생들이 배우게 될 내용의 폭과 깊이를 가리키는 것으로서 어떤 시점에서 학생들이 배워야 할 내용이 무엇이고, 그것들을 얼마나 깊이 있게 배워야 하는지를 결정한다(김대현 외, 2011). 학습경험의 조직에 있어서 범위의 원리는 학습경험의 폭과 깊이에 해당한다. 즉, 어떠한 내용을 얼마나 깊이 있고 폭넓게 경험하게 할 것인가에 해당한다. 학교 급별, 학년별 교과목 수와 교과별로 경험하게 할 학습의 폭과 깊이 등의 결정은 교육과정 구성에 있어서 중요한 위치를 차지하게 된다.

4) 균형성의 원리

균형성의 원리는 교육과정의 조직에 있어서 종 · 횡 또는 수직적, 수평적 차원의 양면을 균형 있게 반영하여야 한다는 것이다. 그것은 곧 학습자의 개별화 원리가 적용되어 학습자의 능력, 흥미, 요구, 발달과업 등을 고려하여야 한다는 것이다. 학습지도에 있어서 균형성을 확보하기 위해서는 융통성 있는 수업시간 계획이 필요하다. 즉, 모든 교과를 반드시 똑같은 시간을 가르쳐야 할 필요가 없다. 그것은 과목에 따라서 또는 학습 주제나 내용에 따라서 학습량이나 난이도가 다르기 때문에 학습시간 계획을 융통성 있게 조정할 필요가 있다.

5) 통합성의 원리

통합성은 교육내용의 관련성을 바탕으로 이들을 하나의 교과나 과목 또는 단원으로 묶는 것을 말한다(김대현 외, 2011). 또는 수업의 효과를 높이기 위하여 관련 있는 내용들을 동시에 혹은 비슷한 시간대에 배열하는 것을 말한다. 통합성의 원리는 학습경험의 조직에 있어서 횡적인 관계를 중시한다. 즉 학습자들에게 통합된, 통합 조정된 학습경험을 제공함으로써 학습자들은 모순이나 단절됨이 없이 통합된 의미를 발견할 수 있게 된다. 따라서 통합성은 한 영역의 한 가지 능력이나 경험들이 다른 여러 영역들과 어떻게 상호 관련시킬 수 있는지와 관계된다. 다시 말해서 교과와 교과 간, 그리고 경험과 경험들이 단절됨이 없이 상호 연결되어 통합을 이루어야 한다. 이와 같은 통합성의 예를 들면, 생물과에서의 학습이 사회과의 학습에 영향을 미치도록 학습경험을 제공하는 것이다. 현재 시행되고 있는 초등학교 통합 교과운영을 예로 들 수 있다.

4. 교수 · 학습활동의 전개

교수 · 학습활동은 교육활동 중에서 가장 핵심적인 활동이라 할 수 있다. 이 단계에서는 교육내용이 선정되고 조직된 다음에 언제, 어떻게 가르칠 것인가를 정하고 이를 실제로 학생들과 함께 실천하는 단계이다.

1) 교수 · 학습지도 계획

원시시대의 교육은 생활 그 자체가 바로 교육이었다. 자연환경의 변화에 대처할 수 있는 능력을 길러 생명을 유지할 수 있는 방법의 터득이 바로 교육의 결과였던 것이다. 따라서 교육은 부모나 동네 어른들을 비롯한 연장자들의 살아가는 방법을 일방적으로 모방하는 것이었기 때문에 교육활동은 자연히 수시로 이루어질 수밖에 없었다. 자연환경의 변화에 적절히 대처하면서 삶의 방식을 터득하는 것이 바로 교육이었다.

현대교육에서는 일방적인 행동의 모방이 아닌 교사와 학생 간에 지속적이고 계획적인 상호작용을 요구하고 있다. 꼭 필요한 지식, 전이가가 높은 지식을 습득하게 하기 위해서는 보다 세심한 교수 · 학습지도 계획의 수립이 요구된다. 교수 · 학습 지도계획에는 학생들이 도달해야 할 목표와 목표를 성취하기 위하여 어떠한 학습활동을 전개할 것인가 등을 구상하는 단계이다. 즉 교수 · 학습지도 계획이란 수업목표를 학습자들이 효율적으로 성취하기 위하여 교사와 학습자들이 수행하여야 할 제반 활동과 요소를 구상하는 사전계획이라 할 수 있다. 교수 · 학습지도 계획은 목표 달성을 위한 가장 경제적이고 효율적인 계획이다. 이것은 마치 등산가가 산의 정상을 정복하기 위하여 가장 가깝고 안전한 길을 택하고, 가장 경제적인 방법으로 가기 위하여 상세한 계획을 수립하는 것과 같다.

교수 · 학습지도 계획에서는 학습자가 학습해야 할 내용이 학교급별(초 · 중 · 고별), 학교종별(인문계, 자연계 등), 학년별, 과목별, 단원별로 설정되고 교수 · 학습활동을 통해 성취되어야 단위 수업목표가 설정된다. 또한 설정된 목표를 보다 쉽고, 빨리 성취하는 데 필요한 각종 자료와 학생조직, 시간배정, 진행방법 등이 계획되고 목표달성 여부를 확인하기에 적절한 평가도구, 평가 시기, 평가결과의 활용계획 등이 수립된다.

2) 교수 · 학습지도 계획의 전제

학생을 지도함에 있어서 선행되어야 할 것은 학생에 대한 올바른 이해이다. 학생을 지도하는 입장에서는 이들의 특성을 바르게 이해하고 특성에 맞는 다양한 프로그램을 제공함으로써 학습자가 자신의 잠재능력을 최대한 발휘할 수 있게 하여야 한다. 일반적으로 학생에 대한 분석은 다음과 같은 영역에서 이루어진다.

(1) 학생의 신체적 · 사회적 · 교육적 필요분석

학생에 대한 신체적 필요분석은 학생의 체력, 병력, 신체이상 유무 등에 대한 자료를 수집하고 분석하는 작업이다. 학생에 대한 사회적 필요분석은 학생의 교육성취에 대한 가족의 이해와 협조, 학습과제 성취에 대한 앞으로의 전망 등에 대한 분석이다. 학생에 대한 교육적 필요의 분석은 제공되는 학습과제가 교육적으로 필요한 것인가에 대한 분석이다. 즉 학습과제를 해결하기 위해 신체적 · 정신적으로 성숙하였는가? 사회에서 요구하고 있는 내용인가? 교육적으로 적절한가? 등에 관한 것이다. 아무리 이상적인 목표라 할지라도 과제해결을 위한 수단과 방법이 비교육적이라든가, 이를 충분히 수용할 수 있는 신체적 · 정신적 성숙이 이루어지지 않았다면 학습활동 전개에 무리가 따를 수밖에 없다.

(2) 학생의 흥미분석

사람마다 얼굴 모양과 성격이 다르듯이 학생마다 그들이 나타내는 흥미에도 차이가 있다. 따라서 학습 경험을 제공함에 있어서 교사는 학생들이 어느 분야에 흥미를 보이는가를 파악해야 한다. 학생들의 흥미는 관찰, 특별활동지도, 상담활동 등을 통해서 분석할 수 있다. 관찰은 방과 후나 휴식시간, 취미활동, 여가시간 활용 등을 통해서 학생이 주로 어느 분야에 관심을 갖고 있는지를 파악하는 것이다. 특별활동을 통한 분석은 교과활동 이외에 학생이 참여하는 다양한 특별활동 참여도 등을 관찰함으로써 가능하다. 상담활동은 학생들의 직업에 대한 흥미와 진로 등을 파악하기 위하여 학생과 직접 또는 간접 대면을 통해서 가능하다. 즉 장래희망, 그 직업을 원하는 이유 또는 그 직업을 갖기 위해 경험한 것 등을 상담활동을 통해서 파악할 수 있다.

(3) 각종 자료의 분석

학생의 성장·발달에 관한 각종 자료의 활용을 통해서 학생지도를 보다 객관적이고 과학적으로 할 수 있다. 학생지도에 관계되는 각종 자료에는 다음과 같은 것들이 있다.

① 학교생활기록부

학교생활기록부는 학생의 인적사항뿐만 아니라 신체발달 상황, 학습발달 상황, 행동발달 상황, 특별활동 상황 등을 종합적으로 기록해 놓은 장부이다. 교사는 학생의 학교생활기록부의 열람을 통해서 학생에 대한 정보를 종합적으로 파악하여 학생지도에 활용할 수 있다. 그러나 학교생활기록부가 학생에 대한 모든 것을 제공해 줄 수는 없다. 따라서 여기에 근거해서 학생에 대해 성급한 판단을 내리는 것은 삼가 해야 한다.

② 표준화 검사

객관적으로 학생의 지능, 학업성취도 등을 평가할 때 사용하는 검사이다. 일반적으로 표준화된 검사로는 지능검사, 학력검사, 성격검사, 흥미검사, 적성검사 등이 있는데, 이 표준화 검사는 전문적인 연구기관에서 작성한 검사 도구를 활용한다.

③ 직업훈련 자료

직업훈련 자료는 중학교나 고등학교에서 직업전문 교육을 받았거나 실습 경험을 확인함으로써 학생들이 이전에 무엇을 얼마나 경험했는지를 파악하기 위해서이다.

④ 설문지 및 평가표 활용

설문지 및 평가표는 학생들의 흥미나 요구 등에 관한 자료를 직접 수집하려 할 때 활용한다. 교사는 사전에 질문이나 평가항목을 작성하여 학생에게 직접 질문하거나 배부된 질문지나 평가지에 응답하게 하여 학생에 대한 정보를 수집하는 방법이다. 이 방법의 활용에서 유의할 점은 학생들의 응답이 자유스러운 분위기에서 이루어지게 하여야 한다는 것이다.

3) 교수 · 학습지도 계획의 구비조건

흔히 교육의 질은 교사의 질을 넘지 못한다고 한다. 학습지도를 책임지고 있는 교사나 예비교사들은 깊이 되새길 필요가 있다. 교과를 직접 지도하고 있는 교사는 담당교과에 대한 해박한 지식과 지도방법을 알고 있어야 한다. 그리고 담당교과에 대한 전망, 학생들의 특성, 지역사회의 특성 등을 고려한 창의적이고 조직적인 지도계획을 수립하여야 한다. 교수 · 학습지도 계획을 수립할 때에는 다음과 같은 사항들을 고려하여야 한다.

첫째, 교수 · 학습목표 달성을 위한 타당한 계획이어야 한다. 교수 · 학습지도는 의도적인 교육활동으로서 반드시 목표가 있게 마련이다. 따라서 교수 · 학습지도 활동은 유목적적인 활동이어야 한다. 국가차원의 교육목표와 학교 급별, 종별, 학년별, 과목별, 단원별 학습목표가 있다. 학습목표는 이들 목표를 달성할 수 있도록 상호 일관되게 수립되어야 한다.

둘째, 교수 · 학습지도 계획은 실제 교수 · 학습지도에 활용될 수 있어야 한다. 교수 · 학습지도안의 실질적인 활용자는 교사 자신이다. 교수 · 학습지도 계획은 상급 관청의 장학 담당자나 학교장이 수립하는 것은 아니다. 학교장은 교육과정의 편성에 관한 감독과 교육과정의 정상 운영에 관하여 지도 · 감독할 수 있지만, 실질적으로 수업에 참여하여 지도하는 경우는 드물다. 따라서 교수 · 학습지도안은 교사 자신의 판단에 의하여 창의적으로 작성하고, 실질적으로 수업에 도움이 될 수 있도록 작성하여야 한다. 왜냐하면, 지도 대상에 대한 특성은 누구보다도 교사 자신이 정확하게 파악하고 있기 때문이다.

셋째, 교수・학습지도 계획은 관련 변인들 간의 상호작용을 고려한 계획이어야 한다. 교수・학습지도안은 교사 자신의 창의적이고 독창적인 지도계획이어야 하지만 관련 변인들을 무시한 계획이어서는 곤란하다. 즉, 학생의 개성, 능력, 준비성, 욕구, 태도 및 시설, 교재교구의 활용, 환경 등을 고려한 지도계획이어야 한다.

넷째, 교수・학습지도 계획은 시간과 효율성이 고려되어야 한다. 교사들은 단순히 지식만 전달하는 것이 아니다. 학습지도를 비롯하여 생활지도, 진로지도, 여가지도 등 학급 경영자로서 업무, 학교 사무 처리자로서의 업무 등 다양한 업무를 처리하고 있다. 따라서 교수・학습지도안 작성에 너무 많은 시간이 소요되게 하여서는 곤란하다. 또한 일단 작성된 교수・학습지도안은 수업에 효율적으로 적용되어야 한다.

4) 교수・학습지도 계획의 구분

교수・학습지도 계획은 장기계획과 단기계획으로 나눌 수 있다. 장기계획은 연간계획, 월간계획, 단원 지도계획으로 나누고, 단기계획은 주간 계획, 일일계획, 시간계획 등으로 분류할 수 있다.

- 교수・학습지도 계획
  - 장기계획
    - 연간계획
    - 월간계획
    - 단원지도계획
  - 단기계획
    - 주간계획(주안)
    - 일일계획(일안)
    - 시간계획(시안)

(1) 장기계획

장기계획은 가장 간단한 계획으로서 당해 연도의 교수·학습지도 계획이다. 교수·학습지도를 위한 연간계획은 1년간의 계획을 2개 학기로 구분하고 각 월별로 교과지도 계획을 수립한다. 이 때는 구체적인 지도계획보다는 교과서의 단원을 고려하여 월별로 학습지도 내용을 분류하고, 월별 지도 계획을 토대로 다시 주별로, 그리고 일별로 지도계획을 수립하게 된다.

단원지도 계획은 교과의 일반적인 목표를 달성하기 위하여 교과의 단원을 대단원, 중단원, 소단원으로 분류하여 지도계획을 수립하는 것이다. 교과서의 대단원은 다시 몇 개의 중단원으로, 중단원은 몇 개의 소단원으로, 그리고 이 소단원은 몇 시간의 지도단위, 즉 차시별 지도계획으로 세분된다. 실질적인 수업은 이 소단원을 중심으로 진행되기 때문에 결국은 이 소단원의 교수학습 내용의 집합이 대단원의 지도내용이 된다. 따라서 단원지도 계획은 이들 단원들에 대한 지도시간 배정과 지도시기를 결정하는 것이라 할 수 있다. 그런데 보통 한 단원은 단원의 내용에 따라서 지도기간이 2~3개월이 소요되는 경우가 있는가 하면 2~3주간이 소요되는 경우도 있다.

(2) 단기계획

단기계획은 1주일간의 학습지도 계획인 주간계획안, 1일 학습지도 계획인 일안, 그리고 한 시간의 지도 계획인 시안 등으로 구분할 수 있다. 즉, 1주 간의 학습지도 계획과 일일 학습계획, 또는 매시간의 학습지도 계획을 말한다. 주안은 장기계획이나 단원지도계획에 의하여 1주일을 단위로 구체적인 학습지도 계획을 수립하는 것으로서 주당 시간 배당표를 예로 들 수 있다. 일안은 1일 학습지도 계획을 말한다. 주안이 1주일 단위로 계획이 수립되는 데 비하여 일안은 1일을 단위로 수립된다. 예를 들면, 6월 첫째 주의 국어학습은 '주장하는 글' 쓰기가 총 6시간 지도하도록 계획이 세워졌다면 이것은 주안이고, 6월 1주 화요일(6월 2일) 3교시에 배당되어 있는 국어시간에는 주장하는 글의 보기로서 '신문사설'을 읽게 할 계획이 세워졌다면 이것은 일안이라 할 수 있다. 또 다른 예로는 학기 초에 작성된 일과표에 의하면 화요일에는 국어, 영어, 수학, 물리, 화학, 체육 등의 과목을 순서대로 학습하도록 되어있다면 이것은 주안이고, 사정에 의하여 당일 아침에 수업계획을 영어, 수학, 국어, 체육, 화학의 순서로 바뀌었다면 이것은 일안이라 할 수 있다. 시안은 매 시간마다의 학습내용에 따라 효과적인 학습지도방법을 수립하는 것으로서 차시별 지도계획에 따라 진행된다.

5) 교수 · 학습지도안의 작성

교수 · 학습지도안은 교육목적을 효과적으로 달성하기 위하여 단위시간에 전개되는 교사의 교수활동과 학습자의 학습활동을 조직적이고 구체적으로 기술해 놓은 것이다. 즉, 시간별 교수 · 학습지도를 어떻게 전개할 것인지를 구체화한 계획이다. 학습지도안은 보통 약안(略案)과 세안(細案)으로 구분하는데, 약안은 교시별 학습지도 과목과 단원, 수업목표 등을 간략히 기술하는 것이고, 세안은 단위시간의 주제를 비롯하여 단원설정의 배경 등 한 시간 동안 전개될 수업의 과정을 구체화한 것을 말한다. 여기서는 세안의 경우를 설명하고자 한다.

(1) 교수 · 학습지도안의 요건

학습지도는 정형화된 방법이 없다. 학습지도 주제, 학습자의 특성, 학습자료, 학습 환경 등에 따라서 서로 다른 방법을 적용할 수 있기 때문이다. 일반적으로 학습지도안은 어떤 지식이나 사항을 '전달, 수용, 암기'라고 하는 틀에 얽매여 있는 형식적 단계론에서의 지도안과 '조사시키고, 지켜보는' 형태를 띠는, 아동의 활동을 지켜보는 아동중심의 지도안으로 구분할 수 있다. 즉, 교사의 활동이 주가 되어야 한다든가, 반대로 학습자의 자발적인 활동을 절대시하고 교사의 역할은 가능하면 적게 하여야 한다는 두 가지 견해로 나눌 수 있다. 그러나 이상의 두 견해를 초월하여 교사의 지도성과 아동의 활동을 중시하는 지도안, 즉 교사가 호응하고 그것에 호응해서 학습자들이 공감적으로 반응해 나가는 상호 간의 '호응의 드라마'를 연출할 수 있는 지도안이어야 한다(吉本均, 1994). 학습지도안에는 일반적으로 갖추어야 할 기본적인 요건이 있다. 그 요건을 제시하면 다음과 같다.

① 학습목표나 그 시간의 지도 중점이 구체적이고 분명하게 진술되어야 한다.
② 교과, 단원, 본시 주제에 맞는 교수·학습과정을 선택한다.
③ 학습자의 능력과 흥미, 요구 등을 고려해야 한다.
④ 수업의 전개 요령과 유의사항을 명시한다.
⑤ 선행학습과 후행학습 또는 타 교과와의 관련성 등을 고려한다.
⑥ 이용 가능한 자료를 고려한다.
⑦ 학습자의 개인차를 고려한다.
⑧ 학습내용의 난이도에 따라서 적절히 시간을 배정한다.
⑨ 평가방법을 제시한다.

(2) 교수 · 학습지도안의 형식

교수·학습지도안은 일정한 형식이 없다. 학교실정에 맞게 교과별로 또는 학습내용과 지도방법, 학습자의 특성, 교사의 특성 등에 따라서 다양한 형식을 취할 수 있지만 일반적으로 다음과 같은 내용들을 기술한다.

① 단원명

단원은 수업내용의 전체를 말하는 것으로서 대단원, 소단원 혹은 제재, 제목, 문제 등으로 나타내기도 한다. 단원명은 명사형(예 : 봄 동산, 우리나라), 의문형(예 : ~이 생기는 이유는 무엇일까?), 명령형(예 : ~에 대하여 알아보자), 방법형(예 : ~의 이유를 조사하자) 등으로 진술할 수 있다. 그러나 어떤 형태로 진술하든 단원명은 간단명료하면서 그 진술을 통해서 그 시간의 학습내용을 어느 정도 짐작할 수 있어야 한다.

② 단원설정의 이유(취지)

단원설정의 이유는 왜 이 단원을 설정하게 되었는가를 밝히는 것이다. 즉, 이 단원의 학습을 통해서 학습자에게 어떤 변화를 가져올 수 있는가를 밝히는 것이다. 단원설정의 이유를 밝히는 일정한 양식은 없으나 일반적으로 다음과 같은 형태로 진술한다.

첫째, 국가 · 사회적인 측면에서 본 단원의 설정 이유를 밝힌다. 본 단원의 학습을 통해서 국가 · 사회의 요구에 부응하고 국가 · 사회의 발전에 공헌할 수 있다는 내용으로 진술하면 된다.

둘째, 교재의 계열적인 관계를 밝힌다. 이것은 선행학습과 후행학습과의 관계, 즉 교재내용의 종적 · 횡적 관계를 진술한다. 보통 교재관이라고도 한다.

셋째, 학습자의 입장에서 본 단원의 설정 이유를 밝힌다. 본 주제와 학습자의 발달단계, 학습경험, 흥미, 요구 등과의 관계를 밝힌다.

이 밖에도 지역사회의 특성과 본 단원의 설정 이유를 밝힐 수도 있다.

③ 교수 · 학습목표

여기서 말하는 교수 · 학습목표는 보통단원의 목표를 말하는 것으로서 본 단원에 대한 학습이 종료된 이후 기대되는 학습자의 행동을 기술한다. 교수 · 학습목표는 단위 시간 동안에 이루어지는 교사와 학생의 상호작용 관계의 방향을 제시하는 것이다. 교수 · 학습목표는 이해, 태도, 기능 등으로 구분하여 진술할 수 있다. 교수 · 학습지도안을 작성할 때는 그 목표가 뚜렷해야 한다. 목표가 뚜렷한 지도안을 작성하기 위해서는 다음과 같은 사항에 유의해야 한다(杉山正一 · 香川英雄, 1979).

- 학습목표를 분명하게 파악한다.
- 아동의 실태를 파악한다.
- 지도방법을 구상한다.
- 목표달성도를 평가한다.

④ 본 단원의 지도계획(차시별 지도계획)

지도계획은 차시별 지도계획이라고도 하는데, 본 단원을 지도하기 위해서는 몇 시간이 필요하며 시간마다 지도해야 할 내용을 순서대로 밝힌다. 또한 이 단계에서는 차시별로 구비되어야 할 각종자료, 지도상의 유의점 등이 제시된다.

| 예시 | (　　)과 단원 지도계획

단원명					
학습목표					
차시	주제	학습내용	시간	자료	비고
1					
2					
3					

⑤ 본시 지도계획

본시 지도계획은 본 단원의 학습계획에서 설정한 차시별 학습 지도계획을 수립하는 단계이다. 이 본시 지도안에서는 단위시간에 다뤄져야 할 학습주제, 학습목표, 학습내용이 지도단계별(도입, 전개, 정리, 평가, 차시예고)로 제시되어야 하고, 교사의 발문과 예상되는 학습자의 반응, 교사와 학습자 활동, 지도 단계별 시간배당, 학습자료 제시, 지도상의 유의점 등이 구체적으로 기술되어야 한다.

교수·학습지도의 방법에는 일정한 유형이나 양식이 있을 수 없다. 학습 환경을 비롯하여 학습상황에 따라 교수·학습지도의 방법을 다르게 하되 학습지도의 근본원리를 기저로 하여야 한다. 틀에 박힌 학습지도가 아닌 다양성을 추구하는 학습지도가 되기 위해서는 다양한 형태의 교수·학습지도안을 구상할 수 있어야 한다.

학교상황이나 교과목, 학습주제에 따라 교수·학습지도안 양식을 달리할 수 있지만 일반적으로 다음과 같은 양식을 활용한다.

○○과 교수 · 학습지도안

일　　시:　　월　　일　　요일　교시
지도대상: 제　　학년　　반　　명
지도교사:

1. 단원명:
2. 단원설정의 이유:
3. 지도목표:
4. 지도계획

시간배당	학습내용	자 료	시간배당	학습내용	자 료
1차시			4차시		
2차시			5차시		
3차시			6차시		

5. 본시 지도계획
   (1) 본시주제:
   (2) 본시 교수 · 학습목표:
   (3) 본시학습 지도과정

지도단계	지도내용	교수 · 학습활동		시 간	자 료	지도상의 유 의 점
		교 사	학 생			
도 입						
전 개						
정리 및 평 가						
차시예고 및 과제						

| 예시 | 본시 교수 · 학습 과정안

1 본시 교수 · 학습 과정안

<table>
<tr><th>교과</th><td>국어</td><th>지도 일시</th><td>11. 27(목) 5교시</td><th>대상</th><td>1학년 3반</td><th>지도 교사</th><td></td></tr>
<tr><th>단원</th><td colspan="3">7. 다정하게 지내요</td><th>차시</th><td>1//11</td><th>교과서</th><td>국어 188~199쪽</td></tr>
<tr><th>학습 주제</th><td colspan="5">기분을 좋게 하는 말 알기</td><th>수업 모형</th><td>문제 해결 학습 모형</td></tr>
<tr><th>학습 목표</th><td colspan="5">기분을 좋게 하는 말을 알 수 있다.</td><th>준비물</th><td>영상자료, 화이트보드, 마커펜, 지우개</td></tr>
</table>

<table>
<tr><th rowspan="2">학습 단계</th><th rowspan="2">학습 과정</th><th colspan="2">교수·학습 활동</th><th rowspan="2">시간 (분)</th><th rowspan="2">자료(•) 및 유의점(※)</th></tr>
<tr><th>교사</th><th>학생</th></tr>
<tr><td>문제 확인 하기</td><td>동기 유발

학습 문제 파악

학습 활동 안내</td><td colspan="2">○ 동기유발
• ‘MBC 실험 다큐-말의 힘’ 영상 자료를 보면서 말의 힘에 대해 생각해 봅시다.
http://www.youtube.com/watch?v=Lvntfdy9av0
(1분 후부터 4분 20초까지 재생)
• 처음에 똑같았던 밥풀을 이렇게 다르게 만든 것은 무엇일까요?
-기분 좋게 해 주는 말의 힘이라고 생각합니다.
○ 학습 문제 확인하기
[우리의 기분을 좋게 하는 말은?]
○ 학습 활동 안내하기
<활동1> “세상에서 가장 힘이 센 말” 읽기 (초성으로 제시하고 맞추기)
<활동2> 기분을 좋게 하는 말 찾기</td><td>6′</td><td>• ‘MBC 실험 다큐-말의 힘’ 영상자료
※ 두 가지 말 중에서 어느 말을 들었을 때 더 기분 좋은지 생각하고 이야기 해 보도록 한다.</td></tr>
<tr><td>문제 해결 방법 찾기</td><td>동화 책의 기분 좋게 하는 표현 찾기</td><td colspan="2"><활동1> “세상에서 가장 힘이 센 말” 읽기
○ 책 읽고 내용 파악하기
• 선생님이 들려주는 책을 보면서 생각하여 봅시다.
• 제목을 왜 ‘세상에서 가장 힘이 센 말’이라고 했을까요?
• 기분을 좋게 하는 말에는 무엇이 있나요?
-고마워 / 미안해 / 괜찮아 / 힘내 등이 있습니다.
○ 장면별로 내용 파악하기
• 국어책 190~197쪽까지 그림과 글을 보면서 어떤 내용인지 정리하여 봅시다.
-말이 지니고 있는 힘을 생각하면서 책을 살펴본다.</td><td>15′</td><td>※ 책의 그림도 같이 잘 볼 수 있도록 지도한다. <u>그림의 작은 부분이나 글자도 주의깊게 보도록 한다.</u></td></tr>
</table>

<table>
<tr><td></td><td></td><td>-책을 읽고 내용을 정리한다.
○ 기분을 좋게 하는 말 찾기
• 그림 ①~④까지 각각의 장면에 맞는 기분을 좋게 하는 말을 찾아 직접 써 봅시다.
<table><tr><th>장면</th><th>주제</th><th>내용</th></tr><tr><td>①</td><td>고마워</td><td>"고마워"라고 말하면 내가 귀찮거나 힘들었던 것이 다 사라진다.</td></tr><tr><td>②</td><td>미안해</td><td>"미안해"라고 말하면 화난 마음이 풀어진다.</td></tr><tr><td>③</td><td>괜찮아</td><td>"괜찮아"라고 말하면 실수해도 힘이 나고 다음에는 잘할 수 있을 것 같다.</td></tr><tr><td>④</td><td>힘내</td><td>"힘내."라고 말하면 새로운 자신감과 힘이 생긴다.</td></tr></table></td><td></td><td></td></tr>
<tr><td>문제 해결 하기</td><td>일상 생활 에서 기분 좋게 하는 표현 찾기</td><td><활동2> 기분을 좋게 하는 말을 찾기
○ 기분을 좋게 하는 말 쓰기
• 국어책 199쪽의 [3]번의 친구에게 해 주고 싶은 기분을 좋게 하는 말을 모둠 친구들과 의논하여 화이트보드에 써 봅시다.
(일상생활에서 들어보았거나 해 보았던 말 중)
• 모둠별로 친구에게 해 주고 싶은 기분 좋게 하는 말을 발표해 봅시다.
-고마워 / 미안해 / 괜찮아 / 힘내 / 너 멋져 / 행복하세요 등이 있습니다.</td><td>15′</td><td>※ 모둠활동을 하면서 서로의 의견을 존중해 주며 기록한다. 브레인스토밍 기법으로 다양하게 생각하는 기회를 준다.
• 모둠별 보드, 마커펜, 보드용 지우개</td></tr>
<tr><td rowspan="2">정리 하기</td><td>학습 내용 정리</td><td>○ 학습 정리
• 기분을 좋게 하는 말에 대해 배우고 나서의 생각과 느낌을 발표해 봅시다.
• 오늘 들었던 말 중 가장 힘이 센 말은 무엇이라고 생각하나요?
• 가장 듣고 싶은 말 한 가지만 색종이에 써 봅시다.</td><td>4′</td><td>• 색종이(교실에 게시하여 생활에서 사용할 수 있도록 동기 유발 자료로 활용한다.)</td></tr>
<tr><td>차시 예고</td><td>○ 차시 예고
• 차시 예고: 오늘 배운 기분을 좋게 하는 말을 활용해 역할 놀이를 하겠습니다.</td><td></td><td></td></tr>
</table>

2 평가 계획

평가 내용	구분	평가 기준	평가 방법
기분을 좋게 하는 말을 알 수 있는가?	매우 잘함	· 때와 상황에 어울리는 말에 대하여 정확하게 알고, 상대방을 배려하며 기분을 좋게 하는 말을 구체적으로 쓴다.	관찰 평가
	잘함	· 때와 상황에 어울리는 말에 대하여 알고, 상대방을 배려하며 기분을 좋게 하는 말을 쓴다.	
	보통	· 때와 상황에 어울리는 말에 대하여 알고 있으나, 상대방을 배려하며 기분을 좋게 하는 말을 쓰지 못한다.	
	노력 요함	· 때와 상황에 어울리는 말에 대하여 알지 못하고, 상대방을 배려하며 기분을 좋게 하는 말을 쓰지 못한다.	

3 칠판 활용 계획

단원	7. 다정하게 지내요
학습목표	기분을 좋게 하는 말을 알아봅시다
[활동 1] 세상에서 가장 힘이 센 말 읽기 [활동 2] 기분을 좋게 하는 말 찾기	[기분을 좋게 하는 말] 고마워, 미안해, 괜찮아, 힘내, 멋져, 네가 자랑스러워, 네가 최고야, 같이 할까? 넌 할 수 있어, 도와 줄까? 등

Chapter 07

실기교육의 유형

실기지도는 지도해야 할 학생의 능력과 재능, 지역사회 여건, 학교·학급 등의 교육여건, 그리고 교사의 지도능력에 따라서 다양한 방법이 적용될 수 있다. 실기지도 계획을 수립할 때에는 미리 과제에 대한 철저한 분석을 통해서 적절한 지도방법을 모색하여야 한다. 여기서는 실기지도의 기본구조를 알아보고 실기 지도 현장에 적용할 수 있는 다양한 지도방법을 제시하고자 한다.

1. 실기지도의 기본구조

1) 일제 학습

일제학습은 교사의 주도 아래 한 학급의 학생 전체가 동일한 주제를 가지고 동일한 장소에서, 동일한 방법으로 교수·학습활동을 전개하는 형태이다. 일제 학습은 교사가 사전에 치밀한 교수·학습계획을 수립하여 교사 위주로 학습을 전개하기 때문에 짧은 시간에 많은 양의 학습과제를 해결할 수 있다. 그러나 교사의 일방적인 문제제기와 설명, 해석이 전개되는 교사 중심의 수업이기 때문에 자칫 소수의 우수아 중심의 학습이 되거나 학습자의 활동이 수동적인 입장을 띨 수 있고, 주입식 수업이 전개될 수 있다. 교수·학습의 수준 역시 교사의 능력을 벗어날 수 없다.

2) 집단학습

집단학습은 전체 학습자를 다시 몇 개의 소집단으로 나누어서 학습을 전개하는 방식이다. 집단학습은 주어진 과제 해결을 위해서 집단구성원들이 자유롭고 민주적인 분위기에서 학습과제 해결을 위해 상호 협력하는 형태이다. 집단학습에서는 주어진 과제를 공동으로 해결해야 하기 때문에 집단구성원들의 적극적인 참여가 요구된다. 이러한 집단학습을 통해서 자주적이고 민주적인 학습태도를 신장시킬 수 있고, 집단의식과 집단에의 소속감을 갖게 할 수 있다. 집단학습을 하기 위해 교사는 학습과제를 철저히 분석하여 집단구성원의 능력에 맞게 학습과제를 제시하여야 한다. 교사는 집단활동이 소수의 우수학생들 위주로 전개되지 않도록 집단구성원 모두를 학습활동에 참여시키는 것이 중요하다.

3) 개별학습

개별학습이란 교사가 학습자 한 사람 한사람을 개별적으로 지도하는 학습방법이다. 이 개별학습은 교사와 학습자가 1 : 1 관계를 유지하면서 학습자의 능력에 맞게 학습을 전개하는 것이다. 물론 다 인수 학급에서는 교사와 학생이 1 : 1 관계를 지속적으로 유지하기는 어렵다. 그러나 학습속도는 학습자 개인의 능력에 맞게 유지할 수 있기 때문에 교사는 학습자의 능력에 맞는 학습과제를 그때그때 제시할 수 있다. 개인차를 중시하는 개별학습은 학습자의 잠재능력을 조기에 발견하여 적절한 지도를 하는데 유리하다.

2. 강의 및 토의 중심 교수 · 학습

1) 강의법

강의법(lecture method)은 전통적으로 가장 많이 활용되어 온 교수방법이다. 이 방법은 교사가 어떤 사실이나 원리를 일방적으로 설명하거나 해석하는 방법으로서 교사가 선정한 교재와 교육내용 등을 중심으로 교수계획을 수립하고, 학생은 교사의 강의를 듣고 새로운 지식을 습득하게 된다. 따라서 교사의 활동이 주가 되고 학습자는 수동적으로 활동하게 된다. 이 방법은 강화법이라고도 하는데, 교사의 능력에 따라서는 학생들에게 깊은 감명을 줄 수도 있다. 오늘날에도 널리 활용되고 있는 강의법은 다음과 같은 장단점을 갖고 있다.

(1) 강의법의 장점

① 다량의 지식을 짧은 시간에 체계적으로 전달할 수 있다.
② 다수의 학생에게 동시에 전달할 수 있어서 경제적이다.
③ 교사의 언어만으로 모든 내용을 전달할 수 있다.
④ 교재나 참고서에 실려 있지 않은 사실의 전달이나 이해하기 곤란한 사항의 설명에 유리하다.
⑤ 학습자의 흥미를 유발시키고 학습에 대한 동기를 유발시키는 데 좋은 수단이 된다.
⑥ 학습자의 능력이나 학습 환경에 적절히 맞추어 학습을 진행시킬 수 있기 때문에 학습효과를 올리기 쉽다.
⑦ 어떤 사실이나 사건을 생생하게 전개시킬 수 있다.

(2) 강의법의 단점

① 강의법은 교사 중심으로 수업이 진행되기 때문에 자칫 잘못하면 학생들은 수동적으로 지식만을 전달받게 되어 단순 암기활동에 치우쳐 비판력, 사고력, 창의력, 분석력, 문제해결 능력 등과 같은 고등정신능력을 기르기가 어렵다.
② 교사의 일방적인 수업진행으로 인하여 학습자의 개인차를 고려하지 않은 획일적인 일제학습이 되기 쉽다.
③ 교재 위주의 교수이므로 현실과 동떨어진 언어주의에 빠지거나 교사의 능력 밖에 있는 학습내용에 대해서는 소홀히 하기 쉽다.
④ 주의가 산만한 학습자들은 강의를 분석하지 못하거나 강의내용의 요점을 파악하기 힘든 경우가 있다.

⑤ 교사의 능력, 교사의 지식수준에만 의존하기 때문에 교사의 지식이 학습자의 학업성취에 절대적인 영향을 미친다.

(3) 강의법 사용상의 유의점

강의법을 이용한 수업이 무조건 좋지 않다고는 볼 수 없다. 다음과 같은 유의사항을 준수한다면 훌륭한 수업이 될 것이다.

① 수업목표를 분명히 한다.
② 사전에 내용을 철저히 파악하고 강의계획을 치밀하게 세워야 한다.
③ 학습자의 입장에서 학습내용을 알기 쉽게 설명하고 이해시킨다.
④ 구체적인 자료나 도표 등을 제시하고 단순한 것에서부터 복잡한 것에 이르는 단계적인 설명을 한다.
⑤ 강의 중에 사용되는 학술적인 용어는 일일이 설명해줌으로써 학습자들이 내용을 쉽게 파악할 수 있게 한다.
⑥ 강의 중에 중요한 내용은 판서(板書)하여 강조한다.
⑦ 학습자의 능력에 맞게 강의 속도를 조절한다.
⑧ 학습자들에게 생각할 수 있는 여유와 질문할 수 있는 기회를 준다.
⑨ 교사 자신의 음성, 음색, 음감을 조절하여 학습자로 하여금 권태를 느끼지 않도록 해야 한다.

2) 시범

시범(demonstration)은 학습자들에게 새로운 기능이나 성취행동을 분명히 가르치기 위해 교사나 숙련된 자가 직접 행동으로 보여 주거나 각종 시청각 매체를 통해서 학습자들에게 보여 주는 방법이다. 교사가 직접 시범을 보이는 동안 학습자들은 그것을 관찰한다. 교사는 시범을 보이는 동안 그 기능 하나하나에 대한 설명도 같이하게 된다. 따라서 학습자는 정확한 기능을 익히기 위한 기본적인 절차나 모범적인 동작을 익히기가 용이하다. 시범을 보일 때는 다음과 같은 점에 유의해야 한다.

① 어떠한 시범을 보이기 위해서는 교사는 사전에 시범의 목적을 명확히 하여야 한다. 시범의 목적이 무엇이며, 어디서 시작하고 어디서 끝낼 것인지를 알고 있어야 한다.
② 시범에 필요한 각종공구, 실습용구 등을 사전에 준비해 두어야 한다.
③ 시범을 참관하는 학습자들에게는 신체적으로 부자연스러운 일이 없게 하여야 한다.
④ 시범을 참관하는 학습자들은 그 시범의 동작과 설명을 분명하게 보고, 들을 수 있게 하여야 한다.
⑤ 시범 중에는 학습자들이 시범자에게 열중하도록 해야 한다.
⑥ 시범을 시작하기 전에 시범을 보이고자 하는 것이 무엇이며, 이미 알고 있거나 끝낸 사항과는 어떤 연관성을 갖는지를 밝혀 주어야 한다.
⑦ 학습자들이 시범의 요점을 빼놓지 않고 볼 수 있도록 천천히 시범을 보여야 한다.
⑧ 시범 도중 학습자들이 제대로 이해하며 따라오고 있는지를 확인해야 한다.
⑨ 시범이 끝나면 시범의 요점을 학습자들과 같이 다시 확인한다.

3) 문답법

문답법(question and answer method)은 질문법이라고도 하는데, 교사와 학습자가 상호 질의·응답을 통하여 문제를 해결하는 방법이다. 즉, 교사와 학생 간의 상호작용을 전제로 교사의 질문에 학습자가 대답하고 학습자의 질문에 교사가 대답하는 과정을 거치면서 목표에 접근하는 방법이다. Socrates는 이를 '산파법', Platon은 '대화법'이라 하였으며, 오늘날 학습지도에서 중요한 위치를 차지하고 있다. 이 문답법은 단순 지식을 묻는 것이 아니라 학습자의 사고를 자극할 수 있는 질문이어야 한다. 소위 바람직한 질문은 다음과 같은 조건을 충족시켜야 한다. 이때 주의를 집중시키면서 사고 작용이나 비판능력을 기를 수 있다.

① 문답법에서의 질문은 단순한 질문과 대답이 아니라 학습자가 교재의 내용을 분석하며 비판할 수 있고, 사고를 자극할 수 있는 질문과 대답이어야 한다.
② 질문의 내용은 학습자가 이해하기 쉽도록 간단·명료해야 한다.
③ 질문은 학습목표와 결부된 질문이어야 한다.
④ 학습자의 지적 활동을 개발하며, 계속 문제를 제기하고 호기심을 유발하며 사고를 자극할 수 있는 질문이어야 한다.
⑤ 학습자의 능력을 고려한 질문이어야 한다.

이와 같은 문답법의 장점은 다음과 같다.
① 학습내용을 정리하고 정착시키는 데 유리하다.
② 학습에 자극을 주어 활기 있고 적극적인 수업이 될 수 있다.
③ 학습자가 스스로 생각하고 해결할 수 있는 기회를 줄 수 있다.
④ 학습자의 주체적인 학습이 가능하다.
⑤ 교사와 학습자 간에 분명한 의사소통이 가능하다.
⑥ 학습자의 현재 수준을 정확히 파악할 수 있고, 그에 따른 적절한 지도가 가능하다.

그러나 문답법의 단점으로는 다음과 같은 점을 지적할 수 있다.
① 학습자들이 학습할 내용에 대한 사전준비가 부족하거나 학습에 대한 참여 동기가 낮을 때는 교사 중심의 수업이 되기 쉽다.
② 자칫하면 우수아 중심의 수업이 되어 그 밖의 학습자들에게는 좌절감과 패배감을 안겨줄 수 있다.
③ 교사가 계속해서 질문해 주기를 기대한다.

따라서 이와 같은 문답법을 사용할 때 주의할 점을 열거하면 다음과 같다.

① 가급적 많은 학습자가 수업에 참여할 수 있는 질문을 한다. 자칫 잘못하면 우수아에게 집중적으로 질문하고 답변의 기회를 줄 수 있다. 그렇게 되면 학습부진아들은 수업에서 흥미를 잃고 이탈하기 쉽다.
② 본시 학습주제에서 이탈하지 않은 질문을 한다.
③ 학습자의 능력을 고려한 질문이어야 한다.
④ 학생 상호 간의 질문과 대답을 권장한다.
⑤ 질문의 요지를 명백하고 간략하게 밝힌다.
⑥ 답변에 대한 강화가 필요하다. 정답일 경우에는 칭찬을 해주고, 오답일 경우에는 비난하거나 무시하지 말아야 한다.
⑦ 학습자가 질문할 수 있는 분위기를 조성함으로써 자신 있게 질문하도록 유도한다.
⑧ 본시 학습주제와 관련 있는 질문일 경우 어떠한 질문이라도 수용할 수 있어야 한다.

4) 토의법

토의법(discussion method)은 공동학습의 한 형태로서 학습자 상호 간에 토론을 통해서 학습과제를 해결하는 방법이다. 토의법은 단순히 한 개인이 자신의 의견을 제시하는 것이 아니라 비교적 다수인이 서로 다른 의견을 제시하면서 원만하고 바람직하게 문제를 해결하는 데 도움을 준다.

토의를 통해서 문제를 해결하려 할 때는 구성원 모두가 토의에 참가하되 자유스러운 분위기에서 자신의 의견을 제시함과 동시에 타인의 의견을 수용하려는 자세가 중요하다. 토의를 전개할 때 교사는 다른 학습자와 동등한 입장에서 의견을 제시하거나 중재자의 입장에서 토의를 전개할 수도 있다.

토의법을 활용하기 위해서는 사전에 충분한 자료준비와 의견발표를 위한 자유스러운 분위기의 조성이 선행되어야 한다. 또한 소수의 우수학생만이 발표를 독점

하지 않도록 함과 동시에 소수의 의견도 중시하는 태도를 갖게 하는 것이 중요하다. 따라서 토의법이 학습에 활용되기 위해서는 사전에 학습훈련이 충분히 이루어져야 하는데 그 시간이 오래 걸릴 수 있다. 또한 학습자들의 개인차가 심할 경우에는 적용하기 어렵다.

토의법은 주어진 과제를 집단 속에서 해결하려 함으로써 민주시민을 기르는데 유용한 방법이라 할 수 있다. 토의의 형태에는 집단토의, 패널토의, 심포지엄, 워크숍, 세미나 등이 있다(직업훈련연구소, 1982).

(1) 집단토의

집단토의 방법은 학급의 전체 학생들이 특정한 주제에 대한 정보를 서로 교환하며, 그 정보를 분석하고 평가하여 결론에 도달하는 데 활용된다. 이 방법은 모든 학생들이 능동적으로 참여할 때 이상적인 집단토의가 이루어질 수 있다. 집단토의의 장점을 열거하면 다음과 같다.

① 수업에 참여하는 전체 학생을 대상으로 할 수 있다.

② 교사나 토의 주제에 대한 전문가가 토의진행 과정을 지도할 수 있다.

③ 전체 학생이 제기된 아이디어에 대한 평가 기회를 가질 수 있다.

④ 비판적인 사고능력을 기를 수 있다.

⑤ 여론을 중시한다.

그러나 집단토의에는 다음과 같은 단점도 있다.

① 다수의 학습자들에게 발언기회를 제공해야 하기 때문에 토의의 진행속도가 늦어질 수 있다.

② 토의 참여자가 토의 주제에 대한 정확한 내용을 파악하지 못하고 있을 경우에는 주제가 흐려질 수 있다.

③ 소수의 우수 학생들이 토의를 주도할 경우에는 일부 학습자들이 학습에 대한 흥미를 상실할 수 있다.

(2) 패널토의

패널토의(panel discussion)는 배심토의라고도 하는데, 토의 주제에 대하여 의견을 달리하는 배심원(패널) 3~6명 정도를 선정하여 사회자의 안내로 토의를 진행하는 방식이다. 이 배심원들의 토의 과정은 청중들이 지켜 볼 수 있다. 또한 사회자는 필요하다고 인정될 때 청중들을 토의에 참가시켜 질문이나 발언할 수 있는 기회를 줄 수 있다. 따라서 토의의 진행 과정을 청중들이 잘 볼 수 있도록 교실 한 가운데에 토의 장소를 마련하는 것이 좋다. 또한 사회자는 토론자들이 균등하게 토론에 참여할 수 있는 기회를 보장해 주어야 한다.

이와 같은 패널토의의 장점을 다음과 같이 열거할 수 있다.

① 청중과 발표자 간에 자발적인 상호의사 교환이 이루어진다.
② 참가자들 사이에 상호질의, 응답이 가능하다.
③ 질의응답이 빠르게 진행되어 흥미롭다.
④ 진행자의 능력에 따라 토의를 통해 많은 문제를 다룰 수 있다.

한편 패널토의의 단점으로는 다음과 같은 점을 들 수 있다.

① 한 주제에 대해서 서로 다른 의견을 가진 사람들이 토론자로 참가하기 때문에 주제에 대해서 체계적으로 의견을 제시하기 어렵다.
② 패널토의 발표자 개개인이 의견을 발표하는 데 소요되는 시간을 통제하기 어렵다.
③ 대부분의 질문에 대한 완벽한 응답을 기대하기 어렵다.
④ 패널토의 발표자는 사고를 예리하게 하고, 즉석에서 명확하게 답할 수 있어야 한다.

(3) 심포지엄

심포지엄(symposium)은 동일한 주제에 대하여 전문적인 지식을 가진 2~3명의 발표자가 서로 다른 입장에서 자신의 의견을 제시하고, 사회자나 참가자들은 발표자의 의견에 대하여 질문이나 설명을 요구할 수 있고, 또 발표자는 이에 응답하면서 토의를 진행하는 방법이다. 따라서 토의 주제에 대하여 반드시 어떠한 결론이 나올 수 없고 사회자가 이를 총괄적으로 정리하되 판단은 참가자들에게 맡긴다.

이와 같은 심포지엄의 장점으로는 다음과 같은 점을 들 수 있다.

① 다양한 지식과 경험을 제공할 수 있다.

② 발표자마다 주제에 접근하는 관점이 서로 다르기 때문에 계속적으로 주의를 집중시킬 수 있다.

③ 발표 주제에 논쟁의 여지가 있으면 더욱 진지하게 논의를 진행할 수 있다.

④ 많은 학습자가 참여할 수 있다.

그러나 심포지엄에는 다음과 같은 단점도 있다.

① 한 주제에 대하여 심도 있게 다루기 곤란하다.

② 발표자의 사전 준비가 미비할 때는 일반적인 의견제시에 그칠 수 있다.

③ 일정한 시간에 다양한 주제를 다루기 어렵다.

(4) 세미나

세미나(seminar)는 참가자 모두가 토의 주제에 대하여 권위 있는 전문가이거나 연구 전문가들로 구성되어 있다. 세미나는 주제 발표자가 공식적으로 발표한 내용에 관하여 참가자들이 사전에 준비된 의견을 개진하거나 발표하는 형식으로 진행된다. 세미나는 특정 주제에 대한 전문적인 연수나 훈련의 기회를 제공하는 데 있다. 따라서 참가자 전원은 관련 주제에 대하여 상호의견을 교환할 수 있어야 한다.

(5) 워크숍

워크숍(workshop)은 공동의 흥미 혹은 의문점, 때로는 전문적 또는 직업적 문제를 갖고 있는 사람들이 일정기간 동안 함께 만나서 연구, 조사, 토론을 해 나감으로써 그들 개개인의 이해를 높이고 능력을 숙달시켜 나가는 모임을 말한다(이무근 외, 2004).

워크숍을 활용할 때 유의해야 할 점을 들면 다음과 같다.

① 워크숍의 목적이 명확히 규정되어야 한다.
② 워크숍 활동은 참가자의 문제, 흥미에 입각한 것이어야 한다.
③ 참가자의 특수문제는 지도자의 압력이나 조정 없이 자유롭게 나올 수 있는 기회가 허용되어야 한다.
④ 공통적인 문제를 가진 사람들은 잠정적이고 융통성 있는 작업분단을 편성하여야 한다.
⑤ 참가자들은 자신의 문제해결을 위하여 자원 인사들의 도움을 받아 자신의 힘으로 문제의 대부분을 해결해야 한다.
⑥ 워크숍에 대한 계획과 결정은 협조적이고 참가자의 다수 의견에 따라야 한다.
⑦ 전문적 문제해결과 아울러 참가자의 개인적 · 사회적 성장도 북돋아 주어야 한다.
⑧ 평가는 계속적으로 행하며 활동결과로 만들어진 산물 또는 그 과정이 되어야 한다.
⑨ 기간은 충분히 길어야 한다.
⑩ 자료가 충분히 수집되어야 한다.
⑪ 자원 인사는 사계를 대표하는 전문가로 충당해야 한다.

3. 활동중심의 교수 · 학습

1) 문제해결 학습법

문제해결 학습법(problem solving method)은 학습자가 생활 장면에서 부딪히는 문제의 해결과정을 통해서 지식, 기능, 태도, 기술 등을 종합적으로 터득하게 하는 방법이다. 즉, 일상생활에서 부딪히는 현실적인 문제를 매개로 하여 그 해결책을 찾아내는 과정에서 발산적인 사고와 평가적인 사고 능력을 기르기 위한 학습방법이다.

문제해결 학습은 생활중심 교육을 강조하는 Dewey의 진보주의 사상을 기초로 하고 있다 할 수 있다. Dewey에 의하면 생활 그 자체가 바로 교육이다. 따라서 교육은 생활현장에서 부딪히는 문제해결을 위한 방향으로 전개되어야 한다. 듀이는 'How we think'에서 제기한 반성적인 사고과정을 거쳐 문제를 해결해야 한다고 주장한다. 즉, 문제 해결을 위해서 ① 문제의 인식, ② 해결방법의 연구계획, ③ 자료수집, ④ 해결 방법 제시, ⑤ 정리 및 평가결과 검토 등의 과정을 거쳐야 한다는 것이다.

한편 문제해결 학습은 우선 문제의 성질과 내용 또는 학습자의 특성 등을 고려하여 문제 해결을 위한 귀납적인 방법을 쓸 것인지, 아니면 연역적인 방법을 사용할 것인지를 결정해야 한다. 귀납적인 방법은 개개의 구체적인 사실들에 대한 관찰을 통하여 어떤 보편적인 원리나 법칙을 이끌어 내려는 추리의 과정이다. 즉 특수에서 일반으로, 제 사실에서 결론으로, 관찰한 실제나 사실에서 원리를 이끌어내는 방법이다. 이러한 귀납적인 방법에 의한 문제해결 절차는 ① 문제의 인식, ② 자료수집, ③ 수집된 자료의 취사선택 및 비교, ④ 문제해결을 위한 가설의 설정, ⑤ 해결책의 적용 및 결과 검증 순으로 이루어진다. 연역적인 방법은 보편적인 원리로부터 구체적인 사실에 대한 지식을 이끌어 내는 과정이다. 연역적인 방법에 의한 문제해결 과정은 ① 문제인식, ② 자료수집, ③ 문제해결에 적용할 원리의 재검토, ④ 결론이나 추론 도출, ⑤ 원리의 적용 및 추론 검증 순으로 이루어진다.

이와 같이 문제해결 학습에서의 귀납법과 연역법은 모두 어떠한 문제의 인식에서 출발하지만, 그 다음 단계에서부터 활동형식은 같으나 활동의 관점이 서로 다르다. 예를 들면, 문제해결 학습을 위한 자료수집에서 귀납법은 자료를 모아 미지의 개괄로 조직하려는 데 비해, 연역적인 방법은 이미 존재하고 있는 지식이나 원리, 또는 사실을 모아 그 원리에 맞추려는 것이다. 그러나 실제 문제해결 학습에서는 문제의 성질에 따라서 두 가지 방법을 적절히 활용하고 있다.

일반적으로 활용되고 있는 문제해결 학습은 다음과 같은 단계로 전개 된다(직업훈련연구소, 1982).

① 1단계: 문제가 무엇인가를 파악하여 명료하게 정의하는 단계이다. 교실에서의 토의는 그 수업과 지도해야 할 단원의 필수적인 요구에 부응할 수 있도록 가상적인 문제가 아니라 적절한 실제문제를 선택해야 한다. 또한 교사는 그 학습에서 다루기에 적합한 문제를 만들 수도 있다.

② 2단계: 문제를 명확하게 규정하고 정의한 다음에는 문제에 수반되거나 관계되는 요인들을 파악하기 위하여 정보를 인지하는 단계이다. 즉, 임시 해결책을 찾기 위해 전제되는 의문에 대한 답은 무엇이며, 어떤 영역에는 무슨 정보가 필요한지를 파악한다.

③ 3단계: 인지된 요인들에 대한 정보를 획득하는 단계이다. 이 단계에서는 보다 심화된 질문과 토의를 통해서 학급이 이미 소유하고 있는 정보를 파악하는 것으로부터 출발하는 것이 바람직하다.

④ 4단계: 학생들이 정보를 수집 · 정리하고 나면, 교사는 학생들에게 문제 해결을 위해 수집한 정보를 사용하는 방법을 지도한다. 그렇게 되면 문제해결이 가능한 방안을 찾을 수 있다.

⑤ 5단계: 이 단계에서는 임의 해결방안 또는 대체 방안을 선택하는 단계이다. 문제에 대한 해결 방안을 결정할 때 교사는 학생들이 제안한 각 해결방안을 평가하고, 가장 적당한 것으로 생각되는 방안을 선택하도록 지도한다.

⑥ 6단계: 최종단계는 제안된 해결방안을 시험해 보고, 그 결과를 평가하는 단계이다. 이때의 한 가지 방법은 그 해결방안을 실제상황에 적용시켜 시험해 보는 것이다.

문제해결 학습은 실제로 학생들에게 문제발견의 능력을 배양하고 자료의 수집

방법 및 분석능력, 그리고 비판능력과 자료의 조합, 결론도출, 결론의 교정, 결론 응용 등의 능력을 기르는 데 도움을 준다. 이와 같은 문제해결 학습의 시행에서 교사 자신이 유의해야 할 사항은 다음과 같다.

첫째, 학생의 능력, 흥미, 경험 등을 고려하여 문제를 선택해야 한다.

둘째, 해결해야 할 문제의 목적을 명확히 파악하고 있어야 한다.

셋째, 문제해결을 위하여 자유로운 분위기를 조성해야 한다.

넷째, 학습자에게 사고하고 해결할 수 있는 기회를 충분히 제공한다.

다섯째, 다양한 성질의 문제를 다루어보게 한다.

여섯째, 한 번 시작한 문제는 끝까지 해결하려는 습관을 길러주어야 한다.

이상에서 설명한 문제해결 학습법의 장·단점은 다음과 같다.

먼저 장점을 들면,

① 학습자의 자발적인 활동과 자신의 힘으로 문제를 해결하기 때문에 자율성과 능동성을 기를 수 있다.

② 실제생활 장면의 문제를 학습주제로 삼기 때문에 수업을 실생활에 적응시킬 수 있으며, 학습자의 관심을 끌기 쉽다.

③ 협동적인 학습활동을 통해서 민주적인 생활태도를 기를 수 있다.

한편 문제해결 학습의 단점으로 지적할 수 있는 것으로는,

① 체계적인 학습을 하기가 곤란하다.

② 수업상황이 어수선하기 때문에 일관된 수업을 전개하기 어렵다.

③ 학습노력에 비하여 능률이 낮을 수 있다.

2) 구안법

(1) 구안법의 의미

구안법을 영어로 project method라고 하는데 여기서 project란 '내던지다', '앞으

로 내놓다', '연구하다', '구상하다'의 의미로, 무엇인가 마음속에 생각하고 있는 것을 밖으로 내놓고 객관화시켜서 구체적으로 실현하려는 활동을 말한다. 즉, 구안법은 학습자가 가지고 있는 의문을 해소하기 위하여 학습자가 스스로 어떤 목적을 가지고 자발적으로 계획을 세워서 수행하는 학습법이다. 따라서 구안법은 자발성과 창의성을 강조하는 현대적인 학습 방법의 하나라 할 수 있다.

구안법은 1920년대의 미국의 진보주의 교육운동에서 활발히 전개되었던 방법 중의 하나로서 Kilpatrik에 의해서 교수법으로 채택되었다. 구안법이 다른 수업방법과 구별되는 점은 다음과 같다.

① 뚜렷한 목적에 의하여 동기가 유발된 행동이다.
② 주입식 수업방법을 배격하고, 학습자의 자발적이고 능동적인 학습활동을 강조한다.
③ 학습자 자신에 의하여 계획, 구안, 실천되기 때문에 지식과 경험을 종합적으로 획득할 수 있다.
④ 개인차에 따른 학습활동이 가능하다.
⑤ 자신의 필요에 따라 문제를 실제적이고 구체적으로 해결하려 한다.

(2) 구안법의 실행

구안법의 실행은 일반적으로 다음과 같은 단계를 거친다.

① 목적설정

이 단계는 구안법의 기초단계로써 학습자 자신이 문제를 선택하고 학습목적을 설정하는 단계이다. 이 단계에서는 왜 이 문제를 설정하였는지에 대한 목적의식이 뚜렷이 나타나야 한다. 이때 교사는 풍부한 식견과 통찰로 학습자의 흥미를 존중하고, 학습자의 기존지식, 시간, 자료, 학교 교육계획과의 관계 등을 고려하여 목적을 설정하여야 한다. 이 단계에서 유의해야 할 점은 다음과 같다.

- 학습자의 흥미를 환기시킨다.

- 기존지식이나 기능을 토대로 한다.
- 시간낭비가 되어서는 안 된다.
- 재료를 쉽게 구할 수 있어야 한다.
- 학교 교육계획과 관련을 맺어야 한다.

② 계획수립

이 단계는 학습과정에서 어떤 내용을 다루고 어떤 과정을 거칠 것인가를 결정하는 단계로서 가장 중요한 단계라 할 수 있다. 본 학습의 성패여부는 계획수립 단계에 있다 할 수 있다. 따라서 계획은 전 단계에서 수립한 목적에 부합하고, 학습자의 능력에 맞게 학습자들 간에 충분한 토의 과정을 거쳐 수립되어야 한다. 이때 교사는 학습자의 창의성을 존중하되 충분한 토의와 지도를 거쳐 치밀한 계획을 수립함으로써 학습자들이 중도에 포기하거나 학습활동이 실패로 끝나는 일이 없도록 치밀한 계획을 세우도록 해야 한다.

③ 실행

이 단계는 계획을 실천하는 단계로서 학습자들이 흥미를 갖고 활발하게 참여하는 단계이다. 이 단계에서는 학습과제 해결을 위한 다양한 자료의 수집과 활용이 요구된다. 교사는 활동 중인 학습자들과 빈번한 접촉을 통해서 활동에 대한 칭찬과 격려를 해주거나 능력이 부족한 학습자를 도와줌으로써 학습자들이 중도에서 포기하는 일이 없이 성취감을 맛볼 수 있게 해야 한다.

④ 정리 및 평가

이 단계는 완성된 작품이나 활동내용에 대하여 반성하고 평가하는 단계이다. 이때는 교사에 의한 일방적인 평가가 아니라 학습자 자신이 학습하는 동안에 경험했던 것들을 전시, 보고의 형태로 학급 전체에 발표하여 학습자 상호 간 평가를 하게 함과 동시에 자신의 평가도 하게 하는 것이 좋다. 또한 완성된 작품에 대한 학습자 자신의 비판 및 평가와 교사의 적절한 조언이 필요하다.

(3) 구안법의 장 · 단점

이러한 구안법의 장점과 단점을 열거하면 다음과 같다.

구안법의 장점으로는,

① 학습자의 흥미에서 출발하기 때문에 학습동기유발이 용이하다.

② 생활 장면에서 일어나는 실제적인 문제를 해결할 수 있는 기회를 제공할 수 있다.

③ 집단학습을 할 경우에는 협동심을 기를 수 있다.

④ 작업이 완성될 때까지 이루어져야 하기 때문에 인내력을 기를 수 있다.

⑤ 타인의 학습에 대한 비판능력을 기를 수 있다.

⑥ 학습자가 계획하고 실천해야 하기 때문에 창의성, 주체성, 책임감을 기를 수 있다.

한편 구안법의 단점으로는,

① 학습자의 독자적인 계획과 실천이 요구되기 때문에 학습자에 따라서는 많은 시간과 노력을 낭비할 수 있다.

② 학습문제 해결을 위한 자료구입이 곤란할 경우에는 실패할 수 있다. 따라서 학습계획 수립 시 자료의 구입이 용이한지를 충분히 검토해야 한다.

③ 집단으로 문제를 해결할 때 학습활동이 일부 우수학생에게만 집중될 수 있다. 따라서 학습문제 해결을 위한 역할분담이 중요하다.

④ 학습자의 흥미가 우선되기 때문에 논리적인 체계가 등한시되어 감상적인 활동이 될 수 있다. 따라서 학습문제의 선정은 교육과정의 계획과 조화를 이루어야 한다.

3) 브레인스토밍

브레인스토밍(brainstorming)이란 주어진 시간에 특정문제나 주제에 대해서 학습자들로 하여금 형식에 얽매이지 않고 자유롭게 발표하게 하는 방법으로서 학습

상황에서 학습자들이 다양한 의견을 제시할 수 있기 때문에 창의력과 학습에의 참여도를 높일 수 있는 방법이다. 브레인스토밍(brainstorming)이란 용어는 '폭풍우가 쏟아지듯이 지식, 지혜, 아이디어 등을 제시 한다'는 뜻이 함축되어 있다. 따라서 10～15분 동안에 12～15명의 학습자가 집중적으로, 그리고 충분히 반응하고 참여할 수 있는 허용적인 분위기에서 학습이 진행된다. 브레인스토밍 과정에는 교사 또는 학습자 대표가 진행을 맡을 수 있으며, 학습자들이 제시한 의견을 기록할 수 있는 기록자도 있어야 한다.

교사는 브레인스토밍 주제에 대한 충분한 설명을 통해 주제에 빗나간 의견이 제시되지 않게 해야 한다. 또한 교사나 사회자는 제시된 의견들을 평가하거나 비판하지 말고, 제시된 의견들을 모두 수용하는 자세를 취해야 학습자들이 자기의 생각이나 제안을 거리낌 없이 발표할 수 있다. 모든 의견 발표가 끝난 뒤에 제시된 의견 중에서 유사한 내용끼리 한데 묶어 토론의 주제를 몇 개로 압축시켜 나가며 선택된 주제에 대한 다양한 의견교환을 통해서 결론에 도달하게 된다.

이와 같은 브레인스토밍은 학습자들이 토론 주제에 대하여 부담 없이 접근할 수 있는 장점이 있으나, 자칫 잘못하면 쓸데없는 말장난에 치우쳐 시간낭비로 흐를 수 있다. 따라서 사전에 치밀한 계획이 필요하고 학습자들이 토의 주제에 대하여 충분히 숙지하고 있어야 하며, 모든 참석자들에게 발표할 수 있는 기회가 주어져야 한다.

4) 역할활동

학습에서의 역할활동(role playing)은 어떤 문제해결을 위해 학습자가 직접적인 역할과 경험을 통해서 문제를 발견하고, 해결책을 모색하는 학습방법이다. 즉, 학습자가 어떤 문제에 직면해서 단순히 자료를 제시받거나 설명만을 듣는 방식에서 벗어나 다른 사람이 수행하고 있는 생활경험을 직접 수행해보는 과정을 통해서 문제의 본질을 이해하고 그 해결책을 모색하는 방법이다. 예를 들면, 학습자가 직접 교통경찰관이 되어서 교통지도 및 교통위반자를 단속하는 역할을 맡았다고 가정하자. 학습자는 횡단보도에서 지킬 일, 교통신호체계, 교통법규 등을 스스로 체득하게 되고 교통경찰관의 어려움 등을 스스로 체험하게 될 것이다. 또 역할을 바꾸어서 운전자가 되었을 때의 입장 등을 체험하게 함으로써 상호 간의 어려움을 알고 서로를 이해할 수 있는 계기를 마련할 수 있게 된다. 이와 같은 역할학습은 진로지도와 연관 지을 수 있다.

역할학습이 진행되는 과정은 ① 학습자들에게 과제를 설명하고 문제를 인식시키는 준비단계, ② 문제의 성격과 인물의 성격을 고려하는 역할을 맡기는 역할수행자 선정단계, ③ 학습자들이 역할수행을 생각하고 준비하는 실행준비단계, ④ 관찰자로 하여금 관찰대상을 지정해 주는 관찰자 준비단계, ⑤ 역할 담당자들이 역할을 실행하는 실행단계, ⑥ 역할수행에 대한 평가단계 등으로 구분된다.

이와 같은 역할활동 학습이 갖고 있는 특성을 들면 다음과 같다.

- 강의나 토론에서 결핍되기 쉬운 현실성을 느낄 수 있다.
- 학습자에게 실제의 현장과 같은 조건 하에서 실패에 대한 두려움을 최소한으로 줄이고, 가장 편안한 상태에서 주어진 역할을 수행하도록 할 수 있다.
- 학습자의 마음이 부담 없는 상태에서 자신의 수행을 피드백할 수 있도록 한다.
- 실제 현장에서 수행하는 것보다 적은 비용으로 사실적인 경험을 할 수 있다.
- 실제로 장시간이 요구되는 과정을 단기간에 경험하고 피드백할 수 있게 해준다.
- 다른 교육적 방법보다 학습자들이 더욱 적극적으로 참여하도록 유도할 수 있다.
- 일정한 상황에서 발생하는 사건들을 학생들이 직접 통제, 관리해 볼 수 있게 한다.
- 학습자 상호 간의 협력을 중시한다.
- 인지적, 정의적, 심리·운동적 영역에 적용이 가능하다.
- 학습자들에게 즉각적인 피드백을 제공한다.

5) 버즈학습법

버즈학습법(buzz learning)은 미시간 대학의 Phillips, J. Donald가 연구한 새로운 소집단 토의법(group discussion)의 하나로서 '필립스 66'이라고도 한다. 버즈란 말은 여러 개의 소집단이 가볍게 상호의견이나 기분을 이야기하는 것이 마치 벌집을 건드린 것처럼 떠들썩하기 때문에 붙여진 이름이다. 버즈 학습은 학습 집단을 소집단, 대집단 등으로 분할하고 통합하면서 토의과정을 거쳐 학습목표를 성취하게 하는 수업방식이다.

버즈학습은 원칙적으로 6명으로 구성된 소집단이 6분간 토의한다는 의미에서 6.6토의법이라고도 한다. 그러나 6.6법이라고 해서 반드시 6명을 1분단으로 할 필요는 없다. 5~8명을 1분단으로 편성할 수 있다. 이 방법은 참가자 상호 간에 친근감을 갖게 하고 각자 자유롭게 발언할 수 있는 기회를 가질 수 있기 때문에 학습자 전원이 적극적으로, 그리고 골고루 발언할 수 있는 기회를 가질 수 있다.

버즈학습은 강연회, 심포지엄, 패널토의 등이 끝난 뒤에 문제발견과 정리를 위하여 하는 경우와 일반적인 토의나 강연 등의 예비토의로 사용되는 경우가 있다. 일반적인 버즈학습의 진행방법은 다음과 같다.

① 전체 사회자로부터 토의할 주제에 대한 설명을 듣는다.
② 그 자리에서 참가자를 5~8명의 작은 그룹으로 나눈다.
③ 그룹별로 자기소개를 한 후 사회자와 기록자를 정한다.
④ 주어진 주제에 대하여 일정한 시간토의를 진행한다.
⑤ 각 그룹의 사회자 또는 기록자로부터 각 그룹의 토의내용을 전체 회의장에서 발표하게 한다.
⑥ 전체 사회자는 그 발표내용을 순차적으로 정리하여 일반토의 등으로 유도하여 간다.

교사는 이와 같은 형태의 수업을 전개하면서 각 단계별로 학습자 간에 상호 토의할 수 있는 기회를 제공한다. 학습자들은 토의과정에서 자신의 의견이나 생각을 교환하면서 자신이 알고 있는 것을 상대방에게 알려 주고 모르는 것을 서로 배우면서 문제를 해결해 간다. 이러한 과정은 곧 민주적인 태도를 길러 주게 된다. 따라서 버즈학습은 획일적이고 주입식 학습 분위기와는 구별된다. 학습자들이 스스로 능동적이고 의욕적이어서 학습이 촉진되고 학습 성과도 향상되게 된다.

버즈 학습의 장점으로는 그룹의 인원수가 적기 때문에 심리적인 긴장감이 적고, 많은 사람들에게 발언할 수 있는 기회가 주어지며, 참가자 전원이 문제를 이해할 수 있다. 그러나 버즈 학습은 그룹 간에 분열이 생길 수 있으며, 그룹의견에 구속을 받기 때문에 전체 회의에서 개인의 올바른 의견이 나오기 어렵다. 또한 각 그룹마다 적절한 지도를 하기 어렵고, 자주적으로 토론을 진행할 수 있는 고학년의 경우가 아니면 혼란을 야기할 수 있다.

6) 협동교수제

협동교수제(team teaching)란 한 사람의 교사가 한 학급을 맡아 지도하는 형태와 달리 2인 이상의 교사가 팀을 이루어 지도하는 방법이다. 즉 몇 명의 교사가 한 팀을 이루어 공동으로 학습계획을 수립하고 지도하는 방법이다. 이 방법은 학생 수의 증가와 경험 많은 교사의 부족문제를 해결하기 위한 수단과 연관된다. 즉 교실마다 한 사람의 교사를 배치하던 방식에서 탈피하기 위한 수단에서 출발하였다. 이 방법은 학생의 개인차에 맞는 지도를 할 수 있으며, 교사들의 능력을 효율적으로 활용할 수 있으며 학교의 시설과 시간을 효과적으로 활용하기에 적절한 방법이다. 교사들은 대개 3~7명이 한 팀을 이루어 약 75~250명의 학생을 지도하게 된다. 각 팀에는 우수교사인 팀 리더가 있어 교수·학습과정을 계획, 실행, 평가, 행정 등의 업무를 맡는다. 그 밑에는 주요 교수 업무를 맡는 상급교사가 있고, 그 밑에 상급교사를 보조하는 실습교사, 기술교사, 기술조교, 사무직원으로 구성된다. 학생집단은 75~250여 명의 대규모로 조직하고 학년차를 벗어나서 조직하는 경우도 있다. 따라서 이것은 무학년제 또는 무학급제가 발전된 것이라 할 수 있다. 즉

플래툰 스쿨(The Platoon School), 위네트카 플랜(The Winnetka Plan), 푸에블로 플랜(The Pueblo Plan) 등이 이미 협동 교수에 관한 기본적인 연구였다고 할 수 있다.

이와 같은 협동교수는 개인차를 존중하는 학습지도를 할 수 있으며, 교사의 전문성을 최대한 발휘할 수 있고, 많은 학생들이 우수교사의 혜택을 골고루 받을 수 있다. 또한 우수교사에게 적절한 근로조건을 제공할 수 있다는 장점이 있다. 그러나 협동교수는 생활지도를 소홀히 할 수 있으며, 학생의 능력차에 따른 우월감과 열등감을 조장할 수 있다. 또한 팀을 이끌 수 있는 우수교사의 확보가 어렵다는 단점도 있다.

4. 탐구중심의 교수 · 학습

1) 발견학습

발견학습은 학습자가 스스로 문제를 인지하고 해결해 나가도록 유도하는 학습방법 중의 하나이다. 발견학습은 근대 자연과학에서의 귀납적인 연구 방법을 아동교육에 받아들인 것으로서 1950년대 이후 수학교육에서 UICS(university of illinois curriculum study)를 비롯하여 PSSC(physical science study committee) 물리 등에서 강조되었다. 김순택 등(1991)은 발견학습을 학습과제에 내포된 수업목표를 교사가 직접적으로 설명해 주거나 안내하지 않고 학습자 스스로 이를 달성할 수 있도록 학습장면을 마련해 주는 수업형태라 하였다. 즉, 학습자를 진리 발견자의 입장에 두고 그들 자신의 실험, 관찰을 통해서 진리를 발견케 하는 방법이다. 이 방법은 과학의 결과를 그대로 가르치는 것이 아니라, 결과에 이르는 과정을 중시하면서 재발견, 재구성의 인식 과정을 밟게 하는 학습방법이다. 이와 같은 발견학습은 학습자 스스로가 연구하면서 발견의 기쁨을 맛보게 하는 데 의의가 있다. 여기서 발견의 의의를 세 가지로 생각할 수 있다. 즉 ① 실험을 최초 연구자가 진행했던 것과 같은 순서로 실시하게 함으로써 실험자로 하여금 그 결과를 재발견하게 하는 것이다. 학교에서의 학습은 이미 밝혀진 사실, 개념, 원리들로 구성되어 있기 때문에 학습자는 교사의 직접적인 설명과 안내 없이 스스로의 학습활동을 통해서 알아내게 해야 한다는 것이다. ② 우선 사실을 제시하여 그 본래의 연구방법에 관계없이 가장 경제적인 순서와 진리로 과학적인 규준을 이해시킨다. ③ 해결해야 할 문제를 학생에게 제시하고 자기가 이미 습득한 지식과 연구력을 활용하여 문제해결을 위한 방법이나 수단을 탐구하고 교사는 다만 그러한 행위에 대해서 감독하고 지도한다는 것이다.

일반적으로 발견학습이 전개되는 과정을 보면 ① 문제의식을 갖고 구체적인 사실을 관찰하는 과제 파악 단계 ② 과제 해결의 가설을 세우기 위하여 직관적 사고를 통해 결과에 대한 예측이나 가설을 착상하는 가설 설정 단계 ③ 가설을 검증하기 위하여 분석적 사고에 의해 원리를 발견하고 가설 검증을 통해 개념으로 정착하는 가설검증 단계 ④ 전 단계에서 추상적으로 성립된 개념을 현실상황에 적용시키는 현실적용 단계 등으로 구분할 수 있다.

이와 같은 발견학습은 다음과 같은 특징을 지니고 있다.

(1) 교재의 기본 구조에 대한 철저한 학습을 강조한다.

교재의 구조란 교재를 이루는 중심 개념과 기본요소로서 지엽적인 지식을 배제한 지식으로서 근본적인 지식을 철저히 학습함으로써 교과에 대한 이해가 수월해지고 망각을 방지할 수 있으며 전이가 쉽게 될 수 있다.

(2) 학습에서의 전이효과를 중시한다.

사회가 급속도로 발전하면서 지식과 기술 역시 폭발적으로 변화하고 있다. 급속도로 증가하는 지식과 기술을 모두 가르쳐 줄 수는 없다. 따라서 그 중에서 가장 핵심적인 내용, 공통의 원리만을 가르쳐 주면 나머지는 저절로 학습이 이루어지게 해야 한다는 것이다.

(3) 결과보다는 학습과정을 중시한다.

학습의 과정은 지식의 생성 과정과 일치한다. 따라서 학습의 결과가 중요한 것이 아니라 탐구과정이 중시된다. 이 과정에서 학습자는 탐구자요, 발견자의 자세로 새로운 지식과 기술을 습득하게 된다.

(4) 학습자의 주체적인 학습을 강조한다.

학습은 학습자가 적극적인 자세로 학습에 임할 때 잘 이루어진다. 학습의 효과는 교사에 의한 지도결과라기보다는 학습자 자신의 주도적인 사고와 활동이 있을 때 높아진다. 결국 학습자의 학습과제 해결을 위한 적극적인 자세가 선행되어야 함을 강조한다. 학습과제에 대해 적극적인 자세를 갖게 하기 위해서는 학습동기 유발이 중요하다.

이와 같은 발견학습은 학습자의 사고력을 신장시키고 실제생활에 적응할 수 있는 능력을 기를 수 있다. 또한 학습자의 흥미를 자극시켜 학습을 지속하게 할 수 있으며 학습결과에 대한 성취감을 맛보게 할 수 있다. 그러나 발견학습을 통해서 다루어야 할 내용을 정선하지 않으면 단위시간에 효과적으로 지도하기가 어렵고, 학습자의 능력차를 고려하지 않을 경우에는 특정 학습자 위주의 수업이 될 수 있다.

2) 프로그램 학습

프로그램 학습은 학습에 대한 체계적이며 경험적인 접근을 시도하면서 명확한 학습목표 제시, 상세한 행동분석, 자극의 제시와 학습자의 반응 통제, 특정행위 등을 점진적으로 이끌어내도록 조직된 교수의 한 형태이다(김영수 외, 1989). 즉, 학습자가 지닌 개인차를 고려하여 어느 아동이나 통과할 수 있는 작은 단위로 구성된 프로그램에 제시된 문제를 해결해가면서 학습목표에 도달하게 하는 방법이다.

물론 학습자가 진행하는 학습의 결과를 즉석에서 확인할 수 있다. 프로그램 학습을 진행시키기 위해서는 다양한 프로그램이 필요하며 이 프로그램은 학습자에게 올바른 반응을 구하고 그 정답을 바로 알리는 교수기계(teaching machine)가 필요하다. 물론 이 교수기계는 프로그램 학습을 위한 보조역할만을 하기 때문에 프로그램 수업을 진행시키기 위한 프로그램이 따로 마련되어야 한다.

프로그램 수업이 진행되는 과정은 다음과 같다.

- 자극제시: 학습자의 학습을 자극할 수 있는 문제를 제시하는 단계로서 시·청각 자극을 활용할 수 있다.
- 반응: 학습자가 문제를 읽고 이에 반응하게 된다. 학습자가 반응하는 방식으로는 버튼을 누르게 하거나 종이에 답을 기입하게 하는 방법 등이 있다.
- 강화: 학습자의 반응에 대하여 정오를 알려주는 것을 말한다.

(1) 프로그램 학습의 원리

프로그램 학습을 위해서는 일반적으로 다음과 같은 원리들이 적용되어야 한다.

① 소 단계의 원리(small step)

학습목표에 도달하기까지의 과정이 단계적으로 진행될 수 있도록 가능한 한 작은 단위로 쪼개고, 문항의 난이도를 고려하여 논리적으로 배열되어야 한다. 즉 프로그램 학습에서는 사고의 비약이나 폭은 가급적이면 적게 하여 누구나 쉽게 충분히 따라잡을 수 있게 하며, 가능한 한 오류를 범하지 않고 정답을 낼 수 있게 하여야 한다. 학습내용은 처음부터 많은 것을 제시하기보다는 학습자의 능력에 맞게 작은 단위로 나누어 제시함으로써 학습자가 쉽게 이해할 수 있게 하여야 한다.

② 적극적 반응의 원리

좋은 학습이 되기 위해서는 학습자가 적극적이고 능동적으로 학습에 참여하고 반응할 수 있어야 한다. 이를 위해 해결의 실마리를 주는 단서(cue)를 제공하여야 한다. 또한 학습자의 반응오류를 가능한 한 적게 하며, 정답을 유도하도록 밑줄 긋기, 활자크기의 변화, 도형이나 사진의 삽입 등으로 프롬프팅(prompting)을 사용한다(박숙희 외, 2003).

③ 자기 속도의 원리

학습문제는 학습자의 능력에 기초를 두고 필요에 따라 학습의 진행속도를 조절할 수 있어야 한다.

④ 즉시 확인의 원리

학습자가 반응한 내용에 대한 정오가 즉시 확인될 때 학습이 잘 이루어진다.

(2) 프로그램 학습의 형태

① 직선형(直線型) 프로그램

직선형프로그램은 스키너형이라고도 하는데, 단지 한 개의 경로를 통해 목표에 도달할 수 있도록 설계되어 있어 전(前)단계를 성공적으로 거치지 않고서는 다음 단계로의 진행이 불가능하게 되어 있다.

[그림 7-1] 직선형 프로그램

직선형 프로그램은 모든 학생들에게 동일한 프로그램을 제공하며, 능력에 따라 짧고 간단한 문제를 연속적으로 제시하여 자극을 주게 된다. 이 형은 학습할 내용의 이해를 높이기 위하여 동일한 사항이 반복되게 표현하거나 학습자는 기입란에 답을 기입하게 되며 제시된 정답과 비교한 후 다음 문제로 나아가게 된다.

② 분지형(分枝型) 프로그램

분지형 프로그램은 Crowder형이라고도 하는데, 목표에 도달하는 경로가 여러 개 있을 수 있다. 학습을 진행하는 과정에서 정답에 반응해야만 주계열의 프레임으로 진행할 수 있으며, 오답에 반응하면 이에 대한 설명과 더불어 적절한 보충학습 경로를 통해 목표에 도달하도록 안내한다. 즉, 학습자의 반응이 정반응일 경우에는 추가적인 정보가 제공되고, 오답반응이 나올 경우에는 그것을 교정하여 피드백 할 수 있게 함으로써 오답을 학습에 이용하는 프로그램이다. 또한 학습자가 반응한 답의 확인을 위해서 페이지를 지정해 준다. 정답을 했을 경우에는 몇 페이지로 진행할 것인가를 지정해 주고 만약 오답을 했을 경우에는 지정된 페이지로 되돌아가게 하게 하는데 거기에는 왜 오답을 하게 되었는지를 이해시킬 수 있는 해설이 제시되어 있다. 또한, 그 오답에 대한 이해가 충분히 되었을 경우에는 다시 새로운 문제로 진행하게 하는 방식이다.

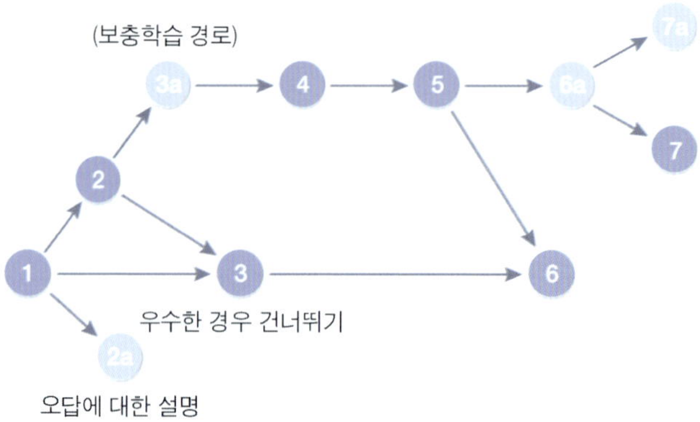

[그림 7-2] 분지형 프로그램

분지형 프로그램은 1970년대에 이르러 컴퓨터를 중심으로 한 자기학습 프로그램의 기초가 되었다. 컴퓨터의 도입은 학생들로 하여금 분지형 학습프로그램 계열을 빠르고 손쉽게 활용할 수 있도록 했으며, CAI의 활용이 가능하게 만들었다.

이밖에도 프로그램 학습에는 선형과 분지형을 절충한 배합형 프로그램, 역순형 프로그램 등이 있다.

(3) 프로그램 학습의 장·단점

우선 프로그램 학습의 장점으로는,

① 학습자의 개인차와 능력에 맞는 프로그램을 제공할 수 있어서 학습의 개별화

가 가능하다.

② 학습결과에 대한 반응을 즉시 확인할 수 있어서 학습자의 능동적인 참여를 유도할 수 있다.

③ 차분히 단계별로 이수할 수 있기 때문에 학습의 공백을 줄일 수 있다.

④ 단순한 지식과 기계적인 기술 습득에 효과적이다.

⑤ 교사는 일상적인 훈련식 교수에서 벗어나 창조적인 활동 및 학습자와의 상호작용에 많은 시간을 투입할 수 있다.

프로그램 학습의 단점으로는,

① 프로그램의 개발에 많은 시간과 노력, 그리고 비용이 소요된다.

② 프로그램을 개발할 수 있는 전문적인 지식을 갖춘 교사확보가 어렵다.

③ 학습을 프로그램대로 진행해야 하기 때문에 학습자의 창의력 증진이나 자기표현의 기회가 위축될 수 있다.

④ 학습자 상호 간의 의사소통에 제약을 받을 수 있다.

⑤ 다인수 학급에서는 활용하기 어렵다.

⑥ 프로그램 학습에 흥미를 느끼지 못한 교사가 담당할 경우에는 효과를 거두기 어렵다.

3) 문제중심학습(PBL: problem-based learning)

(1) 문제중심학습의 개념

학교학습에서 구체적인 문제를 통해 관련되는 개념이나 원리, 법칙 등을 습득하고자 하는 것이 문제중심학습이다(윤광보 외, 2003). 즉 학습자들이 현실에서 당면하고 있거나 당면하게 될 문제나 사례들을 개인적인 학습활동 보다는 다른 학습자들과 소집단 협동학습을 통해 문제를 해결해 나가는 학습법이다. 이 방법은 지식의 습득과 형성이 개인의 사회적 배경을 바탕으로 하는 인지적 활동의 결과라는 구성주의 이론에 바탕을 둔 실천적인 학습방법이다. 문제중심학습에서는 현실 속에서 지식들이 학습자와 서로 복잡하게 얽혀 존재하는 비구조화된 문제, 즉 우리 인간이 경험하는 실제 문제를 다룬다. 따라서 문제중심학습은 '실제의 비구조화된 문제로 시작하여 문제를 해결하는 과정을 통하여 필요한 지식을 학습자 스스로 배울 수 있도록 이끌어 가는 교육적 접근'이라 할 수 있다(조연순, 2006).

문제중심학습은 1960년대 캐나다의 한 의과대학 교수인 Barrows에 의해 시작된 학습법이다. Barrows는 기존의 강의식, 암기식 수업이 의과대학 수업에는 적절치 못한 비현실적인 교육방식이라는 판단 하에 그 대안으로 문제중심의 학습방법을 제시하였다. 병원에서 의대생들이 학습하는 과정을 보면, 그들은 하나의 문제 혹은 사례(case)를 중심으로 학습하는 것을 볼 수 있다. 예컨대, 알코올성 간경화증 환자가 있을 경우 그 환자에게 있어 문제(질병)의 원인을 진단하고, 적절한 치료방안을 모색·적용하고, 그 결과를 평가함으로써 알코올성 간경화증이라는 문제를 학습해 간다.

이와 같이 실제적인 문제와 상황을 중심으로 접근하는 문제중심학습은 의과대학뿐만 아니라 경영학, 교육학, 건축학, 법학, 공학, 사회학 등 다양한 분야에서 적용되고 있다. 더욱이 오늘날에 와서는 구성주의적 목표와 방향이 일치하므로 구성주의에 지지를 받고, 또한 웹기반(web based) 문제중심학습의 전개가 활발히 논의되고 있다.

(2) 문제중심학습의 특징

문제중심학습의 특징을 다음과 같이 요약할 수 있다(박숙희 외, 2003).

① 자기주도적인 학습이다.

문제중심학습은 자기주도적인 학습방법이다. 학습자는 교사에 의해 주도되고 지시받는 학습 환경으로부터 벗어나, 학습자 스스로 주어진 문제를 명료화하고 학습자의 인지적 작용에 의해 문제를 해결해 나아가며 그 결과에 대해 책임진다. 교사의 권위는 학습자에게 위임되고 문제의 규명에서부터 전 과정과 결과에 대한 책임은 전적으로 학습자에게 있으므로 학습결과에 대해서도 논리적으로 설득력 있게 주장할 수 있어야 한다. 문제 중심학습에서의 평가는 자기 자신에 대한 평가, 학습과정에 대한 평가, 반추노트(reflective journal)와 같은 종합적인 평가방법을 주로 실시한다.

② 협동학습이다.

문제중심학습은 협동학습의 환경을 강조한다. 여러 사람이 협동해서 문제를 해결해 나가며, 다양한 사회적 견해의 접근을 통해 사고영역을 확장시킬 수 있다. 협동학습에서는 다른 사람의 견해를 자신과 비교하고 평가할 수 있으므로 자신의 견해에 대해 객관적인 평가를 받을 수 있다.

③ 실제적인 문제를 다룬다.

문제중심학습에서는 실제로 생성된 문제를 기반으로 한다. 문제중심학습에서는 학습자가 일상생활 속에서 당면하고 있는 실제적인 성격을 갖는 비구조화된 것을 문제로 삼는다. 정형화된 정답이 존재하는 구조화된 문제에 비해 비구조화된 문제는 해결안이나 결과가 접근하는 방식에 따라 다양한 결론을 얻을 수 있다. 학습자가 지식을 수정해 나가며 그 과정에서 최선의 해결책을 찾고, 그러한 접근이 다른 대안들보다 효율적이라는 것을 증명하고 설득할 수 있어야 한다.

(3) 문제중심학습의 절차

문제중심학습은 당면 문제를 협동적으로 해결하기 위해 소그룹을 편성하고 그룹 활동을 통해 문제를 해결해 간다. 학습자들은 자신이 기존에 배운 내용이나 지식을 활용하여 주어진 문제를 파악하고 분석하며, 문제의 해결책을 고안하고 해결을 위한 자료를 모아 협동 활동을 통해 문제를 해결한다. 이를 단계별로 보면 다음과 같다.

① 그룹형성

소그룹이 형성되면 그룹 구성원들은 서로 편안하고 친숙한 분위기를 조성한다.

② 문제제기 및 인식

문제가 제기되면 학습자들은 문제에 대하여 자세히 검토하고 본질을 정확하게 인식하여야 한다. 문제의 확인과 해결방안을 찾기 위하여 크게 생각, 사실, 학습과제, 향후 실천계획의 네 가지 관점에서 검토한다.

③ 역할분담

주어진 문제를 해결하기 위해 깊이 사고하고 각자가 알아야 할 내용이나 또는 그룹별로 맡아야 할 문제를 어떤 방법이나 절차로 해결할 것인가를 논의한다. 역할을 분담하는 이유는 효율적인 자료의 수집에 도움을 줄 뿐만 아니라 중복된 자료 수집을 방지하고 다양한 자료를 수집할 수 있기 때문이다.

④ 자료수집

학습자들은 자기 주도적으로 필요한 자료를 찾고 정보를 확인하며 그것에 대해 서로 의견을 교환한다.

⑤ 자료의 재검토

집단구성원들은 그들의 조사결과들을 활용하여 가설을 검토하고 증거를 제시하며 주어진 문제에 대해 새로운 접근을 시도하는 등 재검토의 과정을 갖는다.

⑥ 정리, 종합발표 및 결과 검토

문제해결의 결과를 정리하여 발표한다. 발표형식은 구두, 보고서, 제작물 등 다양하게 할 수 있는데, 이는 자신의 수행에 대한 평가가 되기도 한다. 교사는 학습자의 발표에 대해 건설적인 비판과 지도를 하여야 하며 다른 대안도 가능한지에 대해서도 검토한다.

4) e-Learning

21세기 들어 웹(web)과 넷(net)을 통해 많은 사람들은 지구촌 곳곳에서 일어나고 있는 정보를 신속하고 정확하게 실시간으로 습득하거나 의사소통을 하게 된다. 이러한 웹과 넷을 교육에 활용하고 있다. e-Learning이란 네트워크를 중심으로 학습내용을 전달하고 학습자와 상호작용하며 학습을 촉진시키려는 일련의 과정을 말한다(이무근 외, 2015). e-Learning은 언제, 어디서나, 누구나, 본인에게 맞는 학습을 할 수 있게 한다. 이를 통해 학습자는 자기주도적 학습능력을 키우고 상호협동하는 능력, 사고하는 능력 등을 키울 수 있는 탐구중심의 학습이 가능하다.

e-Learning은 주로 인터넷을 이용하여 전개된다. 인터넷을 활용함으로써 다음과 같은 측면에서 효과성과 효율성을 높일 수 있다(이무근 외, 2015).

① 이론 중심의 학습 내용이 실세계에서 일어나는 상황과 문제 중심의 학습 내용으로 전환되어 학교에서의 학습 내용이 실제 생활에서의 적용 가능성이 높아지고 있다. 이에 학습 내용과 현실과의 연계성을 높일 수 있다.

② 학습자는 시공간의 장애 없이 원하는 장소, 원하는 시간에 원하는 정보와 지식을 얻을 수 있게 되었다.

③ 기존의 교실 수업에서 탈피하여 인터넷으로 전달되는 사이버, 원격수업의 형태, 혹은 전통적인 교실 수업과 사이버 수업의 병행 형태가 가능하다.

④ 학습을 주도해 나가는 교수자의 역할이 학습을 촉진하고 안내하는 역할로 변화하고 있다.

⑤ 학습자의 능동적이고 자기주도적으로 학습을 진행하고 동료와의 협력관계 형성이 요구된다.

5. 모듈 중심학습(module based learning)

1) 모듈의 개념

모듈(module)은 원래 물리학에서 사용되던 것을 교육학에 도입하여 사용하고 있다(이하 이무근 외, 2015 참고하였음). 교육학에서 모듈이라는 개념은 다음 세 가지 중의 하나를 의미한다.

① 학교의 일과 시간표 중에서 학습 단원의 내용과 특서에 따라 시간을 50~60분 정도로 구분하여 학습자들에게 부과된 학습 시간

② 함께 공부하고 있는 학습자들의 소집단

③ 학습자들이 스스로 학습할 수 있도록 준비되어 있는 몇 개의 잘 서술된 학습목표를 가진 하나의 학습 단원

Finch(1991)는 모듈이란 몇 개의 잘 서술된 학습목표를 학습자가 숙달할 수 있도록 도와 줄 수 있게 고안된 일련의 학습경험을 포함하고 있는 자율적인 교수·학습과정의 일부라고 정의하였다. Dick과 Lou(1976)는 모듈 수업에서 기능·능력을 강조하면서, 모듈수업이란 통합적 주제에 따라 학생들이 일정한 지식과 기능을 성취하기 위해 필요한 정보를 제공하고, 전체적인 교육과정의 일부가 되게 하며 스스로 공부할 수 있게 되어 있는 수업의 하나라고 했다. 이무근 외는(2015)은 모듈이란 어떤 학습 주제 또는 단원을 학습함에 있어서 학습자가 달성해야 하는 몇 개의 잘 서술된 학습목표에 따라 학습자의 활동, 그리고 학습자의 활동여부를 알아보는 평가방법을 체계적으로 조직하여 학습자 스스로가 학습목표를 달성할 수 있게 고안된 교수·학습과정의 하나라고 정의하였다.

이러한 정의들을 종합해 볼 때 모듈은 개별 학습용으로 적극적이고 자기주도적인 학습을 위해 설계·개발되어 있음을 알 수 있다. 즉, 모듈이란 어떤 학습 주제 또는 단원을 학습함에 있어서, 학습자가 달성해야 하는 몇 개의 잘 서술된 학습목

표에 따라 학습자의 활동, 그리고 학습자의 활동여부를 알아보는 평가방법을 체계적으로 조직하여, 학습자가 주도적으로 학습목표를 달성할 수 있게 고안된 교수·학습과정의 하나라 할 수 있다.

2) 모듈학습의 특징

모듈학습의 일반적인 특징은 다음과 같다(이무근 외, 2015).

① 모듈에 의한 수업은 자율적이다. 모듈 학습은 학생들이 교사에 의존하지 않아도 되며, 다음 단계의 행동이나 어떤 자료를 사용해야 하는지 물어보지 않아도 된다. 그것은 정보나 지시사항이 이미 모듈 속에 제시되어 있기 때문이다.

② 모듈은 전형적으로 개별화되어 있다. 설사 개발에 따른 비용과 시간이 제한적이어서 모듈의 완전한 개별화가 어렵다 하더라도 개발을 담당한 사람은 가능한 한 개별화된 학습을 할 수 있도록 작성되어야 한다. 어떤 모듈이라도 다음의 세 가지 요소는 갖추어야 한다.

- 능력에 따른 속도(self pacing): 학습자는 모듈에 의하여 자신의 속도에 맞추어 공부하게 되며, 각자는 이에 따라 개인의 능력에 준하는 학습경험 절차를 밟게 된다.
- 피드백(feedback): 학습자는 각 모듈에 있는 학습경험을 이수하여 나감에 따라 어느 정도 진척이 있었는지 평가를 받게 된다. 각 학습경험을 완전히 이수하고 난 다음에 다음 능력을 위한 학습경험으로 옮겨진다.
- 완전학습(mastery learning): 학습자는 각 모듈에서 세부적이며, 측정 가능한 학습목표를 반드시 달성하도록 되어 있다. 모듈에서는 이러한 학습경험을 이수함에 따라 학습목표를 완전하게 달성하도록 되어 있다.

③ 모듈은 패키지(package)이다. 모듈에는 출발점과 도착점이 규정되어 있고 내용이 논리적이다. 학습목표를 달성하기 위해서는 무엇을 해야 하며 과연 그것을 달성했느냐의 여부를 명백히 알도록 되어 있다.

④ 학습경험과 학습목표를 반드시 포함하고 있다. 학습자들이 효율적으로 학습목표를 달성할 수 있도록 다양한 학습경험들이 주어진다.

⑤ 학습자들이 각 학습목표에 도달했는지의 여부를 평가할 수 있는 체계를 갖추고 있다.

3) 모듈학습의 구성

한 교과는 수 개의 모듈로 구성되어 있으며, 몇 개의 학습 주제를 추출할 수 있다.

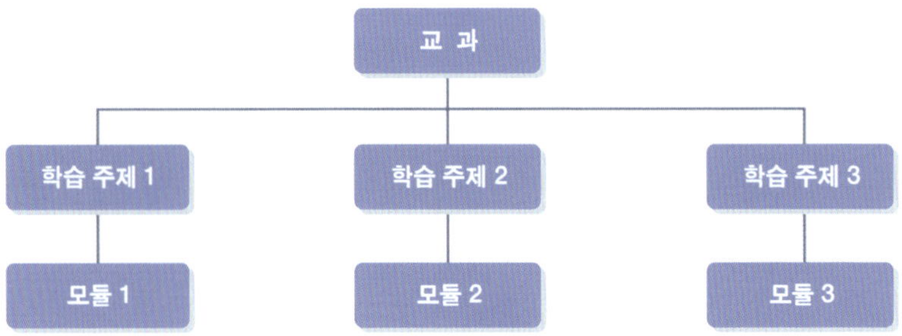

[그림 7-3] 모듈학습의 구성

4) 모듈학습의 장·단점

모듈학습은 일반적으로 다음과 같은 장·단점을 갖고 있다.

(1) 장 점

첫째, 학습자 개인을 강조한다. 모듈학습은 교사의 시간을 절약시켜 주며, 교사는 그 시간을 학습자에게 재투자하여 학습을 도와준다.

둘째, 학습의 질이 높다. 모듈을 통한 학습에서 학습자들은 학습을 예견하고 평가의 기준을 명확히 파악한다.

셋째, 수업과 학습목표가 긴밀히 결부되어 있다. 모듈은 명확한 학습목표와 지시사항을 제시하면서 완전학습을 추구하도록 되어 있다.

(2) 단 점

첫째, 모듈은 개발에 시간과 노력이 많이 소요되는 어려움이 있다.

둘째, 시간배당 및 학점을 주는 데 난점이 따른다. 모듈은 개별화 학습을 지향하기 때문에 시간배당에 어려움이 따르고, 완전학습을 지향하기 때문에 A, B, C, D 등으로 학점을 매기기가 어렵다.

셋째, 학습지도에 자료 완비가 어렵다. 모듈은 대체로 많은 양의 학습보조 자료를 필요로 한다.

6. 컴퓨터 활용수업

현대교육에서 컴퓨터를 교육에 활용하려는 노력은 계속되고 있다. 교육현장에서 컴퓨터를 수업시간에 활용하는 목적은 교육목표 달성을 위한 수단 또는 도구로서 수업목표를 효과적으로 달성하기 위하여 활용된다. 컴퓨터를 수업시간에 활용함으로써 작업시간을 단축시키고, 분석 · 종합 · 평가를 포함한 높은 수준의 사고기술을 발달시키는 활동을 제시하며, 학생들은 미래의 생활에 필요한 새로운 도구의 활용방법을 배울 수 있다. 컴퓨터를 활용하는 수업은 컴퓨터 보조수업(CAI: computer assisted instruction), 컴퓨터 관리수업(CMI: computer managed instruction) 등이 있다.

컴퓨터 보조수업은 컴퓨터를 이용한 교수 · 학습체제를 말한다. 즉, 컴퓨터보조수업은 교사와 학생 간의 상호작용 대신에 컴퓨터가 직접 교사의 기능을 대신하여 학생의 학습활동을 지원하고 가르치는 것을 목적으로 하는 체제이다. CAI는 1958년 미국 IBM 사에서 시작되어 1960년대 급속한 과학기술의 발전과 그에 따른 사회적 교육혁신의 요청, 교육공학과 시스템 공학적 접근에 입각한 행동과학적이고 실천적인 교육개선 등으로 1964년에서 1968년 사이에 활발한 연구가 진행되었는

데, 다음과 같은 기능을 지니고 있다(노승윤, 2000).

① 교수·학습과정을 평가하고 제어하는 기능, 즉 교사로서의 기능을 갖고 있다.

② 빠르고 정확한 계산기능, 각종 정보처리기능 및 자동장치에 의해서 교사로서 실현할 수 없는 교육을 가능케 한다.

③ 학습자에게 학습참가에 의해서 교수·학습과정을 성립시킬 수 있도록 구성되었다.

이와 같이 교사를 대신할 수 있는 CAI는 다음과 같은 특징을 갖고 있다(윤광보 외, 2003).

① 개별화 수업이 가능하다. 학습자의 선행학습 정도에 따라 각기 다른 프로그램을 활용할 수 있기 때문에 학습자의 능력수준에 따라 학습 속도를 달리할 수 있다.

② 상호작용을 촉진할 수 있다. 학습자와 컴퓨터의 능동적인 의사소통이 가능하기 때문에 즉각적인 피드백이 가능하다.

③ 동기유발이 가능하다. 컴퓨터를 이용하여 능동적 반응 및 적극적인 참여를 유도할 수 있다.

④ 경제적이다. 개발된 프로그램은 계속 반복해서 활용이 가능하며, 원격교육이나 자기주도적 학습에 유용하다.

Chapter 08

실기교육의 평가

이 단계는 교육목표의 달성여부를 확인하는 단계이다. 평가는 학습결과를 반성하고 보다 나은 교육방법을 모색하기 위한 체계적인 교육의 과정이다. 평가대상은 학습자뿐만 아니라 교사 자신에 대한 평가이기도 하면서 교육과정 자체에 대한 평가이기도 하다.

1. 평가의 개념 및 목적

교육활동 중에서 평가를 언급하면 대부분의 사람들은 시험을 연상하게 된다. 우리는 시험을 통해서 그 사람을 평가하고, 그 결과를 바탕으로 선발하기 때문에 남보다 나은 점수를 얻어야 상급학교에 진학할 수 있고 더 좋은 직장에 들어갈 수 있다는 생각에 사로잡혀 있다. 인간은 누구나 남보다 나은 점수를 얻기를 원한다. 그래서 모두들 시험을 잘 치르기 위하여 많은 노력을 한다. 그러나 평가는 시험 이상의 의미를 갖고 있다. 일반적으로 교육이 이루어지는 과정을 보면 교수목표의 설정, 교육내용의 선정 및 조직, 교수·학습활동, 평가의 과정을 거치게 된다. 따라서 평가는 교육활동이 전개되는 과정의 일부분이다.

교육에서 평가의 개념은 교육철학과 교육의 방향에 따라 달라질 수 있다. 일반적으로 교육에서의 평가는 교수목표의 달성 여부를 확인하는 과정이다. 설정된 교수목표를 어느 정도 달성했느냐를 알아보는 일은 교육활동에서 매우 중요한 과정 중의 하나로써 지금까지의 교육활동의 성과를 확인하고 미흡한 점을 파악하여 앞으로의 교육계획을 새롭게 수립하는 데 필요한 자료를 얻기 위한 활동이다. 이와 같은 관점에서 교육평가의 목적을 구체적으로 제시하면 다음과 같다.

첫째, 학습자의 교육목표 도달정도를 확인하는 활동이다. 교육은 목표지향적인 활동이다. 평가는 목표를 향한 의도적인 활동으로서 학습자의 행동 변화를 확인하는 과정이다. 이것은 학습자의 인지적, 정의적, 운동 기능적 영역 등의 변화를 포함한다.

둘째, 교사의 교육활동 결과에 대한 평가이다. 평가는 학생에 대한 평가뿐만 아니라 교사 자신에 대한 평가이기도 하다. 즉, 교사의 교수·학습지도 활동이 교육목표 달성에 어느 정도 기여했는지를 확인하는 과정이다. 교수·학습지도 과정에서 누락된 부분은 없었는지, 잘못 지도한 내용은 없었는지, 적절한 교수법을 적용하였는지, 학생에 대한 사전 평가는 제대로 이루어졌는지? 등에 대한 확인 작업이기도 하다.

셋째, 교육 향상을 위한 교육전반에 관한 자료수집 과정이다. 교육활동의 결과에 관한 판단을 내리기 위해 정보를 수집하고 활용하는 활동이다. 특히, 학습자의 변화에 대한 정보를 수집하는 과정이다. 또한 교수·학습 과정의 목표와 내용, 방법, 평가 등에 대한 질 관리 및 개선을 위한 정보 수집 활동이다.

넷째, 학습자의 진로지도에 관한 자료를 수집하는 과정이다. 평가는 학습자의 취미, 적성, 능력 등을 종합적으로 분석하여 진로지도를 위한 각종 정보를 제공하는 활동이다.

2. 실기평가의 유형

평가의 유형은 평가시기에 따라 진단평가, 형성평가, 총합평가로 나누고, 평가기준에 따라서 절대평가, 상대평가로 나눈다.

1) 평가시기에 따른 유형

(1) 진단평가

진단평가(診斷評價: diagnostic evaluation)는 수업이 시작되기 전에 학습자들의 현재 수준을 알아보기 위한 평가이다. 진단평가에서는 학습자의 선행 학습정도, 적성, 흥미, 동기 상태 등의 초기상태를 진단하여 교육목표 및 계획을 수립하는 데 필요한 정보를 얻는데 목적이 있다. 진단평가의 예로는, 수업을 시작하기 전에 간단한 퀴즈, 전시학습의 이해정도 등을 확인하는 형식이다. 보다 구체적이고 종합적인 진단평가는 준비도 검사, 적성검사, 자기보고서, 그리고 관찰법 등의 방법을 활용할 수 있다. 진단평가의 목적은 첫째, 계획된 학습단위의 목표를 성취하는 데 선행조건이 되는 출발점 행동을 학습자가 얼마나 소유하고 있는가를 알아보는 과정이다. 둘째, 주어진 학습단위 혹은 교육과정의 목표를 학습자가 알고 있는지, 그리고 그 결과에 따라서 좀 더 높은 수준의 학습 프로그램을 제공해야 할 것인지의 여부를 결정하기 위한 것이다. 셋째, 학습자가 지니고 있는 흥미, 성격, 적성, 선행학습의 정도 등의 개인적 특성을 알아보아 그에 적절한 교수방법이나 교수전략을 세우기 위한 자료를 제공하기 위한 것이다(오성삼 외, 1996).

(2) 형성평가

형성평가(形成評價: formative evaluation)는 수업이 진행되고 있는 상태에서 교수・학습활동이 계획된 대로 진행되고 있는지를 확인하는 활동이다. 즉, 교수・학습활동 과정에서 교수・학습 내용을 학습자들이 얼마나 잘 이해하고 있는지를 수시로 점검하고 학습자들의 능력, 태도, 학습방법 등을 확인함으로써 교수・학습활동의 개선여부를 결정하기 위한 평가활동이다. 이와 같은 형성평가의 기능은 다음과 같이 네 가지로 나눌 수 있다(김대현 외, 2011).

첫째, 형성평가는 학습자들의 학습 진행 속도를 조절한다. 즉, 교과내용의 분량이 많거나 학습내용이 일정한 선후관계에 의하여 조직되어 있을 때, 적절한 빈도로 평가를 실시함으로써 학습 진행속도를 조절할 수 있다.

둘째, 형성평가는 학습자의 학습에 대한 강화의 역할을 한다. 형성평가를 통해서 설정된 학습목표를 거의 달성하였다는 사실을 학습자가 확인함으로써 그 뒤에 이어지는 학습을 용이하게 해줄 뿐만 아니라 학습동기를 유발시킬 수 있다.

셋째, 형성평가는 학습곤란 정도를 진단하고 교정한다. 평가는 학습자들에게 교수목표에 비추어 무엇을 성취했고, 무엇을 더 학습해야 하는지를 구체적으로 알려주기 때문에 학습자는 자신의 학습 곤란을 스스로 발견하여 그것을 제거해 나가게 된다.

넷째, 형성평가는 학습지도 방법의 개선에 이바지할 수 있다. 형성평가를 통하여 교사는 자신의 교수방법의 적절성 여부를 구체적으로 분석하고 개선방안을 찾게 해준다.

(3) 총합평가

총합평가(總合評價: summative evaluation)는 학습과제나 교수·학습활동이 끝난 다음 교수목표의 달성 여부를 종합적으로 평가하는 형태이다. 총합평가는 한 단원, 학기, 그리고 교육프로그램이 종료되었을 때 실시하는 평가이다. 총합평가의 구체적인 기능은 다음과 같다(김대현 외, 2011).

첫째, 총합평가는 학습자들의 성적을 결정한다. 전체 과목이나 중요한 학습내용에 대한 교수의 효과가 어느 정도인지를 판단하고, 그 결과에 의해 성적을 내고 평점을 주며 서열을 결정하는 일을 한다.

둘째, 총합평가를 통한 평가결과는 학습자들의 미래의 학업성적을 예측하는 데 도움을 준다. 일반적으로 학습자의 현재 성적은 미래의 성적과 상관관계가 있기 때문에 현재의 성적을 통해서 학습자 개개인의 미래의 성적을 예측할 수 있다.

셋째, 총합평가는 집단 간의 성적을 비교할 수 있는 정보를 제공해 준다. 학습 집단 간의 종합적인 학습 성과를 교수방법의 유형이나 학습자료 등과 관련시켜 비교·분석함으로써 학습 성과에 대한 정보를 수집할 수 있다.

넷째, 총합평가는 학습자의 자격을 인정하는 판단의 역할을 한다. 총합평가는 학습자가 지닌 기능이나 능력, 지식이 요구하는 정도의 자격에 부합하는지를 인정하기 위한 판단을 할 경우에 도움이 된다.

2) 평가기준에 따른 유형

(1) 절대평가

절대평가 혹은 준거지향평가(criterion-referenced evaluation)는 학습자의 학업성취 수준 또는 학습목표 도달 정도를 알아보기 위한 것으로서 학습자에 대한 발달적 교육관에 바탕을 두고 있다. 즉, 교육목표나 학습목표를 설정해 놓고, 이 목표에 어느 정도나 도달했는지를 알아보는 방법이다. 따라서 학습자들의 학습 성취정도는 부적편포를 이룬다. 이 평가관은 평가란 학습자의 선발이나 개인차 변별에 목적이 있는 것이 아니라, 학습자에게는 의도하는 목표를 달성할 수 있는 능력이 있기 때문에 적절한 학습방법을 제공하면 학습자들은 학습목표에 도달할 수 있다고 보는 관점이다. 학습자에 대한 발달적 관점에서 접근하고 있는 절대평가의 장점을 다음과 같이 제시할 수 있다.

첫째, 교수·학습이론에 적합하다. 즉, 무엇을 알고 모르는지의 정보를 직접적으로 제공하므로 무엇을 어떻게 가르쳐야 할 것인지에 대한 시사점을 제시해 준다.

둘째, 학습자의 학습결손에 대한 정보를 직접적으로 제공해 주기 때문에 효과적인 학습지도가 가능하다.

셋째, 학습자의 학습동기 유발에 도움을 준다. 학습자에게 이미 성취목표가 제시되어 있기 때문에 자신의 현재 수준을 학습자가 스스로 알고 교육목표, 교수·학습방법 등을 수정하거나 개선할 수 있다.

넷째, 절대평가는 이해, 비교, 분석, 종합 등의 고등정신 능력을 배양할 수 있다.

그러나 절대평가는 다음과 같은 단점도 있다.

첫째, 개인차 변별이 곤란하다는 것이다. 즉, 절대평가는 학습자 간의 비교 및 우열을 판정하기 어렵다.

둘째, 절대적 수준의 평가기준 설정이 곤란하다. 즉, 만족할 만한 평가기준을 누가, 어떻게 정할 것인가 등의 문제가 제기된다.

셋째, 검사점수의 통계적 활용이 불가능하다. 이는 절대평가에서는 검사점수의 분포가 정상분포를 이루지 못하기 때문에 점수를 통계적으로 활용하기 어렵다.

(2) 상대평가

규준지향평가(norm-referenced evaluation)라고도 하는 상대평가는 학습자의 학습평가 결과를 학습자가 속해 있는 집단에서 자신은 어느 위치에 있는가를 알아보는 방법이다. 즉, 학습자의 학습 성취도를 집단 속에서의 상대적인 위치로 파악한다. 따라서 이 상대평가는 학습자가 학습목표에 어느 정도 도달했느냐를 따지는 것이 아니라 학습자에 대한 평가결과가 집단 속에서 몇 번째인가, 상대적으로 어느 위치에 있는가를 알아보는 방법이다. 상대평가는 학습자가 무엇을 얼마나 알고 있느냐가 아니라, 학습자가 집단 속에서 어느 위치에 있느냐를 알아보는 개인차 변별에 목적이 있다. 따라서 상대평가는 학습자들의 상대적인 능력이나 기술 등의 비교를 통해 학습자를 선발하거나 우열을 판가름하는 선발적 교육관에 바탕을 두고 있다.

이러한 상대평가는 다음과 같은 장점이 있다.

첫째, 개인차 변별이 가능하다. 집단 속에서의 상대적인 위치를 나타냄으로써 개인차를 구분할 수 있다. 상대평가에서는 학습자의 성적을 순서대로 나열하기 때문에 성적의 분포는 정상분포 곡선을 그리게 된다.

둘째, 객관적인 방법으로 성적을 산출하기 때문에 교사의 편견을 배제할 수 있다. 학습자의 성적은 일정한 비율에 의하여 산정되기 때문에 교사의 편견이 개입될 수가 없다.

셋째, 학습자들의 동기를 유발할 수 있다. 성적순에 의하여 등급이 매겨지거나 당락이 결정될 경우에는 강력한 동기유발을 촉진할 수 있다.

한편, 상대평가의 단점은 다음과 같다.

첫째, 교수·학습이론에 부적합할 수 있다. 얼마나 알고 있느냐를 중시하는 것이 아니라 상대적인 위치에 치중하기 때문에 교육목표, 교육과정 등을 무시할 수 있다.

둘째, 학습자 간에 지나친 경쟁을 유발할 수 있다. 학습자 간에 상대적인 우위를 차지하기 위하여 지나치게 경쟁의식을 갖기 때문에 비교육적이라 할 수 있다.

셋째, 학습자 간에 부정적인 자아개념이 형성될 수 있다. 학습 집단에는 반드시 실패자, 낙오자가 생기게 되어 있다. 학습자의 성적평가 결과에 의하여 순서를 정하기 때문에 학습목표의 도달 여부와는 상관없이 상대적으로 낮은 서열에 위치한 학생들은 실패자, 낙오자라는 인식을 갖게 되기 쉽다.

넷째, 학습자의 학습목표 도달 여부를 확인하기 곤란하다. 학업성취의 상대적인 해석만이 가능하기 때문에 결손학습에 대한 교정이 곤란하다. 또한 우수아로 평가받은 학습자가 실질적으로 학습목표를 도달했기 때문에 우수아인지 또는 학습 부진아로 판정받은 학습자가 학습목표에 도달하지 못했기 때문인지에 대한 확인이 곤란하다.

3. 수행평가

지금까지 우리 교육은 얼마나 많은 지식을 축적하고 있느냐를 중시했다. 그러나 현대사회에서는 누가 얼마나 많은 지식을 소유하고 있느냐가 중요한 것이 아니라 누가 어떤 방법을 이용해서 많은 정보를 획득하여 그것을 어떻게 활용할 수 있는가를 중시하는 사회로 변모되고 있다. 즉, 현대사회는 정보에 접근하는 방법과 그것을 실제 상황에 적용할 줄 아는 것이 더 중요하다. 이러한 변화에 대해서 종래의 평가방법으로는 그러한 능력을 가늠하기가 곤란하게 되었다. 단순한 사실을 기억했다가 일정한 시간에 무비판적으로 토해내는 방식의 평가방법으로는 시대 변화에 보조를 맞추기 어렵게 된 것이다. 즉, 창의성을 계발하고 문제해결력을 기르며, 고등정신능력을 신장시키기가 어렵게 되었다. 이러한 관점에서 종래의 평가방법을 개선하여 결과 보다는 과정을 중시하는 수행평가방법을 도입하게 되었다.

1) 수행평가의 개념

기존의 선택형 지필평가는 학습자가 무엇을 얼마나 알고 있느냐를 평가하는 것이라면, 수행평가는 학습자가 실제로 무엇을 어떻게 할 수 있느냐를 평가하는 방식이다. 기존의 선택형 지필평가는 수업의 결과를 확인하는 방식으로 수업과 연계된다. 그러나 수행평가는 수업의 과정에서 이루어지는 교수・학습활동과 접목됨으로써 보다 긴밀하고 직접적인 방식으로 수업과 연계된다. 수행평가에 대해서 보다 구체적으로 알아보고자 한다(교육과학기술부, 2010).

'수행'(遂行, performance)이란 구체적인 상황 하에서 실제로 행동을 하는 과정(process)이나 그 결과(product)를 의미한다. 따라서, 수행평가는 학생 스스로가 자신의 지식, 기능, 태도를 나타낼 수 있도록 답을 작성하거나, 발표하거나, 산출물을 만들어 내거나, 행동으로 나타내도록 요구하여 교사가 학생이 학습을 수행하는 과정이나 결과를 보고 그 학생을 평가 틀에 따라 전문적으로 판단하는 평가 방식이다. 즉, 평가자(교사 등)가 피평가자들(학습자 등)이 직접 구성적으로 창출하는 학습과제의 수행 과정이나 결과를 직접 관찰하고 그 결과를 전문적으로 판단하는 평가 방식을 말한다. 구성적으로 창출한다는 것은 단순히 반응을 한다는 것이 아니므로 구성자유도가 낮은 반응이나 산출물들은 수행평가의 진정한 의미를 갖추지 못한다. 수행평가 기법으로는 선택형 문항을 제외한 모든 문항 유형이 해당하나 학교 현장에서는 주로 서술형 및 논술형 문항, 관찰법, 연구 보고서법, 실기 시험, 실험실습법, 포트폴리오 등이 활용된다.

2) 수행평가의 일반적 특징

학생이 문제의 정답을 선택하게 하는 것이 아니라, 자기 스스로 답을 작성(서술 혹은 구성)하거나 행동으로 나타내도록 하는 평가방식이다. 교수 · 학습의 결과뿐만 아니라 교수 · 학습의 과정도 함께 중시하는 평가방식이다. 여기서 과정의 중시란 형성평가와 같이 과정마다 점검한다는 의미가 아닌 교수 · 학습이 이루어지는 과정, 학생의 사고 과정의 흐름과 변화에 대하여 중시한다는 것을 의미한다.

또한 단편적인 영역에 대해 일회적으로 평가하기보다는 학생 개개인의 변화 · 발달과정을 종합적으로 평가하기 위해 전체적이면서도 지속적으로 이루어지는 것을 강조하는 평가방식이다. 물론 개인을 단위로 해서 평가하기도 하지만 집단에 대한 평가도 중시한다. 결국 이러한 평가 방식은 학생의 학습과정을 진단하고 개별 학습을 촉진하려는 노력을 중시하는 평가방식으로서 학생의 인지적인 영역(창의성이나 문제해결력 등 고등 사고기능을 포함)뿐만 아니라 학생 개개인의 행동발달 상황이나 흥미 · 태도 등 정의적인 영역, 그리고 운동기능 등 심동적인 영역에 대한 종합적이고 전인적인 평가를 중시하는 평가 방식이다.

위에서 살펴 본 내용을 중심으로 기존의 평가방식과 수행평가의 방식을 표로 정리하면 다음과 같다.

| 표 8-1 | 평가 방식의 비교

평가 대상 (사고능력)	단순 암기력이나 이해력	비판적 · 창의적 사고력 (고등정신 능력)
평가 범위	결과로서의 지식	과정으로의 지식 + 결과로서의 지식 (정의적, 운동기능적 영역도 포함)
평가 방법	선택형 지필검사	그 외의 다양한 방법
평가 상황	인위적인 시험상황	실제상황이나 유사 모의상황
평가 방법의 성격	간접적(검사 위주)	직접적(관찰 위주)

3) 수행평가 도입의 필요성

(1) 21세기 지식 · 정보화 사회의 도래

21세기 지식 · 정보화 사회에서는 단편적이고 사실적인 지식을 암기하고 이해하는 능력보다는 정보의 탐색, 수집, 분석, 비판, 종합, 창출능력, 자기주도적인 평생학습능력, 효율적인 의사소통능력, 협동적 문제해결능력 등이 절실하게 요구되는 사회이다. 따라서 종래의 단순 암기능력이나 이해력, 단순 지식 등을 평가하는 방식에서 비판능력이나 창의적 사고력을 측정하는 방식으로 전환되어야 한다.

(2) 학교교육의 정상화 도모

학교교육은 '교육목표 – 교육방법 – 교육평가' 간의 연계가 중요하다. 교육은 고등정신능력, 바람직한 태도 및 정서함양 등 전인적 인간양성을 목표로 해 왔음에도 불구하고 교육방법과 평가는 이러한 능력이나 품성함양을 위한 방향으로 진행되지 못했다. 따라서 평가방식의 개선을 통해서 학교교육의 정상화를 도모하기 위한 수단으로 수행평가를 도입하는 것이 바람직하다.

(3) 수업과 평가의 긴밀한 연계 도모

학교의 교육목표는 구체적으로 교실수업을 통해서 실현된다. 그리고 실제 교실수업이 평가의 영향을 받게 되는 것은 불가피한 현실이다. 따라서 교실수업과 평가가 긴밀하게 연계되지 않으면 교육목표의 효과적인 달성은 불가능하다. 전통적인 지필검사는 수업한 결과를 확인하는 방식으로 수업과 연계된다. 그러나 수행평가는 수업의 과정에서 교수 · 학습활동과 평가활동을 접목시키는 데 적절한 평가방법이다.

(4) 의미 있는 평가결과의 제공

평가결과는 학생의 능력에 대해 적절하고 정확한 정보를 제공해 주어야 한다.

또한 평가결과는 수업 개선에 필요한 정보를 제공할 수 있어야 한다. 그러기 위해서 평가는 학생들이 수업을 통해 기르기를 바라는 능력 중 가장 중요한 부분을 포함해야 한다. 기존의 지필평가는 교육목표나 내용의 중요한 부분을 평가하는데 한계가 있다. 따라서 지필검사의 결과만으로 학생의 능력을 종합적으로 이해하거나 수업개선에 필요한 정보를 얻기에는 부족함이 많다. 수행평가는 학생의 종합적인 능력을 정확하고 타당하게 파악하고, 수업개선에 도움이 되는 의미 있는 평가결과를 제공할 수 있다.

(5) 새로운 지식관 및 학습관에 부응

구성주의 철학의 대두에 따라 기존의 객관적 · 절대적 지식관은 주관적 · 상대적 지식관을 강조하는 방향으로 전환되고 있다. 즉, 지식은 인간의 외부에 독립적으로 존재하는 것이 아니라, 인간 내부에서 개별적인 경험에 의해 주관적으로 구성되어 가는 것으로 보게 된 것이다. 이와 같은 지식관의 변화에 따라 학습관도 학습자 중심 교육을 지향하게 되었다. 학습은 더 이상 학습자 외부에 객관적 · 독립적으로 존재하는 지식체계를 수동적으로 받아들이는 과정으로 간주하지 않는다. 즉, 학습이란 지식의 요소들을 받아들여 학습자 개개인의 경험에 의해 능동적 · 주관적으로 구성해 나가는 과정으로 해석하게 되었다. 이처럼 변화하는 지식관 · 학습관에 부합하는 평가방식이라 할 수 있다.

3) 수행평가의 일반적 특징

수행평가의 일반적인 특징은 다음과 같다.

① 수행평가는 학생이 문제의 정답을 선택하는 것이 아니라 자기 스스로 답을 작성(서술 혹은 구성)하거나 행동으로 나타내도록 하는 평가방식이다.

② 수행평가는 추구하고자 하는 교육목표의 달성여부를 가능한 한 실제 상황에서 파악하고자 하는 평가방식이다.

③ 수행평가는 교수 · 학습의 결과뿐만 아니라 교수 · 학습과정도 함께 중시하는 평가방식이다.

④ 수행평가는 단편적인 영역에 대해 일회적으로 평가하기보다는 학생 개개인의 변화 · 발달과정을 종합적으로 평가하기 위해 전체적이면서도 지속적으로 이루어지는 것을 강조하는 방식이다.

⑤ 수행평가는 개개인을 단위로 해서 평가하기도 하지만 집단에 대한 평가도 중시하는 평가방식이다.

⑥ 수행평가는 학생의 학습과정을 진단하고 개별학습을 촉진하려는 노력을 중시하는 평가방식이다.

⑦ 수행평가는 학생의 인지적인 영역(창의성이나 문제 해결력 등 고등 사고기능을 포함)뿐만 아니라 학생 개개인의 행동발달 상황이나 흥미 · 태도 등 정의적인 영역, 그리고 운동기능 영역에 대한 종합적이고 전인적인 평가를 중시하는 평가방식이다.

⑧ 수행평가는 기억, 이해와 같은 단순 사고능력보다는 창의, 비판, 종합과 같은 고등 사고능력의 측정을 중히 여기는 평가방식이다.

4) 수행평가의 방법

현재 활용되고 있는 수행평가의 방법으로는 서술형(주관식) 검사, 논술형 검사, 실기시험, 실험 · 실습법, 관찰법, 토론법, 구술시험, 면접법, 자기평가 보고서법, 동료평가 보고서법, 연구보고서법, 포트폴리오법 등이 있다. 이러한 구분은 상호배타적이라기보다는 보완적인 것이다(김대현 외, 2011).

(1) 서술형 및 논술형 검사

서술형 검사란 흔히 주관식 검사라고 하는 것으로 문제의 답을 주어진 답지에서 선택하는 것이 아니라 학생들이 직접 서술(구성)하는 검사이다. 논술형 검사는 일종의 서술형 검사이기는 하지만, 개인 나름의 생각이나 주장을 창의적이고 논리적이면서도 설득력 있게 조직하여 작성해야 함을 강조한다는 점에서 일반 서술형과 구별된다.

(2) 실기시험

실기시험이란 학생들의 지식이나 기능을 직접 행동으로 나타내도록 하는 시험이다. 종래의 실기시험과 수행평가에서 말하는 실기시험의 차이는 시험을 치르는 상황이 통제되거나 강요된 상황인가 아니면 자연스러운 실제 상황인가의 차이에 있다. 수행평가에서의 실기시험은 가능하면 교수·학습활동이 전개되고 있는 과정에서 자연스럽게 이루어진다. 실기시험은 보통 음악, 미술, 체육, 실과 등의 과목에서 많이 활용 되었으나 이제는 전교과 영역에서 활용이 가능하다. 예를 들면, 국어시간 말하기, 듣기, 읽기, 쓰기 등에서 활용할 수 있다.

(3) 실험 · 실습

실험·실습은 자연과학 분야에서 많이 활용되고 있는 것으로 어떤 과제에 대해서 학생들로 하여금 직접 실험·실습을 하게 한 후 그 결과 보고서를 제출하게 하는 것이다. 실험·실습은 개인별로 할 수도 있고 모둠별로 진행할 수도 있다. 평가자는 학습자들이 제출한 결과 보고서에만 의존할 것이 아니라 실험·실습과정을 직접 관찰한 것을 동시에 고려하여야 한다.

(4) 관찰법

관찰은 학생을 이해하고 평가하기 위한 가장 보편적인 방법 중의 하나이다. 평가자는 개별 또는 집단으로 관찰하여 평가하는 것이다. 객관적이고 정확한 관찰을 위해 관찰 대상자의 행동을 그대로 기술하는 일화기록법이나 체크리스트, 평정척도 등을 이용하기도 한다. 최근에는 비디오 녹화를 한 후 평가하는 방법도 있다.

(5) 토론법

토론법이란 교수·학습활동과 평가활동을 통합적으로 수행하는 대표적인 방법 중의 하나로 특정 주제에 대해 학생들이 서로 토론하는 과정을 지켜보고 평가하는 방법이다. 수행평가에서는 찬·반 토론을 많이 사용하는데, 어떤 의견에 대해서 찬성하거나 반대하는 이유를 분명히 밝히고 자기의 주장을 관철시켜 가는 방법이다. 평가자는 토론과정을 지켜보고 주제에 대한 준비성, 다양성, 논리성 등을 상대에 대한 의견 존중 태도 등을 종합적으로 평가한다.

(6) 구술시험

구술시험은 종이와 붓이 발명되기 전부터 시행되어 오던 가장 오래된 수행평가의 한 형태로서, 학생으로 하여금 특정 교육내용이나 주제에 대해서 자신의 의견이나 생각을 발표하도록 하여 학생의 준비도, 이해력, 표현력, 판단력, 의사소통능력 등을 직접 평가하는 방법이다.

(7) 면접법

면접법이란 교사가 학생들과 대화를 통해서 얻고자 하는 자료나 정보를 수집하여 평가하는 방법이다. 평가자가 학생과 직접 대면하여 묻고, 응답하는 과정을 통하여 지필평가에서 확인할 수 없는 사항들을 알아보고 평가하는 방법이다.

(8) 자기평가

자기평가(self-evaluation)란 특정 주제나 교수·학습영역에 대하여 자기 스스로 학습과정이나 학습결과에 대해 자세히 평가하도록 하여 그 결과(보고서)를 보고 평가하는 방법이다. 여기서는 자신의 학습 준비도, 성실성, 만족도, 성취수준 등을 스스로 평가하여 반성하게 한다.

(9) 연구보고서법

연구보고서법이란 각 교과별로나 통합교과적으로 특정 주제에 대해서 자기 나름대로 자료를 수집하고 분석·종합하여 연구 보고서를 작성·제출하도록 하여 평가하는 것이다. 연구주제에 따라 개인적인 활동이 될 수도 있고 집단 활동으로 전개할 수도 있다. 학습자들은 연구를 수행하는 과정에서 연구방법, 각종정보의 수집·종합·분석하는 방법 그리고 보고서 작성법 등을 배우게 된다. 이 연구보고서법을 프로젝트법이라고도 한다.

(10) 포트폴리오(portfolio)법

포트폴리오법은 피평가자 자신이 작성하거나 만든 작품을 지속적·체계적으로 모아 둔 개인별 작품집 혹은 서류철을 이용한 평가방법이다. 예를 들면, 그림 그리기에 소질이 있는 학생을 평가할 때는 학생이 그린 그림을 순서대로 모아 두고, 발전모습 또는 자신의 변화 모습을 확인할 수 있게 하는 방법이다. 이러한 방법은 예술분야, 건축분야, 문학분야 등에서 많이 활용되고 있다.

5) 수행평가의 절차

① 평가를 하고자 하는 이유를 명확히 한다. 진단평가인지, 형성평가인지, 총괄평가인지를 명확히 한다.

② 평가하고자 하는 교육목표(성취기준)를 명확히 한다. 성취기준이란, 국가수준의 교육과정을 구체화하여 학생들이 성취해야 할 능력 또는 특성의 형태로 진술한 것을 의미한다.

③ 성취기준을 실제 얼마나 성취했는지의 수준을 파악하기 위한 기준(평가기준)을 명확히 한다. 평가기준이란, 특정 성취기준에 대하여 학생들이 성취할 것으로 기대되는 수준을 몇 개로 나누고(예: 상/중/하), 각 수준의 내용을 구체적으로 진술하는 것을 의미한다.

④ 적절한 평가방식을 결정하고 평가도구를 개발한다. 평가하는 이유, 성취기준, 평가기준을 모두 고려함과 동시에 현장의 교육여건을 고려하여 가장 적절하다고 판단되는 평가방식을 결정한다. 평가방식에 적절한 평가도구(채점기준표도 포함)를 개발한다.

⑤ 실제로 평가를 실시한다.

⑥ 미리 개발된 채점 기준표에 따라 채점하고, 그 결과를 보고한다.

6) 수행평가의 성공요건

① 수행평가에 대한 전문적 소양을 갖추도록 한다.

현장의 교사가 수행평가에 대하여 전문적인 소양을 갖추고 수행평가의 시행과정에 적극적으로 참여할 때에 수행평가는 학교현장에 성공적으로 정착될 수 있을 것이다.

② 수행평가의 비중을 점진적으로 늘려가도록 한다.

여건이 성숙되지 않은 상황에서 완전한 수준의 수행평가를 일시에 전국적으로 실시하는 일은 대단히 어렵다. 따라서 시행의 초기단계에서는 선택형 지필검사와 병행하여 시행하는 등 가장 간단하며 시행이 가능한 수준에서부터 수행평가를 도입하도록 하고, 여건이 성숙되는 과정에 맞추어 수행평가의 비중을 점진적으로 늘려가도록 한다.

③ 평가목적에 알맞은 평가방식을 선택하도록 한다.

선택형 지필검사에 비해 상대적으로 수행평가의 교육적 가치가 높은 것은 분명하지만, 현재 학교현장에서 시행되고 있는 모든 평가방식을 수행평가 방식으로 대체해야 하는 것은 아니다. 평가에서 가장 바람직한 태도는, 무엇을 왜 평가하고자 하는가를 명확히 한 후 이러한 평가목적에 적합한 평가방식을 선택하는 것이다.

④ 평가의 신뢰도보다는 타당도를 더 중요시하도록 한다.

수행평가의 결과를 신뢰할 수 있도록 채점할 수 있을 것인가의 문제는 수행평가 자체의 교육적 가치를 위협할 만큼 심각한 문제일 수도 있다. 채점의 신뢰도를 높이기 위한 다양한 해결책을 모색하는 시도가 우선적으로 필요하다(예 : 평가방법의 다양화, 반복평가, 동료평가, 평가기준의 개방, 채점훈련 등).

⑤ 수행평가의 시행을 전문성 확보의 기회로 삼도록 한다.

현재의 교육여건상 교사가 수행평가를 시행하는 데는 많은 어려움이 따를 것이다. 그러나 교사는 교육목표를 구체화하고 수행평가를 통해 수업과 평가를 연결지어 채점기준표를 작성하고 채점결과를 피드백하여 학생을 보다 깊이 이해한다. 또한 수업과 평가를 개선하는 등의 순환적 과정에 적극적으로 참여함으로써, 수업과 평가에 대한 교사 자신의 전문성을 제고할 수 있는 기회로 삼는 것이 바람직하다.

4. 평가문항의 제작

1) 평가문항 제작 시 고려해야 사항

일반적으로 평가문항을 제작할시 고려되어야 할 사항은 다음과 같다(김회용 외, 2015).

① 다양한 학습목표를 평가하기 위해 다양한 평가문항을 제작하여야 한다.

② 문항의 수는 평가 목적에 따라 사전에 결정되어야 한다.

③ 평가 시기는 횟수는 교수 · 학습과정의 한 단계로 고려되어야 한다.

④ 문항 유형은 내용에 따라 결정되어야 한다.

⑤ 학생 수준에 알맞은 평가문항을 제작하여야 한다.

⑥ 수업과정의 내용 사실을 중심으로 평가문항을 구성하여야 한다.

⑦ 문항은 쉬운 문항부터 어려운 문항 순으로 배치하여야 한다.

2) 문항의 유형

(1) 진위형

진위형은 답지가 참인 것과 거짓인 것을 가려내는 방식으로서 우연히 맞힐 확률은 50%로 높은 편이다. 진위형은 추측에 의해 정답을 맞힐 확률이 가장 크다. 문항을 작성할 때에는 하나의 문장에 단일한 내용이 포함되게 하며 가급적 긍정문으로 서술한다.

(2) 연결형

연결형 문항은 일련의 전제와 답지를 배열하여 전제에 대한 질문의 정답을 답지에서 찾아 연결하는 형태로서 배합형이라고도 한다. 이 연결형을 사용하고자 할 때에는 전제나 답지는 동질성을 가진 것끼리 제시하도록 하고, 답지의 숫자는 전제보다 많아야 한다. 또한 답지나 전제의 수와 길이는 적절히 제한해야 한다.

(3) 선다형

선다형은 두 개 이상의 답지로 구성되어 있으며 피 평가자는 제시된 답지 중에서 정답을 선택하게 하는 방식이다. 선다형 문항을 제작할 때에는 다음 사항을 유의해야 한다.

- 문두는 간결하고 단순하게 서술하여 질문의 내용을 분명히 해야 한다.
- 답지 중에서 정답은 분명하고 오답은 그럴 굿하게 만들어야 한다.
- 정답을 고를 수 있거나 오답을 제거할 수 있는 단서를 주지 않아야 한다.
- 답지의 형태나 길이는 서로 비슷해야 한다.

- 정답의 번호가 특정 번호에 치우치거나 일정한 규칙을 갖지 않도록 해야 한다.

(4) 단답형

단답형은 간단한 단어, 문장, 숫자 등으로 답하게 하는 형식이다. 단답형은 질문은 간단명료해야 하며 정답은 가능한 한 한 개 혹은 몇 개 이내가 되도록 한다.

(5) 완성형

완성형은 진술문의 일부분을 비워 놓고 거기에 적합한 단어, 숫자 등을 기입하여 문장을 완성하는 형태이다. 완성형을 제작할 때에는 문장 속에서 가장 중요한 부분을 채워 넣게 하는 것이 좋다. 또한 문장 속에 정답을 암시하는 내용이 없어야 한다.

(6) 논술형

논술형은 형식에 구애됨이 없이 자신의 생각을 자유롭게 반응하게 하는 방법이다. 논술형은 반응의 자유도가 크고 표현력, 조직력, 창의력, 사고력 등 고등 정신 능력을 측정하는 데 효과적이다. 논술형을 제작할 때에는 하등 정시능력보다는 고등정신 능력을 측정하도록 하며, 여러 문항 중에서 선택해서 쓰지 않도록 한다. 또한 가능하면 채점의 기준을 미리제시하고, 문항 수를 적절히 조정한다.

Chapter 09

실기교육과 교수매체

1. 교수매체의 의미와 기능

교수・학습과정에서 교수・학습목표가 설정되고 그 목표를 달성하기 위해서 교육내용이 선정되면 어떠한 방법으로 그 목표에 접근하는 것이 효과적일 것인가에 대한 문제가 제기된다. 이 과정에서 흔히 학습자의 흥미를 유발하고 이해를 촉진시켜 학습의 효과를 증진시키기 위해서 교수매체(수업매체)를 활용하게 된다.

1) 교수매체의 개념

교수매체의 개념을 파악하기 위해서는 우선 매체의 의미를 알아볼 필요가 있다. 매체란 말은 'media'를 번역한 말로써 'between'의 의미인 '무엇과 무엇을 연결해 준다'라는 의미가 있으며 의사소통(communication)에서 메시지(message)를 분명하게 전달하기 위해 활용되는 모든 형태의 매개수단이다. 즉, 무엇과 무엇 사이에 어떤 내용을 전달해 주는 수단이다. 이것을 교수와 관련지어 보면 교수매체란 교수 학습 활동을 효과적으로 전개하기 위하여 사용되는 도구를 의미한다. 즉 수업을 목적으로 하는 내용을 전달하는 수단으로서 교수자와 학습자 사이에서 수업내용을 연결시켜 주는 매체라 할 수 있다. 결국 교수매체란 교수・학습과정에서 학습동기를 유발하고 이해를 촉진시키며 학습효과를 가져올 수 있는 사물이나 구성요소를 의미한다. 학습자의 동기를 자극할 수 있는 매체로는 교사의 말, 교재, 자연물, 사진이나 그림, 모형, 영화, 교수기계, 컴퓨터, 멀티미디어, 인터넷 등을 포함한 학습 환경 등을 포함하는 개념이다.

2) 교수매체의 기능

전통적인 교수방법에서는 교재와 교사가 사용하는 언어가 유일한 교수매체였다

할 수 있다. 그러나 현대교육에서는 급속도로 발달하는 각종 교수매체를 수업현장에 투입함으로써 보다 효율적인 수업으로 이끌 수 있다. 현대수업에서 빠져서는 안 될 교수매체가 갖는 기능을 요약하면 다음과 같다.

① 정보를 확대하고 전파하는 기능을 갖는다.

교수매체는 공간을 초월하여 다수의 사람들에게 제공될 수 있다. 어느 특정인이 가지고 있는 정보를 방송매체나 SNS매체 등을 통하여 다수의 사람들에게 제공할 수 있다.

② 정보의 기록·고정·보존·재생의 기능을 갖고 있다.

교수매체는 어떤 현상에 대한 촬영, 개인의 사고(思考) 등을 기록하고 보존하여 필요할 때에 재생할 수 있다.

③ 학습경험의 확대와 심화를 가능하게 한다.

미리 준비된 교수매체는 학습자로 하여금 간접경험을 할 수 있게 하며 경험을 심화시킬 수 있다. 예를 들면, 영상매체를 통한 우주의 신비 또는 해상자원의 분포 등을 알 수 있다.

④ 학습자의 흥미를 유발할 수 있다.

교수매체를 이용하는 수업은 학습자들의 흥미를 유발할 수 있으며 학습된 내용을 오래 기억할 수 있다.

⑤ 교수매체는 추상적인 개념, 법칙, 원리 등을 구상화해서 제시할 수 있다.

입체도형, 빛의 반사 및 굴절현상, 생물의 진화과정 등의 추상적인 개념을 구체적으로 나타낼 수 있다. 특히 컴퓨터 그래픽을 이용해서 추상적인 개념을 구상화할 수 있다.

2. 교수매체의 이론적 기초

교수매체에 관한 대표적인 이론들을 제시하면 다음과 같다.

1) 시각교육

시각교육은 과학의 발달과 함께 사진, 유성 영화, 필름 등 새로운 매체의 교육적 활용 가치가 인식되면서 1920년대 본격적으로 시작되었다(이칭찬 외, 2000). Hoban은 Zisman 등과의 공저 『교육과정의 시각화』(*Visualizing the curriculum*, 1937)에서 시각교재의 체계화를 최초로 시도하였다. 그는 여기서 "교육의 목적은 경험의 일반화에 있다"고 주장하고 경험의 일반화를 위해서는 교사는 언어의 직접경험을 연결해 주는 중요한 역할을 해야 하고 이를 위해 추상적인 내용을 구체적인 예시를 통해 일반화된 개념을 갖도록 지도해야 하는데, 이를 위해 시각자료의 적절한 사용이 요구된다고 했다(이영준, 1983). 이를 위해 경험을 언어에 결부시키고 추상을 구체에 의하여 뒷받침해 주기 위하여 어린이들에게 반구체 · 반추상의 교재를 주어야 한다고 주장하고 있다. 경험의 일반화는 언어만으로는 불가능하지만 그렇다고 경험을 존중하고 언어를 무시하는 것도 아니다. 이 양자를 결부시키기 위해서는 반구체나 반추상적인 교재가 필요하다. 학습지도의 과정에서 학습지도는 구체적인 것에서 점차 추상적인 것으로 옮겨가야 한다는 것이다. 이것을 그림으로 나타내면 다음과 같다.

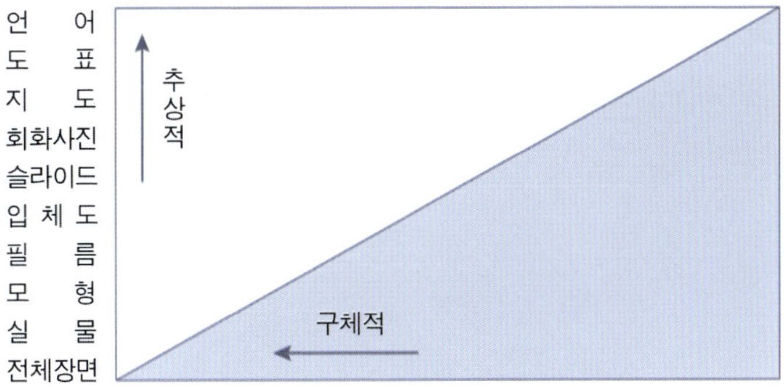

[그림 9-1] Hoban의 시각자료 분류

2) 시청각 교육

1930년대 말 음향 녹음, 축음기, 유성영화의 출현으로 시각교육은 시청각 교육으로 확대되었다(이칭찬 외, 2000). Dale은 시청각 매체를 통한 교육의 효과에 관하여 Hoban 등과 유사한 현실주의 개념을 근거로 구체성과 추상성에 따라 분류하였다. Dale은 『시청각적 교수방법』(*Audio- Visual Method in Teaching*, 1946)에서 시청각 자료를 '의미를 전달하는 데 있어서 주로 읽기에 의존하지 않는 것들'이라고 규정하고 '경험의 원추'를 통해서 분류 · 제시하고 있다(이영준, 1983). Dale은 경험학습을 하나의 도식으로 총괄하여 원추에서 위로 올라갈수록 추상성이 높아지고, 아래로 내려올수록 구체성이 높아지는 것으로 보았다. 즉 학습경험을 크게 직접적 · 목적적 경험, 영상을 통한 경험, 상징적 경험으로 분류하고, 학습형태가 행위에 의한 학습, 영상을 통한 학습, 상징적 · 추상적 개념에 의한 학습으로 구분하였다. 학습자는 직접적 · 목적적 경험에서 시작하여 실제적인 상황을 관찰하고, 상황을 재현하는 추상적인 기호의 사용을 통해서 개념을 이해시킬 수 있다고 본다.

Dale이 주장하는 시청각 교재의 가치는 구체적인 경험을 추상적인 개념으로 형성시키는 데 있다. 개념의 형성을 언어에만 의존하는 경우 언어 편중주의에 떨어지고 만다는 것이다. 그러므로 개념의 형성을 위해서는 풍부한 구체적인 경험을 기초로 해서 발전시켜야 한다. 그러한 과정을 통해서 그래야 비로소 구체적·보편적인 개념이 형성된다는 입장을 취하고 있다.

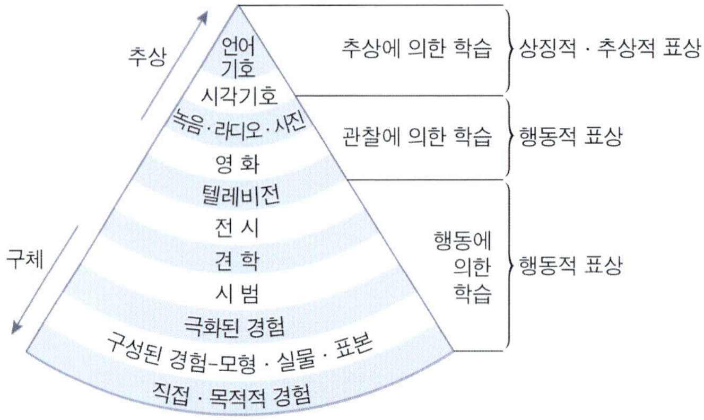

[그림 9-2] Dale의 경험 원추

Dale 외에 Olsen은 그의 저서 『지역사회와 학교』(*Community and School*, 1945)에서 시청각 교구에 대하여 설명하면서 학습경험의 세 측면을 다음 그림과 같이 제시하였다(이영준, 1983).

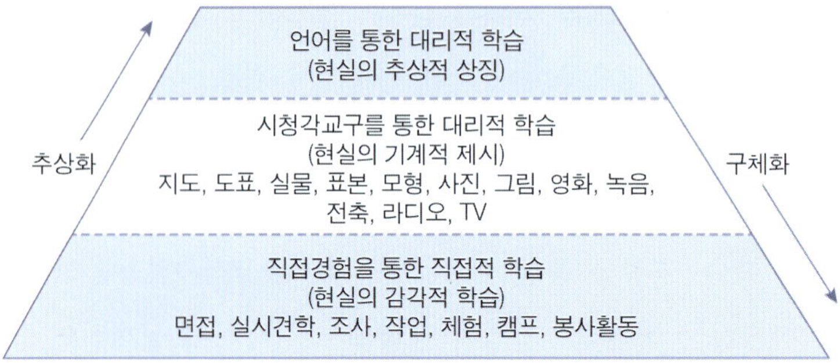

[그림 9-3] Olsen의 학습경험 유형

시청각 교구는 신체적인 여러 감각 특히 시각과 청각에 직접 호소하는 기계적인 교육의 도구이다. 따라서 시청각 교구의 가치는,

첫째, 산 경험을 제공한다.

둘째, 복잡한 자료를 단순화한다.

셋째, 지리적으로 먼 정경이나 사건을 인격화한다.

넷째, 과거의 현상을 현실화한다.

다섯째, 시간의 경제화가 가능하다.

3) 시청각 교육통신

제2차 세계대전 이후 시청각 교육을 양방향의 의사소통 과정으로 보는 통신 개념의 도입과 교수・학습과정을 일련의 요소로 구성되는 체제로 보는 체제이론이 도입되면서 시청각 교육통신 분야로 발전하게 되었다. 시청각 교육통신은 교수・학습의 전체 과정을 체제로 보고 학습내용, 교수매체, 수업 방법 등을 통합적으로 고려하여 설계하는 교육체제이다(이칭찬 외, 2000). 시청각 교육통신은 교육을 교사와 학생 간의 쌍방향적인 의사소통의 과정으로 보는 통신이론과 수업 상황을 일련의 요소로 구성된 완전한 체제로 간주하는 초기 체제 개념의 도입으로 발전하게 되었다(윤광보 외, 2003). 시청각 교육통신은 교수매체의 효과적인 활용으로 학습자의 능력을 최대한 개발시킬 수 있는 커뮤니케이션의 방법이다(조규락 외, 2006). 이것은 단순히 교수・학습 보조물로써의 매체 활용에서 탈피하여 커뮤니케이션 즉, 의사소통 과정에서의 효과적인 매체활용을 시도하려는 것이다.

4) 교수공학

1970년대 지식과 인구의 폭발적인 증가, 과학문명의 획기적인 발달로 사회 전반에 걸쳐 테크놀로지가 교수과정으로 확장되어야 할 당위성으로 부각되었다(조규락 외, 2006). 교수공학은 시청각 교육통신이론을 바탕으로 한 행동주의이론, 체제접근이론 등이 가미되어 새로운 패러다임으로 변화된 것이다. 교수공학의 발달에 영향을 미친 행동주의적 관점은 Skinner의 조작적 조건형성이론, 강화이론, 프로그램 학습이론 등이다. 이들은 프로그램 학습 자료의 개발이나 교수기계(teaching machine) 개발의 원리를 교수・학습과정에 적용하였다. 즉, 공학적 특성을 도입한 것이다. 체제접근이론의 적용은 교수 기계는 일종의 교수 보조물로만 작용하는 것이 아니라 전체적인 교수 과정을 주도하는 체제로 본 것이다. 이는 다시 수업을 준비하고, 설계하고, 개발하는 과정을 일종의 체제로서 파악하려는 교수개발(instructional development)의 개념이 발전된 것이다(조규락 외, 2006). 교수개발의 기본적인 모형의 구성요소는 정의, 개발, 평가이다. 체제접근과 교수개발의 이론을 도입하여 형성된 교수공학은 다시 교육공학으로 발전하게 된다.

3. 교수매체의 선정과 활용

1) 교수매체 선정 시 고려되어야 할 일반적인 사항

교수목표와 학습내용을 전달하기에 적절한 교수매체의 선택은 효과적인 수업을 위한 필수적인 활동이다. 어떠한 매체를 활용하느냐에 따라서 학습자의 학습동기 유발에 영향을 미치기 때문이다. 교수매체의 선택은 교수설계의 모든 과정에서 이루어져야 하며 여러 가지 상황을 고려하여 이루어져야 한다. 매체 선정에 영향을 주는 요인들을 살펴보면 다음과 같다(박성익 외, 2011).

(1) 학습자 특성

수업에 활용되는 매체는 학습자의 연령, 지적수준, 적성, 태도 등의 특성 등을 고려하여야 한다. 교수매체에서 사용되는 언어, 그림, 설명, 내용제시 등이 학습자의 수준에 적합해야 한다. 만약 매체가 학습자의 수준에 적합하지 않을 경우 학습자는 학습흥미를 상실할 수 있다. 예를 들면 연령이 낮은 학습자에게는 그림을 많이 사용할 필요가 있지만 연령이 높은 학생들에는 그래픽이나 표를 이용해 정보를 제공할 수 있다.

(2) 수업 상황

수업 상황은 수업 집단이 소집단 혹은 대집단과 같은 수업 집단의 형태와 교사중심 수업인지, 학생중심 수업인지, 설명위주의 수업인지, 발견식 수업인가 등을 의미한다. 예를 들어 소집단의 개별 학습의 경우에는 학습자가 자신의 학습 진도를 유지할 수 있는 컴퓨터와 같은 개별화 매체가 요구되지만 대집단의 설명식 수업일 경우에는 빔 프로젝터 같은 것을 사용하는 것이 바람직하다.

(3) 학습목표와 내용

학습목표와 내용에 따라서 매체 선정이 달라질 수 있다. 학습목표가 지적 기능을 다루는 것인지, 태도를 기르기 위한 것인지에 따라서 그림이나 사진자료를 사용할 것인지, 동영상 자료를 비롯한 TV자료 화면 등을 활용할 것인지를 판단하여야 한다. 이것은 주어진 학습과제 해결에 적절한 매체인가와 관련된다. 즉, 교사가 학습자에게 무엇을 가르치려 하며, 또 그것을 어떻게 가르치며, 학습자가 무엇을 하게 할 것인가에 대한 명확한 기준이 설정되면 그것을 달성하기 위한 수단이 되는 매체를 선택해야 한다.

(4) 매체의 물리적 속성과 기능

매체가 어떤 상징 매체를 통해서 메시지를 전달하느냐는 매체의 선택에 영향을 미친다. 수업상황과 내용에 적절한 매체를 선택하기 위해서는 매체의 속성인 시각, 청각, 시청각, 동작, 크기, 색체 등을 고려하여야 한다. 즉 내용을 음향과 영상으로 제시할 것인가? 아니면 영상만으로 제시할 것인가? 흑백으로 제시할 것인가? 컬러로 제시할 것인가? 등을 고려하여야 한다.

(5) 수업장면의 시설

매체를 효율적으로 활용할 수 있는 시설의 구비 여부가 매체의 선택에 영향을 미친다. 매체를 사용하는 데 필요한 시설이 갖추어져 있지 않다면 매체가 그 기능을 충분히 발휘하기 곤란하다. 따라서 교수매체는 언제든지, 누구든지 쉽게 활용할 수 있도록 시설을 구비하여야 한다. 예를 들어, 자연 다큐멘터리 자료를 제작했더라도 컴퓨터나 스크린이 준비되어 있지 않다면 무용지물이 되고 만다. 따라서 관련된 기기(器機) 및 자료의 확보상태 등도 고려되어야 한다.

(6) 실용적 요인

현실적으로 매체 사용에 가장 큰 영향을 미치는 요소는 매체의 실용성이라 할 수 있다. 매체가 사용하기 편리하고 사용할 여건을 갖추고 있어야 한다. 이러한 실용성에 영향을 미치는 질적인 요인들로는 이용가능성, 시간, 난이도, 비용 등을 들 수 있다. 매체 준비하는 데 지나치게 많은 시간이 소요되고, 매체 조작이 복잡하거나 지나치게 높은 비용이 드는 매체는 학습자들의 경제적인 부담으로 인하여 학습참여 기회를 감소시킬 수 있다.

2) 교수매체 선정의 체계적인 활동

수업에 필요한 매체와 자료를 선정하는 것은 수업의 방법이나 목표 등과 따로 떼어 생각할 수 없는 체제적 성격을 가지고 있다. 매체나 다른 자료를 선정하는 것은 수업방법의 선정과 밀접한 관련이 있으며, 또한 수업방법의 선정은 수업목표의 수준과 내용의 유형과 밀접한 관계가 있기 때문이다. 따라서 수업방법, 매체, 그리고 자료를 선정하는 것은 체제적인 활동으로 이해되어야 한다. 이 활동은 다음의 세 가지 요소로 구성되어 있다(변영계 외, 2003).

(1) 수업방법의 선정

매체의 선정에 앞서서 결정되어야 할 것은 바로 수업방법의 선정이다. 수업방법의 선정은 수업내용의 특성과 수업목표를 잘 고려해서 결정되어야 하는데, 대체적으로 강의식 수업, 토의식 수업, 발견학습과 탐구학습, 협동학습 등이 있다.

(2) 수업에 적합한 교수매체의 선정

교수매체의 선정을 위한 기준으로는 다음의 두 가지를 생각할 수 있다.

첫째, 선정된 수업방법이 필요로 하는 기능이나 역할에 맞는 매체가 무엇인지를 확인한다(비투사자료, 시각매체, 청각매체, 상호작용매체). 여기서도 역시 수업목표의 성격과 수업내용의 특성을 고려해야 한다.

둘째, 학습자의 크기(대집단, 소집단, 개별 학습자), 선수학습 능력(문자해독 능력), 수업목표의 성격(인지적, 정의적, 운동능력 또는 커뮤니케이션) 등을 고려한다.

(3) 선정된 교수매체에 적합한 자료의 선정 · 수정 · 설계

교수매체를 선정하고 나면 그 매체를 활용하기 위한 자료, 즉 소프트웨어를 선정하여야 한다. 경우에 따라서는 자료가 먼저 선정되고 다음에 매체가 선정되는 경우도 있을 수 있다. 자료의 선정은 세 가지 형태가 있는 데, 현재 사용 가능한 자료를 구하는 것, 현재 가지고 있는 자료를 수정하는 것, 새로운 자료를 설계하는 것 등이다.

① 현재 사용 가능한 자료의 확보

㉠ 자료의 확보를 위한 탐색

현재 사용 가능한 자료가 어디에 있는지 아는 것은 쉬운 일이 아니다. 이 작업은 마치 영화를 만들 때 소품을 담당하는 사람이 따로 있어서 필요한 장면에 요구되는 소품들을 필요할 때 공급하는 것과 같이 학교현장이나 교육현장에 한 사람의 전문가가 담당해야 할 일이다. 미국의 경우에는 '국립교수매체 정보센터'가 있어서 해마다 최신 자료를 전국적으로 수집하고 목록을 만들어서 전국의 교사들에게 제공하고 있다. 요즘에는 인터넷과 CD-ROM을 이용한 서비스도 제공하고 있다. 우리나라에도 한국교육개발원, 국회도서관, 시·도 교육청 단위의 연구센터 등에서 이런 자료를 공급하고 있으나 아직은 미국의 시스템에 비하면 부족한 편이다.

㉡ 자료의 선정

수업자료를 선정할 때 고려해야 할 기준은 다음과 같다.

- 교육목표와의 일치성: 수업자료가 수업목표와 일치하는가?
- 학습자 능력의 적합성: 학습자들이 이해하는 데 너무 어렵지는 않은가?
- 정보의 확실성 및 참신성: 제시되는 정보나 자료들은 내용상 오류가 없으며 제시하는 방법은 진부하지 않고 비교적 최근의 내용을 담고 있는가?
- 흥미와 집중의 가능성: 학습자들의 흥미를 유발하여 주의를 집중하도록 하는가?
- 참여의 가능성: 활발한 상호작용이 필요한 경우에 이를 수용하여 참여할 수 있도록 고려하고 있는가?
- 기술적인 질: 각종 기술적인 면에서 오류는 없는가?(비디오의 경우 에디팅, 음향과 화상의 제시 등)
- 효율성: 얼마나 오랜 시간이 소요되는가? 소요되는 시간은 수업목표의 양과 질에 비하여 적절한가?
- 공정성(편견): 한 개인이나 집단의 의사를 편협하게 전달하고 있지는 않은가?

② 현재 가지고 있는 자료의 수정 보완

많은 경우에 필요로 하는 자료는 없지만, 일부 내용을 수정하거나 보완하면 수업에 활용할 수 있는 자료를 찾게 된다. 이때는 수정을 하거나 보완을 하기 전에 우선 새로 만드는 것과 수정하는 것 두 가지 중에 어느 것이 더 쉬운지를 확인할 필요가 있다. 고칠 양이 많으면 새로 개발하는 것이 좋다.

③ 새로운 자료를 설계하는 일

새로운 자료를 설계하고 개발하는 것은 쉬운 일이 아니다. 만일 그 자료가 컴퓨터나 비디오 등 여러 가지 장비와 기술, 그리고 전문 인력이 필요한 경우에는 더욱 그러하다. 주의해야 할 것들을 점검해 보면 다음과 같다.

- 학습자의 특성을 충분히 파악하고 있는가?
- 자료를 만들기 위해 필요한 시간과 비용을 가지고 있는가?
- 자료를 만들기 위한 충분한 장비와 기술을 가지고 있는가?
- 자료를 활용할 환경에 대해 충분히 파악하고 있는가?
- 자료를 활용할 사람들에 대해 충분히 파악하고 있는가?
- 내용은 충분히 파악하고 있는가? 만약 그렇지 않다면 도와줄 외부 전문가는 확보하고 있는가?
- 개발과정에서 생길 수 있는 문제에 대해 도움을 받을 수 있는 사람은 있는가?

위의 일곱 가지 중에서 활용환경, 활용자, 내용, 그리고 개발과정에 대한 도움 등은 지금까지는 다소 간과되어 왔다. 그러나 매체를 개발하는 것은 단순한 일이 아니어서 다수의 전문가들이 공동으로 참여하는 복잡한 일이라는 것을 염두에 두지 않으면 안 된다.

3) 교수매체 활용 시 유의사항

교사가 교수 매체를 활용할 때 유의할 사항은 다음과 같다(이무근 외, 2015).

(1) 사전준비

① 자료의 내용과 특성을 파악하고 학습내용과의 관련성 고려

② 이용 장소, 시기, 시간, 방법 등의 고려

③ 기재의 사전정비, 시험, 시사, 시청, 주유 및 기재취급에 대한 기술적 완벽
④ 이해하기 어려운 복잡한 자료나 내용은 설명서, 도해물 또는 팸플릿 준비
⑤ 특수사태(정전 또는 기재 고장) 등에 대비

(2) 사전지도

① 학습자에게 사전 준비물에 대한 지도
② 자료취급에 대한 사전지도
③ 이해하기 어려운 자료나 내용에 대한 사전지도
④ 문제의 제시, 토의형식의 협의나 지도
⑤ 활동범위와 연기에 대한 지도

(3) 도입, 전개, 정리 · 사후지도

① 도입단계: 강한 학습동기를 유발시키고 학습문제를 파악하기 위해 활용
② 전개단계: 학습경험을 풍부하게 하고 학습을 능률화시키기 위해 사용
③ 정리 · 사후지도 단계: 결과를 정리 · 확인하기 위해

(4) 사후정리

① 학습결과를 교사의 입장에서 정당하게 반성
② 사용했던 시설, 기재, 기타 자료를 원위치에 정리

Chapter 10

현장실습 및 산학협력교육

1. 현장실습

1) 현장실습의 의의

현장실습이란 현장 적응력과 창의력을 지닌 인재 양성을 위해 대학과 기업(기관)이 공동으로 참여하여 정해진 기간 동안 국·내외 산업현장에서 실습교육을 실시하고 이를 통해 학점을 부여하는 제도를 말한다(교육과학기술부, 2013). 현장실습은 교실에서 배운 이론과 실기를 산업현장에서 구체적으로 경험하게 하는 교육활동이다. 교실에서 배운 이론을 작업현장에서 직접 체험하게 하는 것은 '행함으로써 배우게(Learning by doing)' 하는 교육방법이다(류윤석 외, 1999). 현장실습교육은 교실에서 배운 이론과 실기능력을 산업현장과 연계시킴으로써 현장 적응능력을 배양하고, 그동안의 학습결과를 평가받는 과정이다. 또 현장의 실정을 파악하고 문제점을 발견하여, 이를 연구하고 해결하기 위한 과정이다. 다시 말해서 현장실습은 ① 새로운 피고용자로 하여금 그 작업에 익숙하게 하기 위한 소개활동(orientation)이며, ② 피고용자의 직업적 기능의 향상을 위한 교육이고, ③ 피고용자의 문화적 계몽이나 인간적 교양을 위한 교육활동이다. 학습자는 현장실습을 통해서 현장의 실제 업무를 터득할 수 있는 기회로 활용할 수 있으며, 정규 과목에서는 충족시킬 수 없는 산지식과 소양을 계발할 수 있는 계기로 활용할 수 있다.

현장실습은 교양교육의 목적과 직업교육을 목적으로 실시되는 프로그램으로 구분할 수 있다. 교양교육으로서의 현장실습은 현장의 일을 이해하고 인식하기 위한 관찰실습(work observation)과 현장의 일반적인 일을 실제로 체험하는 현장실무실습(general work experience program)으로 구분할 수 있다. 또 직업교육으로서의 현장실습은 워크스터디 프로그램(work study program), 인턴십(internship), 그리고 산학협력교육(cooperative education program)으로 구분할 수 있다. 워크 스터디(work study)는 학생들이 표준 직무조건 상태에서 일을 수행하는 형태로써 일반적으로 보수를 받으며 학점으로 인정받는다. 실습기일은 대개 1학기 내지 2학기 정도이다. 인턴십(internship)은 전문대학이나 4년제 대학에서 전문직 혹은 준 전문직에 관한 교육에 적용된다. 학교수업을 통하여 학습한 능력을 졸업 전에 현장에서 종합적으로 경험하게 된다. 전문직업인이 수행하는 실제 상황에서 그대로 직무를 수행한다. 현장에서의 직무수행은 새로운 지식이나 기술을 배우는 것보다 이미 학교에서 배운 지식이나 기술을 적용해보도록 하는 데 주 목적이 있다. 완전한 경험을 얻기 위하여 최소한 3개월에 걸친 전일 근무와 그곳에서의 숙식 생활을 필요로 한다. 학생들은 일반적으로 대학 당국에서 선정한 장소에서 일하게 되며 인턴십(internship)을 제공하는 기관의 전문가의 지휘・감독을 받으며 일정한 수당을 받는다. 산학협력교육(cooperative education system)의 실습내용은 학생들의 진로목표(career objective)에 근거하며, 작업장소는 실내수업을 위한 직장 실험실(occupational laboratory)이 된다(정찬기 외, 2010).

2) 현장실습의 종류 및 운영기준

현장실습은 운영 시점과 기간, 지역적 범위에 따라 구분하여 운영할 수 있다. 제도의 운영시점과 기간에 따라 학기제와 계절제로 구분하고 지역적으로는 국내와 해외로 나누어 운영할 수 있다. 이를 종합하면 다음과 같이 4가지 유형으로 구분된다(교육과학기술부, 2013).

시점 / 지역	학기 중	방학 중
국 내	국내 학기제 현장실습	국내 계절제 현장실습
해 외	해외 학기제 현장실습	해외 계절제 현장실습

현장실습은 실습의 실효성을 고려하여 실습기관의 근로환경과 동일한 여건 하에서 실습하는 것을 전제로, 1일 8시간/주 40시간을 기준으로 연속적으로 실시되는 것을 원칙으로 한다. 학기제와 계절제 현장실습에 대한 운영기준은 다음과 같다.

구분	운영시기	실습기간(시간)
학기제 현장실습	1학기, 2학기	4주(160시간) 이상
계절제 현장실습	하계방학, 동계방학	

3) 현장실습의 목적 및 필요성

현장실습은 학생의 경험을 중시하는 경험주의 교육철학과 학습자의 학습상황 참여를 강조하는 학습이론에 근거하고 있다. 직업기술교육이나 전문직업인 양성을 목적으로 하는 실업계 고등학교 또는 전문대학에서의 현장실습이 차지하는 비중은 점차 커지고 있다. 전문대학에서의 현장실습을 실시하는 목적을 다음과 같이 정리할 수 있다(이종철 외, 2015).

첫째, 이론적 지식과 실기 수행 능력을 하나로 통합하기 위함이다. 현장실습은 실제적으로 연습을 필요로 하는 이론적 내용을 실제 수행능력과 연결시키는 보완적 교육이다. 직업교육에서는 이론적 지식과 실기수행 능력이 따로 분리되어 있는 것이 아니라 이론적 지식과 실무수행능력의 통합이 요구된다.

둘째, 현장실습을 통해 현장 업무수행 능력을 향상시키기 위함이다. 현장에서의 직접적인 실습을 통해 학교에서 배운 전공 관련 지식과 기술 등을 좀 더 현장감 있게 연마할 수 있는 기회를 갖는다.

셋째, 현장실습을 통해 직장에서 지녀야 할 근무 태도를 익히게 하기 위함이다. 직장 내에서의 인간관계, 직장 내에서의 예절 등을 사전에 익힐 수 있는 기회를 제공하기 위함이다.

넷째, 전공과 관련된 산업체의 현황 및 미래 전망에 대한 안목을 갖게 하여 자신의 진로를 결정하는 데 도움을 주기 위함이다. 산업체에서의 경험을 통해 근로자 직무만족도, 미래 전망, 취업실태, 임금 현황 등에 대한 직접 체험을 통해 진로탐색 및 진로결정에 도움을 주기 위함이다.

다섯째, 대학에서의 학습 내용을 현장에 적용시켜 봄으로써 학습동기를 유발할 수 있다. 현장실습을 통해서 대학에서 학습내용을 직접 실천을 통해 학습에 대한 필요성을 느끼게 할 수 있다.

여섯째, 현장실습 교육을 통해 실천적 직업에 대한 존엄성을 깨닫게 된다. 현장실습을 통해 정신적 능력을 발휘하는 직업 못지않게 실천적·육체적인 능력을 발휘하는 직업에 대한 인식을 달리 할 수 있다.

한편, 현장실습의 의의를 다음과 같이 정리할 수 있다(이무근 외, 2015).

첫째, 학교에서 배운 지식과 기술을 산업사회의 현장에서 실천해 봄으로써 전공분야에 관한 이론과 실제를 체험할 수 있게 한다.

둘째, 전공분야의 여러 직종에 관한 사전경험을 통하여 졸업 후 자기적성, 능력에 알맞은 직업을 선택할 기회를 준다.

셋째, 학생들에게 일의 존엄성과 자신이 할 일에 대한 책임감, 신뢰감, 성취감을 갖게 한다.

넷째, 복합적인 상황 속에서 여러 사람들과 접촉하고 협동하는 과정에서 원만한 인간관계를 가질 수 있는 소양을 길러준다.

다섯째, 전공분야와 관련 있는 사회의 각종 분야와 밀접한 유대관계를 가질 수 있는 계기가 된다.

여섯째, 학교시설의 부족을 보충할 수 있고, 실험실습에 소요되는 비용을 줄일 수 있다.

일곱째, 학교교육과정을 사회의 요구에 보다 적합하게 계획, 운영할 수 있다.

4) 현장실습생이 알아야 할 5대 수칙

고용노동부·한국직업능력개발원은 특성화 고등학교 현장실습생 핸드북을 발간하여 일선학교에 보급하였다. 여기에는 현장실습생의 권리와 의무, 직장 내 성희롱 예방, 용모와 복장예절 등에 관한 내용들이 담겨있다. 그중 일부를 발췌하여 제시하면 다음과 같다(고용노동부 외, 2012).

(1) 현장실습생의 권리와 의무

현장실습생에게는 다음과 같은 권리가 있다.

실습생의 권리	내용
지도 받을 권리	• 현장실습생은 지식과 기술을 향상하기 위해 지속적으로 지도받을 권리가 있다.
실습에 대해 안내 받을 권리	• 현장실습생은 현장실습의 구체적인 조건 및 실습 종료 후 취업에 관한 사항을 구체적으로 안내받을 권리가 있다.
표준협약서 이행 권리	• 현장실습생은 표준협약서에 위반되는 내용을 거부할 수 있으며, 이에 대한 불이익을 받지 않을 권리가 있다
실습시간에 관한 권리	• 실습은 1주일에 최대 40시간까지만 가능하며, 야간·휴일 실습을 거부할 권리가 있다.
보호·보상받을 권리	• 현장실습생은 현장실습 과정에서 위험과 재해로부터 보호받고, 재해 시 보상받을 권리가 있다

또한 현장실습생은 다음과 같은 의무가 있다.

실습생의 의무	내용
학습 의무	• 현장실습생은 실습과정에서 성실하고 근면하게 학습해야 할 의무를 갖고 있다.
지시를 따를 의무	• 현장실습생은 실습 담당자의 지시 및 지도에 성실히 따라야 할 의무를 갖고 있다. 특히 사업장내에서의 단독행동을 하지 않도록 유의해야 한다.
제반수칙 엄수 의무	• 현장실습생은 실습 기업이 갖고 있는 제반규칙을 성실히 따를 의무를 갖고 있다.
유지/보관 의무	• 현장실습생은 실습에 사용되는 공구, 기계, 자료 등을 주의하여 다루고 잘 유지해야 할 의무를 갖고 있다.
비밀보장 의무	• 현장실습생은 실습 도중 알게 된 사업주의 기밀을 누설하지 않을 의무를 갖고 있다.
출석 의무	• 현장실습생은 특별한 사유가 없는 한 빠짐없이 출석해야 하며, 결석하는 경우 지체 없이 실습담당자 및 교사에게 알려야 할 의무를 갖고 있다.

(2) 직장 내 성희롱 예방

현장실습 중에는 반드시 직장 내 성희롱 예방교육을 받도록 의무화되어 있다. 직장 내 성희롱 피해를 당했을 때는 실습담당자와 선생님께 즉각 알려야 한다. 직장 내 성희롱이란 직장 내에서 고용이나 업무와 관련하여 사업장 내외에서 사업주, 상급자, 또는 근로자가 다른 근로자에게 원하지 않는 성(性)과 관련된 언어/행동으로 상대방에게 불쾌하고 혐오감을 느끼게 하거나, 그러한 행동이나 요구에 불응한 것을 이유로 고용상의 불이익을 주는 것을 의미한다. 기업은 직장 내 성희롱을 금지시키고, 매년 1회 이상의 성희롱 예방교육을 실시하여야 한다. 또한 성희롱 발생이 확인된 경우 가해자에 대해 징계 조치를 취해야 한다.

| 표 10-1 | 직장 내 성희롱의 유형

성희롱 유형	구체적인 사례
육체적 성희롱	• 입맞춤이나 포옹, 뒤에서 껴안기 등의 신체적 접촉행위 • 가슴, 엉덩이 등 특정 신체부위를 만지는 행위 • 안마나 애무를 강요하는 행위
언어적 성희롱	• 음란한 농담이나 상스러운 이야기를 하는 행위 • 외모에 대한 성적인 비유나 평가를 하는 행위 • 성적 관계를 강요하는 행위 • 회식자리 등에서 무리하게 옆에 앉혀 술을 따르도록 강요하는 행위 • 성적 사실관계를 묻거나 성적인 내용의 정보를 의도적으로 유포하는 행위
시각적 성희롱	• 음란한 사진 · 그림 · 낙서 등을 보여주는 행위 • 성과 관련된 자신의 특정 신체부위를 고의적으로 노출하거나 만지는 행위
기 타	• 기타 성적인 굴욕감 · 혐오감을 유발하는 것으로 인정되는 언어나 행동

(3) 용모와 복장예절

- 실습에서는 누구에게나 호감을 주는 용모나 옷차림이 되도록 신경을 써야 한다.
- 단정하고 조화된 인상을 주도록 하는 것이 바람직하다.

① 옷차림

- 깨끗하고 청결한 인상을 주는 옷을 입도록 한다.
- 극단적인 색채나 이상한 복장은 삼가 해야 한다.
- 요란한 스타킹, 매니큐어 등 눈에 띄는 복장은 삼가한다.
- 실습장에서 별도로 실습복을 지급하는 경우, 매일 올바르게 착용한다.

② 용모

- 머리는 항상 깨끗하게 빗고, 정기적으로 이발하도록 한다.
- 너무 눈에 띄는 염색, 파마 등은 삼가도록 한다.
- 항상 거울을 보고 얼굴, 치아, 수염, 손톱 등을 깔끔하게 정리한다.

| 표 10-2 | 남에게 불쾌감을 주는 옷차림과 용모

남학생	여학생
• 충혈된 눈 • 잠잔 흔적이 남은 머리 • 덥수룩한 수염 • 길게 자란 코털 • 지저분한 손톱 • 비뚤어진 넥타이 • 실습복의 단추를 잠그지 않거나 다른 옷을 겹쳐 입음	• 요란한 머리모양 • 야하고 화려한 화장 • 눈을 가리는 긴 머리 • 화려한 악세사리 • 긴 손톱, 빨간 매니큐어 • 무늬 있는 스타킹 • 실습복의 단추를 잠그지 않거나 다른 옷을 겹쳐 입음

5) 현장실습의 계획

현장실습은 학교 교육의 연장이므로 기술인 양성을 위한 완성교육의 책임과 의무를 다하도록 일관성 있게 지도하여야 한다. 현장실습의 궁극적인 목적은 이론과 실제를 접목시켜 교육의 목적을 효과적으로 달성하고자 하는 데 있다. 따라서 현장실습은 학교 내에서 이루어지는 교육과 밀접한 관련을 맺어야 한다. 또한 산업체와 유대관계 및 상호 협조체제를 강화하여 체계화된 실습지도에 만전을 기하여야 한다. 그러므로 현장실습은 사전에 치밀한 준비가 필요하다. 현장실습을 위한 구체적인 절차를 제시하면 다음과 같다(Herman, 1975).

(1) 현장실습 목표설정

교육목표는 교육활동에 대한 방향을 제시해 주는 것이다. 따라서 현장실습을 실시하려고 할 때는 그 목표를 구체적이고 분명하게 설정하여야 한다. 아울러 왜, 무엇 때문에 현장실습을 실시하는지를 분명히 제시할 필요가 있다. 현장실습은 그 목적에 따라서 다양한 유형으로 구분할 수 있다. 그러므로 현장실습을 실시할 경우에는 그 목적이 교육으로서 현장을 관찰하기 위한 것인지, 아니면 현장에서의 실제적인 실무경험을 쌓기 위한 것인지, 혹은 직업교육으로서의 워크스터디인지, 인턴십 또는 산학협력교육인지가 명확히 정립되어야 한다. 그것은 곧 학교, 학생, 고용주, 지역사회, 학부모들이 목적의식을 갖고 현장실습에 임하고, 또 각자 맡은 역할을 올바르게 수행할 수 있게 하기 위한 것이다.

(2) 현장실습을 위한 기초조사

현장실습의 목표를 설정하고 프로그램을 계획·운영하기 위해서는 이를 위한 기초조사가 이루어져야 한다. 기초조사의 내용은 학생에 관한 내용, 실습현장의 기업 및 관련기관, 그리고 이와 관련된 지역사회에 대한 조사가 이루어져야 한다. 현장실습을 위한 기초조사 내용에 포함되어야 할 내용은 다음과 같다.

① 학생에 관한 기초조사 내용

- 학생개인의 학습능력 진단
- 현장실습 프로그램에 대한 학생의 흥미와 이해
- 현장실습을 통해 학습하고자 하는 학습내용과 욕구
- 학생 개인별 진로 및 진학계획
- 학생 개인의 성격 및 적성

- 학생 가정의 사회·경제적인 특성

② 실습현장에 관한 내용

- 현장지도자의 직위, 경력, 교육정도
- 현장실습 기관의 특성 및 실태
- 종업원 수 및 구성
- 인력수급상황
- 학생이 실습 시 맞게 될 직무
- 실습기관의 기술적 수준과 발전가능성
- 실습기관의 훈련프로그램, 현장시설의 규모, 실습생의 수용능력
- 실습기관의 실습에 대한 관심도와 학교 교육에 대한 협조 및 참여도
- 지역사회의 산업체 분포상황

| 표 10-3 | 현장실습 참여 신청서(학생)

<table>
<tr><th colspan="6">현장실습 참여 신청서(학생용)</th></tr>
<tr><td colspan="2">성 명</td><td colspan="2"></td><td>전공/학과</td><td></td></tr>
<tr><td colspan="2">생년월일</td><td colspan="2"></td><td>학 번</td><td>–</td></tr>
<tr><td colspan="2">현 주 소</td><td colspan="4"></td></tr>
<tr><td rowspan="2">연락처</td><td>휴대폰</td><td colspan="2"></td><td>자택</td><td></td></tr>
<tr><td>이메일</td><td colspan="4"></td></tr>
<tr><td colspan="2">평균평점</td><td colspan="4"></td></tr>
<tr><td colspan="2" rowspan="3">자격증</td><td colspan="2">자격증명</td><td>발급일</td><td>시행청</td></tr>
<tr><td colspan="2"></td><td></td><td></td></tr>
<tr><td colspan="2"></td><td></td><td></td></tr>
<tr><td colspan="2" rowspan="2">어학능력</td><td>영어</td><td colspan="3">①회화(상,중,하) ②독해(상,중,하) ③작문(상,중,하)</td></tr>
<tr><td>기타(　　　)</td><td colspan="3">①회화(상,중,하) ②독해(상,중,하) ③작문(상,중,하)</td></tr>
<tr><td colspan="2">기타
경력사항</td><td colspan="4"></td></tr>
<tr><td colspan="2" rowspan="4">현장실습
지원분야</td><td>구분</td><td colspan="3">실습기관명</td></tr>
<tr><td>1지망</td><td colspan="3"></td></tr>
<tr><td>2지망</td><td colspan="3"></td></tr>
<tr><td>3지망</td><td colspan="3"></td></tr>
<tr><td colspan="2">서약 및
지원신청</td><td colspan="4">본인은 현장실습교육과정 실습생으로서의 본분을 지키고 제반규정을 준수하며, 실습기간 중 본인의 부주의로 인한 사고에 대하여는 재해 보험법상의 책임을 제외한 일체의 책임은 본인의 부담으로 하겠음을 서약하며, 위와 같이 현장실습을 신청합니다.

첨부: 자기소개서 1부.

20 년 월 일

신청인: (서명)</td></tr>
</table>

출처: 교육과학기술부, 한국산업기술진흥원(2013). 현장실습 운영매뉴얼

| 표 10-4 | 현장실습 자기소개서(학생)

자기소개서	
지원동기	※ 현장실습 참여 이유 및 목적 등 서술
전공 및 기술 능력	※ 참여 학생이 가지고 있는 전공 능력이나 기타 기술 능력을 서술
주요 경력 및 자격사항	※ 참여 학생 본인의 주요 경력, 자격(증)사항 정보를 서술
성격 및 장단점	

출처: 교육과학기술부, 한국산업기술진흥원(2013). 현장실습 운영매뉴얼

6) 현장실습의 실천

현장실습에 대한 계획이 수립되고 기초조사가 끝나면 일반적으로 다음과 같은 과정을 거쳐 현장실습이 실시된다(이무근 외, 2004).

- 현장실습 운영위원회를 조직하고 전담교사를 선정한다.
- 학생조사를 기초로 현장에서 학습하게 될 내용, 학습단계, 학습절차 등을 구체화한다.
- 지역사회조사를 기초로 현장실습 장소, 시기, 기간, 교육내용 및 방법, 숙식, 교통문제 등에 관해 실습기관 책임자, 현장지도교사와 협의한다.
- 학교의 행정적인 지원체제, 특히 예산문제, 학교수업기간과 현장실습기간의 수업조정, 현장 지도교사 및 고용주와의 협동체제 등에 관하여 계획한다.
- 현장실습프로그램을 사전에 학생들에게 안내하고 현장지도교사 및 고용주에게 협조를 요청한다.
- 실습지도 담당교사는 수시로 실습현장을 방문하여 지도 조언한다.
- 현장실습 결과를 사전에 설정한 평가기준에 의하여 평가하고 학교, 학생, 고용주, 현장 지도교사와의 공동평가회를 개최한다.

• 평가결과는 다음의 현장실습을 위한 개선방안의 모색자료로 활용한다.

이와 같은 현장실습이 이루어지는 동안 학생들은 현장실습일지를, 교사는 현장지도보고서를, 현장지도교사는 학생 평가서를 작성하게 되는데 거기에 포함되어야 할 내용은 일반적으로 다음과 같다.

(1) 현장실습일지에 포함되어야 할 내용

- 현장실습의 목적
- 현장실습 시 유의사항
- 현장실습일지 기록상의 유의점
- 현장실습지 안내도
- 현장실습기관에 관한 전반적인 조사
- 실습계획서
- 실습일지

| 표 10-5 | 현장실습 일지

현장실습 일지					
			전담지도자	(인)	
200 년 월 일 ~ 200 년 월 일 현장실습 학생: (인)					
근무시간	~	근무분야		부서	
실습내용					
교과내용 관련분야					
실습상의 애로점					
실습소감					
기타					

출처: 고용노동부 · 한국직업능력개발원(2012). 특성화고 현장실습 운영매뉴얼

(2) 현장실습 지도보고서에 포함되어야 할 사항

- 실습장소명
- 지도내용: 지도학생, 지도사항, 지도를 통한 애로 및 건의사항
- 지도일시, 지도자명

| 표 10-6 | 현장실습 방문지도보고서(교원)

현장실습 방문지도보고서

실습기관명			방문일자	
기술 지도위원	직위		성명	
지도학생	성명	학번	학년	전공/학과
기술지도 내용				
협의사항				
현장조사 실태의견	※ 실습기관 환경, 실습내용의 적합성, 실습학생 업무처리 사항, 학생 면담 결과, 기타내용 등을 포함하여 서술			

위와 같이 현장실습기관을 방문하여 업무협의 및 학생들에 대한 지도를 하였기에 결과를 보고합니다.

년 월 일

학과명(전공명): 직위: 성명: (서명)

현장실습지원센터장 귀중

출처: 교육과학기술부, 한국산업기술진흥원(2013). 현장실습 운영매뉴얼

7) 현장실습의 평가

현장실습이 종료되면 현장 지도를 담당하였던 교사와 현장순회 지도교사는 현장실습의 목표와 내용을 고려하여 평가 기준을 설정하고 이를 토대로 현장실습 평가서를 작성한다. 또한 현장실습이 종료되면 현장 지도교사와 현장실습 전담교사, 학생 등이 참석한 가운데 현장실습에 대한 자체평가를 실시해야 한다. 현장실습 평가는 실습 전담교사 및 현장 지도교사에게는 다음의 실습 지도를 위한 참고자료로 활용될 수 있으며 실습생에게는 현장 적응도를 높일 수 있는 자료를 제공받을 수 있다. 평가방법은 서면에 의한 방법, 좌담에 의한 방법, 실습소감문 작성 등에 의한 방법 등이 있다. 현장실습에서의 평가는 학업성적관리 규정을 엄격히 준용하여 공정하고 합리적인 학업성적 관리를 하여야 한다. 또한 학교와 산업체의 협조체제를 정립하여 산업체에서도 평가기준을 충분히 인식하고 평가의 객관성과 신뢰성을 확보하여야 한다.

현장실습 교사가 실습생을 평가하여 작성하는 학생평가서에 포함되어야할 사항은 다음과 같다.

- 실습태도(작업에 대한 성실성)
- 작업 및 실험능력(작업의 신속성, 정확성, 완결성)
- 새로운 작업에 대한 적응력
- 실습내용에 대한 지식과 기술의 정도
- 용모, 복장, 언행
- 동료 및 직원 간의 협동심 및 인간관계
- 적극적이고 창의적인 활동성
- 근면성(출퇴근 상황)
- 책임감과 독자적인 수행능력
- 실습기자재의 관리 및 실습장의 정리정돈

| 표 10-7 | 현장실습 수행평가표

현장실습 수행평가표						
성 명		전공/학과				
실습기간		학 번	–			
실습기관명		기술지도 위원확인	(인)			
항목		점수				
		10점	8점	6점	4점	2점
수행능력	실무관련지식					
	업무숙지능력					
	업무이행능력					
	창의성					
	프리젠테이션스킬 (발표력)					
수행태도	성실성					
	책임감					
	안전관리준수					
출결태도	지가/결석/조퇴 등 출결상태 평가	※ 무결석: 20점( ) ※ 대학 특성에 따라 평가기준 설정				
평가점수		______ / 100점				
평가의견						

출처: 교육과학기술부, 한국산업기술진흥원(2013). 현장실습 운영매뉴얼

| 표 10-8 | 현상실습 평가 구분(예시)

구분	평가영역	평가비율	배점	비고
산업체 평가	실습과제수행	70%	40	실습평가서 참조
	안전관리		10	
	태도		10	
	출결		10	
학교평가	실습일지	30%	10	현장지도 복명서 참조
	순회지도 교사평가		20	
총계		100%	100점	

출처: 이무근 외(2015)

| 표 10-9 | 현장실습생 평가 양식

실습기간	20 . . .~20 . . .	실습부서		
피 평가자		평가자		
평가항목	평가요소	평점		
		우수	보통	미흡
		10점	8점	6점
업무태도	• 성실하게 출석하였나?			
	• 직업과 업무에 관한 윤리의식을 갖추었나?			
	• 실습관리자 및 실습부서 직원과의 대인관계는 원만하였나?			
	• 자발적으로, 적극적으로 실습에 임하였나?			
	• 실습기간 동안 책임의식을 갖추었나?			
업무능력	• 해당 업무에 대한 기본적인 지식과 기술을 획득하였나?			
	• 업무 지시를 정확히 이해하고 수행하였나?			
결과물 평가	• 실습과제물을 정해진 기한 내에 제출하였나?			
	• 부과된 업무를 신속, 정확하게 처리하였나?			
	• 결과물의 질은 신뢰할 만한가?			
기타				
합계(100점)				
종합평가	발전가능성 : 조직 몰입(이직 포함): 총평:			

출처: 고용노동부 · 한국직업능력개발원(2012). 특성화고 현장실습 운영매뉴얼

8) 현장실습장에서의 안전교육

안전교육이란 학생들의 안전을 위한 지식, 기능, 태도를 학교에서 길러주는 교육이다. 실습장 주변에는 수많은 위험요소들이 내재해 있다. 시설물, 실습기자재, 실습용 약품 등은 실습에 있어서 없어서는 안 될 것들이지만, 이것들은 언제, 어떻게 위험요소로 전환될지 모르는 것들이다. 특히 다수의 미성년자들이 공동생활을 하고 있는 교육기관에는 예측하기 힘든 각종 안전사고의 위험요소들을 항시 내포하고 있다. 따라서 각종 교육시설물 및 교육기자재로부터 우리 자신을 보호하기 위한 안전교육의 필요성이 강조되고 있다. 새롭게 등장한 안전교육은 여러 가지 재해로부터 학생들이 자신의 안전을 지키기 위한 준비교육이라 할 수 있다. 학생의 신체를 외부의 재해로부터 지켜주는 것이 사회의 책임이면서 동시에 학생 자신의 책임이기도 하다.

안전교육은 1992년경부터 미국에서 격증하는 교통사고를 중심으로 하는 재해방지를 위한 안전교육을 일부 학교에서 특별히 교육과정에 포함시킨 이후부터 시작되었다. 철도나 도로에서의 사고, 천재에 대한 무방비, 빈곤으로 인한 영양부족 등에 대한 안전교육이 요구되었기 때문이다. 산업화와 교통수단의 급증으로 인하여 산업현장에서의 안전사고, 교통사고 등으로 수많은 사람들이 사망하는 경우가 많았다. 특히 실험·실습실은 전기와 화학물질 등에 의한 위험이 내재하고 있어서 실험·실습실의 조직, 계획, 수업을 진행하는데 있어서 안전에 대한 교육은 최우선적으로 고려되어야 할 사항이다.

교육부에서는 '학교안전교육 실시 기준 등에 관한 고시'(교육부 고시 제2016-90호, 2016.3.15)를 통해 학교안전교육 7대 영역에 해당하는 안전교육을 학생 및 교사를 상대로 실시하도록 하였다. 학교급별 학교안전교육 7대 영역을 살펴보면 다음과 같다.

| 표 10-10 | 학년별 학생 안전교육의 시간 및 횟수

(단위: 단위활동, 차시)

구분		생활안전교육	교통안전교육	폭력예방 및 신변보호교육	약물 및 사이버 중독 예방 교육	재난안전교육	직업안전교육	응급처치교육
교육시간	유치원	13	10	8	10	6	2	2
	초등학교	12	11	8	10	6	2	2
	중학교	10	10	10	10	6	3	2
	고등학교	10	10	10	10	6	3	2
횟수		학기당 2회 이상	학기당 3회 이상	학기당 2회 이상	학기당 2회 이상	학기당 2회 이상	학기당 1회 이상	학기당 1회 이상

이상에서 보는 바와 같이 학교안전교육의 범위는 학교생활 전반에 걸쳐 있다 할 수 있다. 여기서는 범위를 좁혀 각종 실습장에서의 안전교육에 관하여 구체적으로 살펴보고자 한다.

(1) 실습장에서의 안전 확보

실험실습장에서 안전을 확보하기 위해서는 다음과 같은 사항들이 고려되어야 한다.

① 실습은 교사의 감독과 작업지시에 의하여 이루어지도록 한다.

② 실험도구를 사용함에 있어서 우선 교사가 완벽한 시범을 보여준다.

③ 안전수칙을 지키지 않아 발생했던 실험실습장에서의 안전사고의 사례를 들려주고, 안전사고에 대한 경각심을 불러일으킴과 동시에 안전사고 발생 시의 행동요령을 숙지하게 한다.

④ 교사는 학생들이 실습장에서 안전수칙을 엄격히 지키도록 강경한 태도를 유지한다.

안전교육은 학습자의 안전의식을 높여 개인의 안전을 도모함과 동시에 전체의 안전수준을 향상시켜 안전하고 명랑한 작업장 분위기를 조성하는 데 있다. 즉 각 개인에게 직장생활에 필요한 적응성을 부여하여 생활능력을 높이는 데 있다. 일반적으로 실습장에서 안전과 관련하여 강조되어야 할 사항은 다음과 같다.

① 인간생명의 존귀함,

② 재해의 비우연성, 즉 방지의 신념을 갖는 일,

③ 안전은 협력활동이라는 점부터 출발하여야 한다.

산업재해 및 직업병의 근원적 예방을 위하여 2009 개정 초·중등 교육과정에서는 범교과 학습주제는 관련되는 교과와 창의적 체험활동 등 교육활동 전반에 걸쳐 통합적으로 다루어지도록 하면서 안전·재해 대비교육을 강화하도록 하고 있다. 이는 지식·태도 및 가치관의 형성과정에 있는 초·중·고등학교 학생에 대한 조기 안전·보건교육을 체계적으로 실시하여 생활 속에 습관화 되도록 함으로써 청소년 자신은 물론 조직구성원의 건강과 신체의 중요성을 체득케 하여 산업재해와 직업병의 근원적인 예방책이 강구되도록 추진하고 있는 것이라 할 수 있다.

안전교육을 실시하기 위해서는 학교장, 학교조직, 교사, 학생, 지역사회가 공동으로 참여하여야 한다. 학교에서 안전에 관한 최종 책임자인 학교장은 교사들로 하여금 해당 영역에 대한 안전사고 방지책임을 지울 수 있다. 아무리 우수한 교육내용과 방법으로 교육을 실시한다고 해도 안전사고가 발생하게 되면 그 효과는 반감될 수밖에 없다. 따라서 시설책임자인 학교장은 다양한 교육활동 중에서도 안전교육 만큼은 최우선 과제로 삼아야 한다. 학교조직은 안전교육에 관한 의사결정을 하고 시설을 갖추게 하며, 인원을 배치하거나 자원을 공급하는 것이다. 교사는 프로그램을 실시하고 책임을 맡으며 이에 관련된 기관과 사람들 사이에 조정을 맡는다. 지역사회의 학부모는 학생에 관한 사항을 교육당국에 위임하고 학교에 필요한 자원을 제공하여 준다.

(2) 안전교육의 방법

안전교육을 효과적으로 수행하기 위하여 구체적인 방법들이 논의되고 있으나 안전교육은 상대방의 노력, 이해력, 판단력 등에 따라서 적절한 방법이 선택되어야 한다. 일반적으로 효과적인 안전교육을 위해서는 다음과 같은 방법들을 활용할 수 있다.

① 강의, 강연에 의한 방법
② 유인물 참조하기
③ 슬라이드, 영화 등의 시청각 기재 활용하기
④ 표어, 포스터, 작문, 제안 등을 통해서 안전에 관한 지식을 얻고 내면화하기
⑤ 안전생활, 정리정돈 상태 등의 수시점검으로 안전의 분위기 조성하기
⑥ 좌담회, 토론회, 사례발표회 등을 통해서 안전의식을 높일 수 있는 기회를 제공하기
⑦ 안전사고의 체험담 듣기, 1일 장애인 체험하기(휠체어 타기, 목발 짚고 다니기) 등

(3) 실습장에서의 안전수칙

작업을 안전하게 수행하고 안전에 관한 제반 원칙들이 지켜지게 하기 위해서는 다음과 같은 사항들이 준수되어야 한다.

① 실습기자재는 교사의 허락을 받은 후 사용한다.
② 기계를 작동시킬 때는 모든 작업자들에게 알린다.
③ 기계의 안전장치를 함부로 만지지 않는다.
④ 기계가 작동되어질 때는 반드시 측면에서 정상적인 작동여부를 지켜본다.
⑤ 작동중인 기계는 임의로 조작하지 않는다. 만약 조작이 필요할 경우에는 기계의 작동을 중지시킨 다음에 실시한다.
⑥ 기계를 작동시킬 때는 긴 소매가 있는 옷과 넥타이를 매지 않는다.

⑦ 사용한 기계의 청결에 힘쓴다.
⑧ 실습실에서 뛰거나 장난하지 않는다.
⑨ 사용한 기계는 반드시 원위치에 둔다.
⑩ 바닥에 떨어진 어떤 액체라도 즉시 청소한다.
⑪ 파편과 못쓰게 된 물건은 정해진 통에 넣는다.
⑫ 실습에 맞는 의복과 안경을 착용한다.
⑬ 안전사고가 발생했을 시에는 즉시 보고한다.

(4) 실습장에서의 교사의 행동

실습장의 관리와 안전관리의 책임은 교사에게 있다. 실습 책임자인 교사는 실습장에서의 안전사고를 방지하기 위해서는 특히 다음과 같은 사항에 유의하여야 한다.

① 실습 중일 때는 교사와 학생들이 정해진 위치를 이탈하지 않도록 한다.
② 기계 기구를 사용할 때는 반드시 그 기계와 관련된 사전교육을 실시한다.
③ 기계와 장비를 부적절하게 사용하는 학생들은 교사가 특별히 관심을 가지고 지도・감독한다.
④ 실습장 내의 모든 기계 기구의 안전장치와 보호장치가 제대로 작동하고 있는지 확인하고 제대로 작동하고 있지 않을 경우에는 적절한 조치를 취한다.
⑤ 교사의 시범은 정확하고 바른 절차에 따라서 진행되어야 한다.
⑥ 만약 안전사고가 발생했을 때는 다른 학생들의 동요를 막고, 육하원칙에 의하여 관련 부서에 보고해야 한다.
⑦ 만약 환자가 발생했을 경우에는 즉시 응급조치를 취한 후 전문의의 치료를 받도록 조치해야 한다.

2. 산학협력교육

1) 산학협력교육의 의미

산학협력교육은 산학협력을 기반으로 하는 교육이라 할 수 있다. 이를 구체적으로 정의하기 위해서는 우선 산학협력의 개념부터 알아야 할 것이다.

산학협력의 개념은 시대에 따라, 사회에 따라, 학자마다 다양하게 정의되고 있다. 우선 산업교육진흥 및 산학협력 촉진에 관한 법률2조에 의하면(2015) 산학협력이란 산업교육기관과 국가, 지방자치단체, 연구기관 및 산업체등이 상호 협력하여 산업체의 수요와 미래의 산업발전에 따르는 인력의 양성, 새로운 지식 · 기술의 창출 및 확산을 위한 연구 · 개발 · 사업화, 산업체등으로의 기술이전과 산업자문, 인력 · 시설 · 장비 · 연구개발정보 등 유형 · 무형의 보유자원 공동 활용 등을 의미한다. 교육인적자원부(2002)는 산학협력은 연구 · 기술개발 · 인력양성 · 기술 이전 등의 다양한 목적의 관련 사업을 추진하는 과정에서 나타나는 산업체 · 대학 · 연구소 · 정부 간의 상호작용 현상으로 산학협력은 그 자체가 목적이 아니라 연구 · 기술개발의 촉진, 현장적합성 높은 인력양성 등의 목적달성을 위한 수단 및 도구적 성격을 지닌다. 이 같은 산학협력 활동은 주요 목적에 따라 교육훈련을 위한 산학협력, 기술개발을 위한 산학협력, 생산지원 및 기술이전을 위한 산학협력 등으로 구분 할 수 있다'고 정의하였다.

산학협력교육은 학생들이 장래 갖기를 원하는 직업, 즉 진로목표에 근거한다. John Dewey는 '행함으로써 배움(learning by doing)'을 강조했다. 학습의 효과를 증대시키기 위해서는 학습자들로 하여금 구체적인 경험을 하게 할 필요가 있다. 구체적인 경험을 제공하는 장은 학교뿐만 아니라 산업과 관련된 모든 기관이나 기업체가 해당된다. 이무근(1999)은 지금까지의 연구결과를 토대로 산학협력교육의 개념을 다음과 같은 범주로 나누었다.

첫째, 산학협력교육을 산업계와 학계 간의 교육활동만을 지칭하는 입장이다. 이 경우에 산학협력은 학계, 산업계 유관기관 사이에 공동계획과 지도하에 장차 산업계에서 일을 하고자 하는 학생을 상호 협동하여 교육훈련의 실리를 추구함과 동시에 산업경영의 실효성을 높이기 위한 일체의 노력을 뜻한다. 또한 산학협력이란 산학협력교육제도(cooperative education system), 즉 장차 산업계에서 종사할 학생을 재학 중에 산업계와 연계하여 실습은 산업계에서 하고, 이론은 학교에서 배우는 제도로 정의할 수 있다.

둘째, 산학협력을 산업계와 학계 간의 연구 활동을 지칭하는 경우이다. 이 입장에서의 산학협력은 학계에서 연구한 결과와 발굴된 지식을 산업체에서 효과적으로 활용하고, 이를 통하여 기술혁신과 생산성 제고를 이룩하는 한편, 산업계에서는 이와 같은 연구개발을 할 수 있도록 연구투자 등으로 협동하는 것을 말한다.

셋째, 산학협력을 학계와 산업계 사이의 교육 및 연구를 위한 협력활동으로 보는 견해이다. 이 경우에는 산업계와 학계가 서로 공동이익을 추구하기 위하여 협동하는 일체의 노력을 의미한다.

넷째, 산학협력을 산업교육기관과 산업체(산업체 단체 포함)와의 협력교육, 인력・시설・설비의 공동 활용 및 협동연구, 특약에 의한 학과 또는 과정의 설치 및 위탁교육의 실시 등 산업인력의 양성과 산업기술의 개발을 위하여 서로 협력하여 행하는 모든 활동으로 보는 입장이 있다.

이와 같이 다양한 입장에서 정의되는 산학협력교육은 주로 특성화계 고교 및 고등교육기관에서 산업체와 교육기관을 연결하여 산업체에서 요구하는 새로운 기술을 개발하기 위한 연구 활동 중심의 산학협력연구(cooperative research)와 인턴사원제도, 산학 겸임교수제, 대학교수의 산업체 연수, 산업체 직원의 대학 위탁교육 등 교육활동 중심의 산학협력교육(cooperative education)으로 나눌 수 있다(김상길, 1998). 산학협력교육은 대부분 선진각국에서 활발하게 진행되고 있는 제도로서 미국에서는 산학협력교육 내지는 '인턴사원(internship)'제도라고 부르고 있으며, 영국에서는 '샌드위치 제도(sandwich system)', 독일에서는 '이중제도(dual system)', 프랑스에서는 '스타주 제도(stage system)' 등으로 불리고 있다. 이러한 의미의 산학협력교육의 필요성은 다음과 같은 측면에서 살펴볼 수 있다.

(1) 대학의 입장

첫째, 대학의 경쟁력 향상을 위해서 필요하다. 무한경쟁의 시대에 대학이 살아남기 위해서는 국내·외 대학과 경쟁을 할 수밖에 없다. 대학이 경쟁력을 갖추기 위해서는 공급자로서 신기술의 개발 및 애로기술의 타개를 위한 연구와 산업인력의 수요자인 산업체와의 제휴가 불가피하다.

둘째, 풍부한 경험을 갖춘 인력과 현대화된 시설과 정보 및 자료를 이용하여 충분한 실습교육을 시킬 수 있다. 재정적인 어려움을 겪고 있는 대부분의 대학들은 산업체와 사회에서 요구하는 유능한 인재를 양성하기에 필요한 교육기자재와 우수한 인력을 확보하기 어렵다. 이 제도를 통해서 대학에서는 고가의 실험·실습장비와 설비를 갖추지 않더라도 교수·학습과정에 풍부한 경험을 갖춘 인력과 현대화된 시설과 정보 및 자료를 활용할 수 있고 학생들에게 충분한 실습교육을 시킬 수 있어 산업체의 요구에 부응할 수 있는 인재를 양성할 수 있다.

셋째, 학생의 학습동기를 촉진시킬 수 있다. 학교에서 배운 이론을 산업현장에 적용시킬 수 있어 '체험을 통한 학교수업의 내실화'를 기할 수 있다.

넷째, 산업체와 긴밀한 협조체제(cooperative channel)를 구축하여 R&D(연구 및 개발) 활동을 촉진할 수 있다. 상당수의 대학에서는 연구시설의 부족 및 재정적 어려움을 겪고 있다. 이 제도를 통해서 대학의 중요 기능 중의 하나인 연구기능을 활성화할 수 있는 연구시설과 연구비, 연구를 위한 최신정보 및 자료 등을 산업체로부터 지원받을 수 있다.

다섯째, 대학의 교수들을 일정기간 산업체에 위탁시켜 실무경험을 익힐 수 있는 기회를 제공함으로써 생생하고 현장감 있는 강의를 가능하게 한다.

여섯째, 산업체 임직원의 위탁교육 및 겸임교수로의 활용이 가능하다. 산업체에 근무하는 직장인들을 대학의 학위과정이나 담당업무에 관련된 교육과정에 등록시킬 수 있고, 산업체의 임직원들을 겸임교수로 임용하여 그들의 노하우를 활용할 수 있다.

일곱째, 우수한 신입생 유치에 효과적이다. 산학협력을 통해 졸업생의 취업률이 높아질 때 지역사회나 학부모로부터 호응을 얻을 뿐만 아니라 교수들이 지속적으로 산업체에서 연수를 함으로써 연구와 개발에 몰두할 수 있으며, 학생취업에 적극적이라는 인식이 심어져 지역사회 및 산업체로부터 공감대를 얻을 수 있을 것이다.

(2) 산업계의 입장

첫째, 무한경쟁시대의 생존전략이다. 무한경쟁시대에 산업체가 생존하기 위해서는 기술집약적, 정보 집약적 경영으로 변신해야 하고, 구성원의 생산성을 높이기 위해서는 정보 집약적인 재교육을 지속적으로 실시해야 한다. 이를 위해서는 파트너로서의 대학을 선택할 수 있다.

둘째, 산업체에 필요한 인재를 확보할 수 있다. 산업체는 자신이 필요로 하는 인력을 쉽게 확보하고, 자신의 산업체에서 요구하는 내용을 교육과정에 반영할 수 있다. 또한 산업체에서는 산학협력 교육을 통해서 참가 학생들의 소양이나 기술습득 능력을 사전에 파악하게 됨으로써 검증된 유능한 사원을 선발할 수 있다.

셋째, 산업체 근무자들에게 평생교육의 기회를 제공할 수 있다. 산업체는 양적·질적으로 급격한 변화를 거듭하고 있다. 따라서 이들도 대학의 교육시설과 인적자원을 활용하여 다양한 내용의 평생교육을 받을 수 있게 할 수 있다.

넷째, 기초분야의 연구를 활성화할 수 있다. 산업체는 기초분야의 연구와 장기적인 연구가 부족하기 때문에 대학의 연구 인력이나 시설을 활용한 대학과 산업체간 연계의 필요성이 증가하고 있다. 대학과 산업체의 역할분담을 통하여 관련 산업의 기초분야 연구를 지속적으로 진행할 수 있다.

다섯째, 산업체는 자신의 이미지효과를 제고할 수 있다. 산업체는 국가발전과 노동자들의 삶의 질 향상을 제고하기 위하여 노력하고 있다는 인식을 심어줄 수 있다. 또한 학생들이나 교수들의 참신한 이론이나 아이디어를 산업체에 접목시켜 보다 우수한 상품을 생산하고 있다는 인식을 갖게 할 수 있다.

여섯째, 학생의 창의적이고 진취적인 사고를 바탕으로 새로운 아이디어를 제공받을 수 있다. 자칫 경직되고 고착화되기 쉬운 기업문화에 청년학생들의 유연한 사고를 접목함으로써 산업체의 조직을 활성화할 수 있다.

(3) 국가사회의 입장

첫째, 고급 인력양성 및 효율적인 인력활용, 그리고 확보가 용이하다. 경제발전의 중요 요소인 인력개발을 학계와 산업계가 공동으로 실시함으로써 국제경쟁력에서 우위를 차지하게 되어, 지속적인 산업 및 경제발전을 이룰 수 있다.

둘째, 평생교육의 이념을 지속적으로 추진할 수 있다. 국가는 국민들의 평생교육진흥을 위한 각종 정책을 수립·시행해야 할 의무가 있다. 그러나 여러 가지 여건상 국가가 그 모든 평생교육을 책임지기에는 한계가 있다. 따라서 산업체와 학교 당국의 연계를 통해 평생교육의 이념을 실현할 수 있다.

2) 산학협력 교육의 원리

산학협력교육의 목적을 효과적으로 달성하기 위해서는 다음과 같은 여섯 가지의 기본적인 원리가 고려되어야 한다(이무근, 1999).

첫째, 협동의 원리이다. 산학협력은 기술자 교육, 연구개발, 기술정보의 관리, 경영자개발 등 전체적인 수준에서 학교와 산업계가 공동주체라는 생각을 갖고 추진하여야 한다. 또한 학교와 산업체가 유능한 인재양성의 공동책임자로서 공동의 노력을 기울여야 한다.

둘째, 산학협력은 호혜성에 입각해야 한다. 산학협력은 학교와 산업계 중 어느 한 쪽이 주도적인 위치에서 일방적으로 기술, 지식 등을 전수하는 과정이 아니라, 인적·물적 교류 등 상호협동에 의하여 공동이익을 추구하여야 한다.

셋째, 산학협력은 자율성에 의해 추진되어야 한다. 산학협력의 내실화를 기하기 위해서는 학계와 산업계가 적극적이고 자율적으로 참여하여야 한다.

넷째, 산학협력은 장기적인 안목에서 계획되고 실천되어야 한다. 산학협력은 근시안적인 안목에서 단기적인 이익을 추구하는 것이 아니라 계획성 있는 장기적인 안목에서 학교, 산업계, 사회, 그리고 국가의 발전을 이룰 수 있도록 실행되어야 한다.

다섯째, 산학협력은 모든 계획과 실천이 조직적으로 이행될 때 그 효율성이 높아진다. 학교와 산업계는 산학협력을 위해 제반사항을 계획성 있게 조직적으로 운영하여야 한다.

여섯째, 산학협력의 계획과 실천에 있어서 상호책임이 있어야 한다. 산학협력의 전 과정을 통하여 발생하는 모든 결과에 대해 상호 간에 책임을 전가하기보다는 산학이 공동으로 책임질 때 효율성이 높아진다.

부 록

• 실기교사 표시과목의 관련학과 및 기본 이수영역

실기교사의 자격증 표시과목과 관련된 학과 및 학과별 기본 이수영역은 다음과 같다.

| 부록 1-1 | 실기교사자격증 표시과목<개정 2007.10.26>

계열별	표 시 과 목
농업계	축산, 잠업, 원예, 임업, 조경, 농업기계, 농업토목, 식품가공, 수의
공업계	기계, 자동차, 항공, 철도운전, 철도업무, 조선, 주조, 용접, 금속, 전기공사, 건축, 공예, 토목, 통신, 자원, 화공, 섬유, 절삭가공, 전기, 전자, 인쇄, 도자기, 요업, 전자계산기, 제어계측, 열처리, 환경공업
상업계	속기, 부기, 상업계산, 타자, 워드프로세서, 전자계산
수산 · 해운계	항해, 수산양식, 기관, 어업
가사 · 실업계	보육, 조리, 한재, 양재, 수예, 실내디자인
예능계	사진, 미술, 디자인, 음악
체육계	체육, 교련
기타계	이용, 미용, 사서, 재활복지

• 실기교사 표시과목의 대학의 관련학과 및 기본이수영역 또는 과목

계 열	표시과목	대학의 관련학과	기본이수영역 또는 과목
농업계 (9개)	축 산	축산과, 낙농과, 사료과	축산일반실습, 사료재배 및 사양실습, 축산가공실습
	잠 업	잠업과	양잠일반실습, 작물보호실습, 농업경영실습
	원 예	원예과	원예일반실습, 작물보호실습, 농업경영실습
	임 업	임업과, 임산공업과	사방실습, 조림실습, 임산가공실습
	조 경	조경과	조경설계제도실습, 조경재료실습, 조경환경 및 보호실습
	농업기계	농업기계과	농업공작실습, 농업기계실습, 농기계관리실습
	농업토목	농업토목과	토목재료 및 시공실습, 농지조성실습, 농지측량실습
	식품가공	식품제조과, 식품가공과, 식품공업과, 수산가공과	식품제조 및 관리실습, 식품화학실습, 식품위생실습
	수 의	수의학과	가축생리 및 위생실습, 가축질병실습, 가축번식실습
공업계 (27개)	기 계	기계과, 기계설계과, 기관과	기계설계제도, 기계공작, 기계수리실습
	자 동 차	자동차과, 자동차정비과	자동차새시, 자동차기관, 자동차정비 및 전기실습
	항 공	항공운항과	항공기기체실습, 항공기엔진실습, 항공기계통실습
	철도운전	철도운전과	철도운전실습, 철도차량실습, 기계설계제도 및 기계공작실습
	철도업무	철도경영정비과, 철도운수과	철도운수실습, 철도행정실습, 부기실습
	조 선	조선과	조선제도 및 현도, 선체조립, 선체가공
	주 조	주조과	주조실습, 조형실습, 금속용해실습
	용 접	용접과, 용접기술과	가스용접 및 절단실습, 마이크용접, 특수용접(전기저항용접)
	금 속	금속과	야금실습, 금속가공실습
	전기공사	전기과	옥내 및 동력배선실습, 전기설비·설계 및 제도실습, 송배전 및 전기계측실습
	건 축	건축과, 건축설비과	건축구조, 건축설계제도, 계획 및 시공실습
	공 예	공예과, 민속공예과, 산업공예과, 도자기공예과, 금속공예과	색채구성, 공예제도(도학) 디자인 실기
	토 목	토목과, 해양토목과	토목설계제도, 측량, 토질 및 재료실험
	통 신	통신과(공업계, 수산해운계 포함), 전자통신과	무선통신기기실습, 유선통신기기실습, 전기통신술

계 열	표시과목	대학의 관련학과	기본이수영역 또는 과목
공업계 (27개)	자 원	자원개발과	광산측량실습, 채광실습, 광물처리 및 탐사관련
	화 공	화학공업과, 공업화학과	화공 및 장치실습, 공업화학분석실습, 화공설계제도
	섬 유	섬유과	방직 및 방사실습, 염색가공실습, 직물가공실습
	절삭가공	기계과, 기계설계과	선반실습, 밀링실습, 연삭 및 형평상실습
	전 기	전기과	전기회로실습, 전기기기실습, 전기제도, 자동제어실습
	전 자	전자과	전자회로실습, 전자기기실습, 자동제어 실습
	인 쇄	인쇄과	인쇄 기계실습, 제판실습, 그래픽디자인
	도 자 기	도자기공예과	소묘, 도자기도안, 도자기제도실습
	요 업	요업과	요업설계제도, 원료분석 및 요업실습, 요업계측
	전 자 계 산 기	전자과, 전자계산기과	디지털기기실습, 전자계산기조직 및 구조, 프로그래밍실습
	제어계측	제어계측과	공업계측제어실습, 계장공사, 공업계측제도
	열 처 리	기계과, 금속과	철강열처리실습, 금속재료시험
	환경공업	환경공업과, 환경보전과	환경학개론, 수질오염, 토양오염, 대기오염, 소음 및 진동
상업계 (6개)	속 기	속기과	속기(국문, 영문)
	부 기	경영과, 세무회계과	전표기입실무, 원장결산, 기장실무
	상업계산	세무회계과, 경영과	전표계산실무, 상업계산, 주산실습
	타 자	비서학과, 행정과, 비서행정과	국문타자, 영문타자, 사무관리
	워드프로 세 서	비서과, 행정과, 비서행정과, 사무자동화과, 전자계산과	전자계산일반, 사무관리, 워드프로세서
	전자계산	전자계산과, 전산정보처리과	전자계산일반, 프로그래밍실습, 정보처리실습
수 산 해운계 (4개)	항 해	항해과	지문항해실습, 선박운용실습, 적화법실습
	수산양식	양식과	해양학실습, 수산생물실습, 양식실습
	기 관	기관과	선박기관 및 보조기계실습, 기본설계공작실습
	어 업	어업과	어업일반실습, 수산경영실습, 항해 및 선박조정실습, 해양실습
가사 · 실업계 (6개)	보 육	유아교육과	유아교육개론, 아동음악지도, 아동발달
	조 리	조리과	식품학, 조리원리, 조리실습
	한 재	의상과, 의류과	한재재단, 봉재기법
	양 재	의상과, 의류과	양재재단, 봉재기법
	수 예	의상과, 자수과	복식자수, 복식공예
	실 내 디 자 인	실내장식과, 실내디자인과	주택설계, 실내디자인, 가구구성

계 열	표시과목	대학의 관련학과	기본이수영역 또는 과목
예능계 (4개)	사 진	사진과	촬영실기, 암실작업 및 현상처리, 사진편집
	미 술	미술과, 응용미술과, 회화과, 조소과, 생활미술과, 동양화과, 공예과, 산업공예학과	소묘, 조형실기(평면, 입체)
	디 자 인	상업디자인과, 공업디자인과, 시각디자인과, 산업디자인과, 산업미술과, 생활미술과, 응용미술과, 장식미술과, 실내장식과	소묘, 디자인실기(그래픽, 공업디자인)
	음 악	음악과, 성악과, 기악과, 작곡과, 국악과, 종교음악과, 관현악과, 교회음악과	시창, 청음, 전공실기(성악, 기악)
체육계 (2개)	체 육	체육과, 무도과, 무용과, 체육행정과	전공실기(육상, 체조, 수영, 구기, 무용 등 전공분야별)
	교 련	체육과, 간호학과	교련실습(남 : 군사학, 여 : 간호학)
기타계 (4개)	이 용	이용과	이용실기
	미 용	미용과	미용실기
	사 서	도서관과	도서분류실습, 도서목록실습
	재활복지	재활과, 물리치료과	특수교육학, 치료교육실기

참고문헌

강갑원(2014). **교육심리학**. 서울: 교육과학사.

고용노동부 · 한국직업능력개발원(2012). **특성화 고등학교 현장실습생 핸드북**.

교육과학기술부(2010). **창의력 계발 및 인성함양을 위한 수행평가 활성화 방안 연구**. 연구보고 CRE 2010-16.

_____________(2013). **현장실습운영매뉴얼**.

교육부 고시 2016-90(2016). 학교안전교육 실시 기준 등에 관한 고시.

교육부 고시 2015-74(2015).

교육인적자원부(2002). 국가혁신체제 구축을 위한 산학연협력 활성화 대책.

구병두 · 김범준(2007). **교육과정 및 교육평가**. 서울: 공동체.

김대현 · 김석우(2011). **교육과정 및 교육평가**. 서울: 학지사.

김상길(1998). 이론과 체험을 연계시키는 산학협동교육제도의 활성화 방안. **공업기술교육**, 82.

김순택 · 이희도 · 변창진 · 이경섭 · 전윤식 · 진위교 · 김영채(1991). **현대수업원론**. 서울: 교육과학사.

김언주 · 구광현(2004). **신교육심리학**. 서울: 문음사.

김영수 · 주영주 · 강명희 · 조일현 · 이정민(1989). **교육방법 및 교육공학**. 서울: 교육과학사.

김용래(1987). **교육심리**. 서울: 학문사.

김종서 · 이영덕 · 홍정순(1983). **수업이론**. 서울: 한국방송통신대학 출판부.

김진호 · 최철용 · 박혜경 · 강병재(2001). **교육방법의 기초**. 서울: 문음사.

김혜숙 · 이상현(1998). **실기교육방법론**. 서울: 교육과학사.

김호권(1977). **현대교수이론**. 서울: 교육출판사.

김회용 · 노재화 · 방선욱 · 송선희 · 신붕섭 · 이병석(2015). **교육학개론**. 서울: 양서원.

노승윤(2000). **실기교육방법론**. 서울: 양서원.

류윤석 · 양병찬 · 이혜숙(1999). **실기교육방법론**. 서울: 교육아카데미.

박병학 편(1994). **매개적 수업기술**. 서울: 교육과학사.

______(1992). **수업기술의 기본원리**. 서울: 능성출판사.

박성익 · 임철일 · 이재경 · 최정임(2011). **교육방법의 교육공학적 이해**. 서울: 교육과학사.

박숙희 · 염명숙(2003). **교수학습과 교육공학**. 서울: 학지사.

배규환(2002. 12. 8). **망각의 위험**. 동아일보.

백영균 · 박주성 · 한승록 · 김정겸 · 최명숙 · 변호승(2006). **유비쿼터스 시대의 교육방법 및 교육공학**. 서울: 학지사.

변영계 · 김영환 · 손미(2003). **교육방법 및 교육공학**. 서울: 학지사.

서울대학교 사범대학교육연구소(1981). **교육학용어사전**. 서울: 서울대학교출판부.

신명희 · 강소연 · 김은경 · 김정민 · 노원경(2014). **교육심리학**. 서울: 학지사.

오성삼 · 구병두(1996). **교육과정 및 평가의 이해**. 서울: 양서원.

윤광보 · 김용욱 · 최병옥(2003). **교육방법과 교육공학의 이해**. 서울: 양서원.

이기숙 · 장영희 · 장미라 · 엄정애(2002). **유아교육개론**. 서울: 양서원.

이무근(1999). **직업교육학 원론**. 서울: 교육과학사.

이무근 · 김재식 · 김판욱(2004). **실기교육방법론**. 서울: 교육과학사.

____________________(2015). **실기교육방법론**. 서울: 교육과학사.

이영준(1983). **시청각 교육론**. 서울: 대방출판사.

이용남 · 강만철 · 김계현 · 방선욱 · 송인섭 · 이신동 · 이재신 · 최진승(1999). **신교육심리학**. 서울: 학지사.

이용숙 · 조태영(1989). **수업방법**. 서울: 배영사.

이종철 · 고현 · 유경아(2015). **실기교육방법론**. 서울: 정민사.

이칭찬 · 신민희(2000). **신교육방법 및 교육공학**. 서울: 동문사.

임승권(1995). **교육심리학**. 서울: 양서원.

임창재(2005). **수업심리학**. 서울: 학지사.

정명화 · 김신곤 · 권기 · 김준규 · 신경숙(2012). **실기교육방법론**. 서울: 학지사

정원식 외(1976). **현대교육심리학**. 서울: 교육출판사.

정찬기 · 문승환 · 김훈희 · 이광우 · 정경옥 · 박보영 · 장재철 · 김명호 · 이명호 · 김성열 · 강신근 · 길창준(2010). **실기교육방법론**. 공동체.

조규락 · 김선연(2006). **교육방법 및 교육공학**. 서울: 학지사.

조연순(2006). **문제중심학습의 이론과 실제**. 서울: 학지사.

직업훈련연구소(1982). **집단토의, 패널토의 및 심포지엄, 교사교육용 교재, 모듈** C-2. 서울: 직업훈련소.

한국교육개발원(1998). **선진국 교육개혁의 최근 동향 연구자료**.

한방교 · 윤길근(1995). **실기교육방법론**. 서울: 동문사.

황정규 · 이돈희 · 김신일(1999). **교육학개론**. 서울: 교육과학사.

吉本均(1994). 教室の人間学:「教える」ことの知と技術. 박병학 (역). 수업과정의 인간화. 서울: 교육과학사. (원서출판 1994).

杉山正一 · 香川英雄(1979). 学習態度を育てる指導技術. 권낙원 · 김현옥 (역). 학습지도기술. 서울: 성원사. (원서출판 1994).

Biehler, R. F.(1978). *Psychology Applied to Teaching*. Boston: Houghton Mifflin.

Dewey, J.(1960). *My Pedagogic Creed, Article Ⅲ, The subject-matter of education.*

Gronlund, N. E.(1973). *Preparing Creterion-Referenced Test for Classroom Instruction*. New York: The Macmillan Co.

Herman, B.(1975). *Cooperative Education in Community College*. San Francisco: Jossey-Bass Publishers.

찾아보기

저자소개

류윤석

현, 청암대학 유아교육과 교수

개정판 실기교육방법론

초　판 1쇄 발행 / 2010년 8월 15일
개정판 1쇄 발행 / 2016년 8월 15일
개정판 2쇄 발행 / 2019년 7월 31일

저　자 / 류　윤　석
발행인 / 이　중　수
발행처 / **동　문　사**

서울특별시 서대문구 홍제원 1길 12
(홍제동 137-8)
Tel: 02)736-3718(대), 736-3710, 3720
Fax: 02)736-3719
등록번호: 1974.04.27 제9-17호
가격: 17,000원

ISBN: 978-89-8251-845-4(93370)
E-mail: dong736@naver.com
www.dongmunsa.com